Robert Havemann
MORGEN

Robert Havemann

MORGEN

Die Industriegesellschaft
am Scheideweg

Kritik und reale Utopie

R. Piper & Co. Verlag
München Zürich

ISBN 3-492-02617-6
© R. Piper & Co. Verlag, München 1980
Gesetzt aus der Garamond-Antiqua
Umschlag Design Team, München
Gesamtherstellung Clausen & Bosse, Leck
Printed in Germany

Inhalt

I. Das Ende unserer Zeit.. 7
II. Warum der Kapitalismus die ökologische Krise nicht abwenden kann 28
III. Der reale Sozialismus 36
IV. Warum auch der reale Sozialismus die Krise nicht abwenden kann 49
  Eine notwendig gewordene Zwischenbemerkung (2. Januar 1980) 59
  Warum auch der reale Sozialismus die Krise nicht abwenden kann (Fortsetzung) 61
V. Utopie und Hoffnung.. 68
  Millionen Samen (Gedicht vom 15. August 1958).. 76
VI. Die Reise in das Land unserer Hoffnungen 78
VII. Evolution und Revolution 178
VIII. Restauration und Revolution in Europa 200
  Kurze Schlußbetrachtung 231

I.
Das Ende unserer Zeit

Viele, vielleicht die meisten der heute Lebenden werden das Ende unserer Zeit, das Ende einer wachstumsbesessenen industriellen Zivilisation noch erleben. Wenn man bedenkt, daß die Wurzeln aller Zukunft in der Vergangenheit liegen, kann man auch sagen, die Zeit des Endes hat schon begonnen.

Ich meine dies gar nicht in einem pessimistischen Sinn. Eigentlich müßten wir das Ende unserer Zeit schnell herbeiwünschen, und nicht nur herbeiwünschen, sondern aktiv soviel wir nur können daran mitwirken, den zwar schon unaufhaltsam gewordenen Lauf der Zeitgeschichte noch mehr und kräftig anzutreiben und dabei, wenn irgend möglich, lenkend und Hindernisse beiseite räumend auf ihn einwirken, nicht nur, um den Fortgang der Ereignisse zu erleichtern, sondern um die schlimmsten Nebenwirkungen der Katastrophe zu mildern und uns eine Chance des Überlebens zu sichern.

Dieses letzte Jahrhundert der Weltgeschichte war einzigartig und unübertrefflich in jeder Dimension, phantastisch und atemberaubend der Fortschritt von Wissenschaft und Technik, gräßlich, grauenhaft unmenschlich das Hinschlachten von Abermillionen Menschen, die nicht Opfer von Naturkatastrophen wurden, sondern von Gesellschaftskatastrophen, Opfer von Verbrechen und Verbrechern, wie es sie nie zuvor gab. Jahrhundert der Atomenergie und des Mondfluges, aber auch der Konzentrationslager und der Menschenvergasung, der Bomben auf Hiroshima und Nagasaki und des Völkermordes, Jahrhundert des wachsenden Wohlstands für jene Minderheit der Menschheit, die in den Industriestaaten lebt, aber Jahrhundert der Armut, des Elends, des Hungers und des Massensterbens für die übergroße Mehrheit der Menschen in den armen Ländern, die man teils geringschätzig, teils mit schlechtem Gewissen die dritte Welt nennt. Zwanzigstes Jahrhundert, Jahrhundert von Auschwitz und Majdanek, des Vietnamverbrechens, des Archipels Gulag, mit Schmach und Schande bedecktes Jahrhundert, es muß das letzte seiner Art gewesen sein, wenn die Menschheit leben will.

In diesem Jahrhundert hat die Welt sich mehr und gründlicher verändert als zuvor in Jahrtausenden. Das Tempo der Entwicklung nimmt trotzdem auch heute immer noch zu. Man braucht kein Prophet zu sein, um mit Sicherheit sagen zu können, daß das nicht mehr lange so weitergehen kann. So hat z. B. die Erzeugung von Energie in den entwickelten Ländern in den ersten Nachkriegsjahrzehnten um etwa 7% zugenommen. Da dies eine exponentielle Zunahme ist, heißt das, daß sich die Energieproduktion in 10 Jahren verdoppelt, in 20 Jahren vervierfacht, in 30 Jahren verachtfacht und in 100 Jahren mehr als vertausendfacht. Sie nimmt von Jahrzehnt zu Jahrzehnt zu wie die Weizenkörner auf dem Schachbrett des Sultans. Selbst die Weltkriege haben diese Entwicklung nicht aufgehalten, sondern sie noch beschleunigt. Aber wenn man bedenkt, daß schon heute die ökologischen Auswirkungen der Energieerzeugung und die Beschaffung der benötigten Rohstoffe in vielen Ländern kritisch werden, kann überhaupt kein Zweifel daran bestehen, daß mit dieser Entwicklung Schluß sein wird spätestens in den nächsten 20 Jahren und daß eine Vertausendfachung der heutigen Energieproduktion im Jahre 2077 einfach absolut außerhalb jeder denkbaren Möglichkeit liegt. In dem viel diskutierten Meadows-Bericht des Club of Rome wird die Unvermeidlichkeit eines radikalen Bruchs aller gegenwärtigen ökonomischen und technischen Entwicklungsmechanismen an zahlreichen weiteren Beispielen nachgewiesen. Es ist dabei völlig nebensächlich, worauf im Meadows-Bericht übrigens auch ständig hingewiesen wird, ob die darin unter bestimmten Voraussetzungen errechneten Entwicklungslinien in dem Sinne »richtig« sind, daß sie die tatsächlich vor uns liegende Entwicklung auch nur in großen Zügen zutreffend beschreiben. Es ist sogar sehr unwahrscheinlich, daß sie das tun. Aber zu einer ganz entscheidenden Aussage führen alle Berechnungen des Meadows-Teams, nämlich, daß wir bei Beibehaltung unserer gegenwärtigen ökonomisch-technischen Verhaltensweisen unrettbar auf eine ökonomische und ökologische Krise losrasen, mit der verglichen selbst die Weltkriege und alle bisherige Barbarei unseres Jahr-

hunderts sich wie eine friedliche Idylle ausnehmen werden.
　Das heißt aber nichts anderes, als daß sehr einschneidende Veränderungen schon vorher eintreten müssen und auch eintreten werden, ob das den Betroffenen nun paßt oder nicht. In welcher Weise sich diese Veränderungen vollziehen werden, in welche Richtung sie führen werden und ob sie möglicherweise sogar nichts helfen und vielleicht alles noch verschlimmern werden, das wird überwiegend nicht von ökonomischen, sondern von politischen Entwicklungen abhängen. Aber wenn man sich die politischen Zustände unserer heutigen Welt mit Blick auf diese säkulare Krise vor Augen führt, dann kann man nur zu dem Ergebnis gelangen, daß unsere Zukunft dunkel und furchterregend ist. War die Menschheit je zuvor so schlecht gerüstet, ihre lebenswichtigen Probleme zu lösen? Diese Frage ist schwer zu beantworten und es hilft uns wenig, daß der »homo sapiens« auch in der Vergangenheit diesem selbstgewählten Namen wenig entsprochen hat. Sinnvoller ist schon die Frage: Was können wir tun? Oder noch bescheidener: Können wir überhaupt noch etwas tun?
　Auf die letzte Frage gibt es eine sehr einfache Antwort, die ich mir übrigens in meinem Leben in hoffnungslos scheinenden Situationen immer gegeben habe: Ja, tun kann man immer etwas, ob es nun nützt oder nicht; es ist immer noch besser, als sich seinem Schicksal zu ergeben. Was noch nicht gänzlich entschieden ist, darauf kann man noch einwirken. Darum heißt, nichts zu tun, ein Stück der Freiheit, die man noch hat, vielleicht das letzte, sinnlos zu verschenken.
　Die Beantwortung der Frage »Was können wir tun?« beginnt für mich mit der Frage: Wer sind »wir«? Ich möchte erreichen, daß der Leser dieses Buches sich zu diesem »wir« zählen wird. Und das fängt damit an, daß er den Ernst der Lage begreift. Von dem großen chinesischen Philosophen Lao-tse, der vor zweieinhalb Jahrtausenden lebte, stammt der Satz:
»Wenn die Leute das Furchtbare nicht fürchten,
so naht das große Fürchterliche.«
Wenn die Regierenden atomsichere Tiefbunker bauen, die mit allen technischen Mitteln ausgerüstet sind, um ihren Insassen ein Leben ohne jede Kommunikation mit der Außenwelt für Jahre zu ermöglichen, so kann man sagen, daß sie den Mord von Milliarden Menschen vorbereiten. Sollte man sie nicht rechtzeitig daran hindern? Wenn die Militärtechniker eines Landes ein elektronisches Beobachtungs- und

Warnsystem aufbauen, mit dessen Hilfe anfliegende feindliche Raketen sofort erkannt und dadurch rechtzeitig Abfangraketen abgefeuert werden können, die alle anfliegenden feindlichen Raketen zerstören, bevor sie zur Wirkung gekommen sind, dann ist dies nicht etwa ein Unternehmen zur Stärkung der Selbstverteidigung, sondern es ist die gegenwärtig gefährlichste Form der Kriegsvorbereitung.

Wer nämlich als einziger oder eher als alle anderen über ein solches System verfügt, kann den atomaren Angriff wagen, ohne der Gefahr des tödlichen Gegenschlages ausgeliefert zu sein. Das jetzt bestehende atomare Patt, dem allein wir es verdanken, daß der dritte Weltkrieg noch nicht stattgefunden hat, wäre damit aufgehoben. Da die Kosten für den Ausbau eines solchen Systems immens sind, würde eine Macht, die es aufgebaut hat und Gewißheit darüber hat, daß nur sie es besitzt, ohne Bedenken und sofort mit der Vernichtung ihrer Gegner beginnen. Täte sie es nicht, wäre ihr ganzes Unternehmen eine einzige sinnlose Geldverschwendung. Das Wettrüsten würde weitergehen, aber auf einer neuen, um Größenordnungen kostspieligeren Stufe. Schon jetzt verschlingen die Rüstungen in den Industriestaaten einen großen Teil aller Einnahmen des Staates. Schon jetzt ist der Militäretat zu einer schweren wirtschaftlichen Belastung selbst der reichsten Länder der Erde geworden und hat seine früher einmal wirkende Funktion als Stimulans für industrielle Investitionen verloren. Ein erfolgreicher Atomkrieg, aus dem eine einzige Macht als Sieger hervorgeht, würde zwar nicht das Militär abschaffen, aber er würde es zur reinen Polizeitruppe reduzieren. Denn eine Regierung, die eine Milliarde Menschenleben auf dem Gewissen hat, könnte wohl kaum auf eine schlagkräftige Polizei verzichten. Aber wäre es nicht doch lohnend, Regierungen, die solche Pläne verfolgen, rechtzeitig davonzujagen?

Um das große Fürchterliche zu fürchten, muß man wissen, daß es existiert und nicht etwa das Hirngespinst von notorischen Angstmachern ist. Eine Wasserstoffbombe setzt bei ihrer Explosion in Bruchteilen einer Sekunde eine Energiemenge frei, die der von Tausend Hiroshima-Bomben entspricht. Es ist die gleiche Energiemenge, wie sie bei der Explosion von zwanzig Millionen Tonnen des chemischen Sprengstoffs Trinitrotoluol freigesetzt wird, das entspricht also 200 Millionen Hundert-Kilo-Bomben oder zwei Milliarden Zehn-Kilo-Granaten, also etwa fünf Kilo Sprengstoff auf jeden lebenden Menschen dieser Erde. Diese Menge übertrifft die Gesamtmenge allen Sprengstoffs, der von allen kriegführenden Staaten während des gesamten zweiten Weltkriegs zur Explosion gebracht wurde, um das Mehrfache. Von dieser Art Bomben existieren im Besitz der Atommächte schätzungsweise fünfzigtausend. Ein Bruchteil dieses Vorrats genügt, um unseren Planeten zu verwüsten und alles höher organisierte Leben auszulöschen. Die mörderische Wirkung dieser Bomben geht nämlich nicht nur von der gewaltigen Explosionsenergie aus, sondern außerdem von den freigesetzten radioaktiven Zerfallsprodukten, die in höherer Konzentration direkt tödlich wirken, in geringeren Konzentrationen ein schleichend wirkendes grausames Gift sind, das die Menschen zu jahrelangem Siechtum verurteilt.

Hinzu kommt noch, daß diese Stoffe die genetische Information in den Keimzellen beschädigen, so daß abnorme, größtenteils lebensuntüchtige Nachkommen entstehen können. Dabei bezeichnen die Experten diese Bomben noch als »saubere« Bomben, bei denen die freigesetzte Menge radioaktiven Ausfalls relativ gering sein soll. Mit Leichtigkeit kann man aber Bomben herstellen, bei denen die radioaktiven Nebenprodukte die Hauptsache sind. Es genügt schon, im Mantel einer Atombombe eine größere Menge des Elements Kobalt unterzubringen. Bei der Explosion bildet sich dann daraus das radioaktive Kobalt-60, dessen durchdringende Gammastrahlung erst nach fünf Jahren auf den halben Wert sinkt. Mit einer gar nicht sehr großen Zahl dieser Kobaltbomben könnte man die Erde für Jahrzehnte mit einer tödlichen Konzentration radioaktiv verseuchen. Ich will nicht behaupten, daß die Mächte, die gegenwärtig im Besitz von Atomwaffen sind, eine Garantie gegen die Anwendung der Kobaltbombe wären, weil bei ihrer Anwendung ja auch der Anwender Selbstmord begehen würde. Aber man stelle sich solche Bomben in den Händen von Erpressern oder Verbrechern vor!

Wenn in einigen Jahrhunderten die Menschheit noch existieren sollte, was mir wie gesagt fraglich erscheint, dann werden die Historiker jener glücklicheren Zeit es schwer haben, ihren Zeitgenossen verständlich zu machen, was die heute Lebenden bewogen hat, bei aller unbezweifelbar vorhandenen Intelligenz derart blind, unbelehrbar, kurzsichtig, habgierig, leichtfertig – und verantwortungslos zu sein. Von den heute lebenden über vier Milliarden Menschen führen einige hundert Millionen in den USA und in Westeuropa und in einigen anderen industrialisierten Ländern ein Leben, das verglichen mit dem Leben der ganzen übrigen Menschheit ein Leben in verschwenderischem Luxus ist. Gleichzeitig leben mehrere hundert Millionen Menschen an der Grenze dessen, was man unter den jeweils obwaltenden Zuständen als das Existenzminimum bezeichnet. Und in den ärmsten Ländern sind viele ständig vom Hungertod bedroht. Obwohl also die Produktion von Nahrung in der Welt nicht ausreicht, um alle Menschen satt zu machen, wird in den Ländern, die die größte und bestfunktionierende Landwirtschaft haben, nämlich den USA und Kanada, die Produktion ständig gedrosselt, weil die Armen dieser Erde ja nicht das Geld haben, den Weizen der Reichen zu bezahlen. In Westeuropa türmt sich die Butter, die nicht verkauft werden konnte, obwohl niemand mit der Butter spart, zum Butterberg, der schließlich, nachdem die Butter ranzig geworden war, zu weniger als dem halben Preis an die Sowjet-Union verkauft wurde. Inzwischen hat man dafür jetzt einen Rindfleischberg. Niemand denkt dabei an die Hungernden. Wirklich niemand? Jedenfalls nicht die, denen die Butter, der Weizen und das Rindfleisch gehören. Sie fragen: Warum denn gerade wir?

In der Bundesrepublik Deutschland werden jährlich für Werbung und Marketing, für Verpackung und andere Verfahren der Überredung zum Konsum an die zwanzig Milliarden Mark ausgegeben. Neun Zehntel davon wenigstens sind überflüssig, um nicht zu sagen schädlich und belästigend. Die notwendige öffentliche Information über das Angebot an Waren und deren Eigenschaften ließe sich mit weniger als einem Zehntel dieser Summe leicht finanzieren. Wenn schon allein in der Bundesrepublik Deutschland alljährlich Werte im Betrag von 18 Milliarden Mark für Reklame verschwendet werden, kann man sich leicht vorstellen, wieviele Milliarden es in allen reichen Ländern zusammen sein mögen, wohl kaum weniger als hundert Milliarden. Mit den Nahrungsmitteln, die man für diesen Betrag kaufen kann, könnte man alle Hungernden dieser Erde satt machen. Angesichts dieser Zahlen sind die Beträge, die von den Reichen für »Entwicklungshilfe« aufgewendet werden, lächerlich. Hundert Milliarden für Reklame! Viele hundert Milliarden für Alkohol, Tabak, Kosmetik, Kleidung und anderen Luxus inmitten einer Welt, die teils fast, teils ganz am Verhungern ist! Die moderne consumer society, deren wirtschaftlicher Wohlstand darauf beruht, daß sie vergeudet. Berge von Papier, Flaschen, Kunststoffabfällen, Blech, faulenden Lebensmitteln türmen sich auf den Müllkippen der Städte und verpesten Luft und Wasser. Kann das ungestraft immer so weiter gehen?

Tatsächlich kann es das nicht, aber nicht wegen der schrecklichen moralischen Belastung, die auf uns Reiche dieser Erde fällt. Sondern einfach deshalb, weil der rasenden Vergeudung natürliche Grenzen gesetzt sind. Wir verbrauchen heute viele natürliche Rohstoffe, die dadurch praktisch unersetzbar verloren gehen. Die Zahlen, die im Meadows-Bericht hierzu angegeben sind, sind beängstigend. Unter der Annahme, daß das gegenwärtige Tempo des industriellen Wachstums anhält und unter der weiteren, sehr optimistischen Annahme, daß sich im Laufe der Zeit noch fünfmal größere Reserven an diesen Rohstoffen finden werden, als gegenwärtig bekannt sind, errechnen sich die folgenden Verbrauchsdauern der Rohstoffe:

Aluminium	55 Jahre	Chrom	154 Jahre
Kohle	150 Jahre	Kobalt	148 Jahre
Kupfer	48 Jahre	Gold	29 Jahre
Eisen	173 Jahre	Blei	64 Jahre
Mangan	94 Jahre	Quecksilber	41 Jahre
Molybdän	65 Jahre	Erdgas	49 Jahre
Nickel	96 Jahre	Erdöl	50 Jahre
Platin-Gruppe	85 Jahre	Silber	42 Jahre
Zinn	61 Jahre	Wolfram	72 Jahre
Zink	50 Jahre		

Diese Zahlen geben an, in wieviel Jahren diese Rohstoffe unter den gegenwärtigen Bedingungen vollständig aufgebraucht sein werden. Das bedeutet natürlich, daß sich der Preis dieser Rohstoffe in dem Maße, wie sich die Vorräte dem Ende nähern, steil ansteigen wird. Ihrer »wirtschaftlichen« Anwendung sind darum schon eher Grenzen gesetzt.

Der mit der zunehmenden Erschöpfung der Vorräte zusammenhängende Preisanstieg ist schon jetzt bei fast allen Rohstoffen zu beobachten. Er beruht nicht nur auf der mengenmäßigen Verknappung bei steigender Nachfrage, sondern auch darauf, daß schon heute die große Nachfrage nur befriedigt werden kann, wenn weniger wirtschaftliche Rohstoffquellen zur Produktion herangezogen werden, bei denen die Produktionskosten wesentlich höher sind. So ist z. B. die Produktion des arabischen Erdöls natürlich wesentlich weniger kostspielig als die Gewinnung von Erdöl mit Hilfe von Bohrinseln in der Nordsee. Aber der Preis auf dem Weltmarkt ist stets so hoch, daß auch an den kostspieligsten Produktionen noch Geld verdient werden kann. Eine weitere folgenschwere Auswirkung der zunehmenden Rohstoffverknappung ist die Tendenz zur Bremsung der Produktion von Seiten der Rohstoffländer. In den arabischen Staaten, die mehr als die Hälfte aller Vorräte an Erdöl besitzen, sagt man sich sehr einfach, daß die »Verzinsung« ihres Kapitals – nämlich ihres Erdöls – unter der Erdoberfläche zu einem wesentlich höheren Zinssatz erfolgt, als die Dollars sich verzinsen, die sie als Verkaufserlös erhalten. Außerdem könnten die westlichen Währungen eines Tages sehr schnell ihren Wert einbüßen, schneller als heute schon bei Inflationsraten von 5–10%. Aber das Erdöl bliebe Erdöl, ein Rohstoff, der immer gebraucht werden wird. Nur so kann man verstehen, warum ein Staat wie der Iran, der zu den erdölreichsten Ländern zählt, sich für die Dollarmilliarden, die er damit verdient, in Frankreich gleich zehn Kernkraftwerke kauft, deren Strom um ein Vielfaches teurer sein wird, als der von auf Erdölbasis betriebenen thermischen Kraftwerken. Dabei ist es noch fraglich, ob es wirklich möglich sein wird, das Energieproblem in der Zukunft mit Hilfe der Kernenergie zu lösen. Nach wie vor ist die Technologie der Kernkraftwerke mit schwer übersehbaren Risiken verbunden, die hauptsächlich darin liegen, daß bei einer sehr schweren Havarie enorme Mengen radioaktiver Spaltprodukte entweichen können, deren Wirkung mit der eines Atombombenangriffs vergleichbar wäre. Aber selbst wenn es gelänge, dieses Risiko gänzlich auszuschließen, eine Steigerung der Energieproduktion in hundert Jahren auf das Tausendfache der gegenwärtigen liegt aus den verschiedensten Gründen einfach außerhalb des Bereichs jeder denkbaren Möglichkeit. Unter anderem würde die Aufheizung der Flüsse und der Luft im Bereich der Ballungsgebiete zu schweren klimatischen und ökologischen Störungen führen, die sich sogar jetzt schon in hochindustrialisierten Gebieten störend bemerkbar machen.

Vor hundert Jahren, in der ersten großen Blütezeit des Kapitalismus, noch vor den zwei Weltkriegen, hat sich niemand die Probleme auch nur im Traume einfallen lassen, vor denen wir heute in der Endphase stehen. Die reichen Industrieländer hatten sich die übrige Welt fast gänzlich in Form von Kolonien angeeignet. Ein Rohstoffproblem gab es nicht, denn man holte sie sich aus den Kolonien auf eigene Rechnung und besänftigte die »Eingeborenen« mit Tingel-Tangel oder verprügelte sie. Inzwischen sind die Kolonialreiche aufgelöst. Die ehemaligen Kolonien haben sich in sehr selbstbewußte Nationalstaaten verwandelt. Einige von ihnen gehören jetzt dank ihrer großen Rohstoffvorräte zu den reichsten Staaten der Welt. Es zeigt sich nun zum Schrecken der Industrienationen, die ihren Reichtum eben noch für das Selbstverständlichste von der Welt gehalten hatten, daß die Natur das Füllhorn ihrer Schätze sehr launisch über unsere Erde ausgestreut und dabei die wirtschaftlichen Interessen der reichen Industrieländer nur in ganz ungenügender Weise beachtet hat.

Vorläufig sind die reichen Industrieländer zwar noch bereit, wenn auch nur zähneknirschend, die steigenden Rohstoffpreise zu bezahlen. Aber es ist ganz offensichtlich, daß es mit diesem Geldstrom in die Taschen der Rohstoffländer nicht ewig so weitergehen kann, ohne daß eine schwere Zerrüttung der Währungen die Folge ist. Längst bevor es überhaupt zu einer krisenhaften Verknappung kommen wird, muß ein Weg für das »recycling« des Geldes gefunden werden. Die Rohstoffländer haben dafür im Prinzip zwei Möglichkeiten: 1. Sie investieren ihre Gewinne in den großen Industriestaaten. Auf diese Weise gingen riesige Aktienpakete westdeutscher Konzerne in den Nahen Osten. Die Ölmagnaten wurden Teilhaber der Volkswirtschaften, in die ihre Ölströme fließen. Dies führt zu einer Interessenangleichung der Partner, aber nicht zu einer Lösung des Devisenproblems. 2. Sie investieren ihre Gewinne im eigenen Land. In einigen der reichsten Ölländer breitet sich ein allgemeiner Wohlstand aus, der aber nur zum geringsten Teil auf eigener Leistung beruht. Das Geld kann gar nicht mit der gleichen Effektivität in Arbeitsplätze umgewandelt werden, wie in den großen Industrieländern, hauptsächlich deswegen, weil es noch keine arbeitserfahrene, qualifizierte Industriearbeiterschaft gibt. Sehr viel Geld wird einfach durch die verschwenderisch lebende Oberschicht ausgestreut und fließt auf dem Umweg des Konsums von Luxusgütern der Industrieländer nach dort zurück. Auf diesem Weg könnten sich reiche Rohstoffländer, wenn auch langsam, in moderne Industriestaaten umwandeln mit dem Ergebnis, am Ende dieser Entwicklung dann in den gleichen Schwierigkeiten zu stecken, allerdings eben in jenen immensen, heute kaum richtig vorstellbaren Schwierigkeiten, in denen sich der Kapitalismus in 20 bis 30 Jahren unweigerlich befinden wird.

Man stelle sich vor, nur die Hälfte der jetzt armen Länder würde den Stand des Massenkonsums erreichen, der heute in den Industriestaaten gang und gäbe ist. Die sinnlose Verschwendung von Rohstoffen, die heute von vielleicht 500 Millionen Menschen betrieben wird, überstiege längst alle zulässigen Grenzen, wenn erst einmal zwei Milliarden die Lebensgewohnheiten der Wegwerf-Gesellschaft angenommen haben werden. Und das wäre dann immer noch nur ein Drittel der dann lebenden Menschheit.

Von irgendeiner Stabilität oder auch nur Tendenz zur Stabilisierung kann bei diesen Prozessen der relativen Umverteilung der Reichtümer dieser Erde nicht die Rede sein. Die arm werdenden Reichen werden versuchen, sich zu wehren. Neue technische Erfindungen, neu entdeckte Rohstoffquellen werden alle Berechnungen, alle Hoffnungen der einen und Befürchtungen der anderen immer wieder in Frage stellen oder zunichte machen. Und wenn schließlich einer der ganz großen Mächtigen sich in seiner wirtschaftlichen Existenz bedroht sehen wird, dann wird er nicht zögern, Gewalt anzuwenden. Der verflossene USA-Verteidigungsminister Schlesinger hat bereits ganz offen ausgesprochen, daß er bereit sei, bei weiter fortgesetzter Erhöhung der Ölpreise in den arabischen Staaten militärisch zu intervenieren. Sicher könnte er das tun. Die militärischen Machtmittel dazu besitzt er. Es wäre auch keineswegs sicher, daß er von der Sowjet-Union oder von sonst wem daran mit militärischen Mitteln gehindert würde. Was er aber für die wirtschaftlichen Interessen der Vereinigten Staaten tatsächlich erreichen würde, wäre vielleicht sogar weniger als gar nichts. Die ökonomische Instabilität der westlichen Welt würde sich nur noch mehr verschärfen, von der politischen ganz abgesehen. Im Vietnam-Krieg, in dem es den Amerikanern nicht um Rohstoffe und materielle Reichtümer ging, sondern wo nur einfach nackte Machtpolitik dahinterstand, nämlich die Beherrschung Südostasiens durch die USA, hat sich aufs Deutlichste gezeigt, daß der Krieg kein praktikables Mittel der Politik mehr ist, und daß er selbst den reichsten Aggressor wirtschaftlich zermürben kann. Die gegenwärtige Weltwirtschaftskrise, die sich ja von allen früheren in sehr wesentlichen Punkten unterscheidet, wäre ohne den VietnamKrieg auch noch längst nicht so weit gediehen, wie sie es heute ist.

Die interkontinentalen Atomraketen und die interkontinentale Krise des Kapitalismus haben den Krieg in seiner herkömmlichen Form ad absurdum geführt. Selbst wenn er nur mit konventionellen Waffen geführt wird, ist der militärische Sieg womöglich nur ein verlorener Friede. Die Deutschen verloren zwar den barbarischen Hitler-Krieg und auch noch ihre nationale Einheit, aber sie wurden doch die stärkste Wirtschaftsmacht Europas im Westen wie im Osten. Sie gewannen den Frieden. Der arabisch-israelische Konflikt ist überhaupt kein Krieg, sondern eine tragisch anachronistische Unglückssituation, die von außen für ganz andere Zwecke mißbraucht und in Gang gehalten wird, als die Beteiligten selbst wähnen. Wenn man von dem glatten Unsinn des Rassismus, der da tobt, die rationale Wurzel sucht, kommt heraus, daß die Juden zwar wie alle Völker am Mittelmeer ein buntes Gemisch sind, aber in erster Linie eben Araber wie die übrigen Araber auch. Sie verdanken es dem römischen Imperium, daß sich ihre Geschichte in den letzten 2000 Jahren so ganz anders abgespielt hat als die der übrigen Araber. Aber sie verdanken es auch der Tatsache, daß aus ihrer Religion das Christentum hervorging. Daß sie heute nicht zu den geistigen und politischen Führern der Gesamtheit der Araber geworden sind, die doch ihre Brüder sind, daß sie stattdessen in ihrer alten Heimat fast mehr als Bedrohung als selbst als Bedrohte leben, ist ein teuflischer Widersinn, der uns alle um ihr Schicksal fürchten macht.

Der einzige Zweck, dem die modernen konventionellen Waffen noch ungeschmälert dienen, ist die Unterdrückung der Bevölkerung durch die Machthaber des eigenen Staats. Ein dritter Weltkrieg mit konventionellen Waffen nach der Art der beiden vorangegangenen Weltkriege ist nicht mehr möglich. Jeder weiß, daß in dem Augenblick, wo eine der beiden Seiten einen womöglich kriegsentscheidenen Vorteil gewänne, die andere Seite zu den Atomwaffen greifen würde. Darum wird, solange das atomare Patt besteht, ein Weltkrieg auch mit konventionellen Waffen unmöglich sein. Seitdem sind Armeen nur noch reine Polizeitruppen für den Bürgerkrieg. Das ändert die gesellschaftsmoralischen Wertmaßstäbe für die Bewertung des Armeedienstes von Grund auf.

Es gibt heute nur wenige Länder, in denen wesentlich mehr Nahrungsmittel erzeugt als verbraucht werden. Bisher ist es gelungen, mit Hilfe der Überschüsse dieser Länder die Defizite anderer einigermaßen zu decken, sofern diese Länder in der Lage waren, dafür auch zu bezahlen. Wir müssen damit rechnen, daß auch dieser Ausgleich der Bilanzen sehr bald nicht mehr funktionieren wird. In zwanzig Jahren wird es etwa doppelt soviel Menschen geben wie heute, im Ganzen acht bis neun Milliarden. Gelänge es, die Lebensmittelproduktion in dieser Zeit gleichfalls zu verdoppeln, so bliebe im günstigsten Fall die relative Verteilung des Hungers die gleiche wie heute. Wahrscheinlich würde sich aber die Zahl der Hungernden mehr als verdoppeln, weil gerade die armen Völker den größten Bevölkerungszuwachs haben. Er wird auch durch schärfste Maßnahmen der Geburtenkontrolle kaum zu bremsen sein, weil er weniger auf einer großen Geburtenzahl als auf einer schnellen Verminderung der Sterblichkeit infolge hygienischer Maßnahmen und erfolgreicher Seuchenbekämpfung beruht. In diesen Ländern werden also in den kommenden Jahrzehnten viele Menschen leben bleiben, die bisher an Seuchen gestorben wären. Aber dafür werden sie hungern.

Der Hunger wird in der Welt zunehmen, wenn es nicht gelingen wird, die Nahrungsmittelproduktion zu verdoppeln oder gar zu verdreifachen, wie es notwendig wäre. Aber obwohl dies den Regierenden und den dafür zuständigen Kommissionen der Vereinten Nationen bekannt ist, ist von einem großzügigen weltweiten Plan zur Verhinderung einer zukünftigen Hungerkatastrophe keine Rede. Wenn ein solcher Plan überhaupt noch Aussicht auf Erfolg haben soll, müßte er ohne jeden Verzug sofort in Angriff genommen werden. Aber es geschieht nichts. Dabei ist es nicht nur moralisch verwerflich, sondern auch eine arge Selbsttäuschung, wenn die Reichen meinen, der Hunger der Armen werde ihr Wohlleben stören. Wenn der Hunger sich in Asien, Afrika und Südamerika weiter ausbreiten wird, werden auch die wirtschaftlichen und politischen Spannungen dort zunehmen. Sie sind nicht ohne gefährliche Fernwirkung bis in die Zentren der Industrieländer. Der amerikanische Außenminister Henry Kissinger weiß sehr wohl, welche Gefahren für die USA von der politischen Entwicklung in Rhodesien und in der Südafrikanischen Republik drohen. Sein Ziel ist nicht die Befreiung der schwarzen Mehrheit von der Herrschaft der weißen Minderheit, sondern die Umwandlung der rassistischen Regime in stabile kapitalistische, die den Fortbestand der Herrschaft einer reichen Minderheit über eine Mehrheit der Armen garantieren sollen. Kissinger weiß, daß auch in einer parlamentarischen Demokratie reinsten Wassers die Macht nicht vom Volke ausgeht, sondern von denen, die im Besitz der wirtschaftlichen Macht sind. Darum sieht er in der Übergabe der Macht an die schwarze Mehrheit keine Gefahr, solange nur die Macht der Konzerne nicht angetastet wird. Die einzige große Gefahr, die wirklich bedrohlich ist, ist eine blutige Auseinandersetzung zwischen Schwarz und Weiß, bei der eine Verwicklung anderer Mächte in den sich ausweitenden Krieg sehr leicht möglich wäre.

Die Unterschiede im Bruttosozialprodukt, in der Arbeitsproduktivität und dementsprechend im Lebensstandard in den verschiedenen Ländern der Erde sind enorm. In diesen Unterschieden kommt nicht nur der Grad der politischen und wirtschaftlichen Instabilität zum Ausdruck, sie sind auch in hohem Maße deren Ursache. So betrug das Bruttosozialprodukt je Kopf der Bevölkerung im Jahre 1960 in den armen Ländern 100 Dollar, während es in den USA bei 4000 Dollar lag. Dabei zeigt sich noch, daß die jährliche Steigerungsrate des Bruttosozialproduktes in den armen Ländern viel niedriger ist als in den reichen. Der Unterschied zwischen Arm und Reich wird also immer größer. Wenn man bedenkt, daß außerdem die Bevölkerungszunahme in den armen viel größer ist als in den reichen Ländern, ergibt sich, daß in relativ wenigen Jahren diese Diskrepanz ein Ausmaß erreichen wird, das ein friedliches und ungestörtes Neben- und Miteinander von Arm und Reich einfach nicht mehr zulassen wird. Welcher Art und wie stark die unvermeidliche Auseinandersetzung sein wird, und ob sie nicht eine sehr ernste Gefahr für die ganze Kulturentwicklung der Menschheit heraufbeschwören wird, kann heute noch niemand auch nur einigermaßen voraussagen. Aber daß das Ende dieser Zeit, in der wir heute leben, mit Riesenschritten heranrückt, daran kann nicht mehr der geringste Zweifel bestehen.

Kann man oder muß man deshalb heute sagen: Unsere Lage ist hoffnungslos. Ich glaube, daß es noch Wege gibt, um die unvermeidliche Katastrophe zu überleben. Selbstverständlich können wir nicht warten, bis die Armen – mit ein bißchen freundlicher Unterstützung von uns – reich geworden sind. Damit das überhaupt geschehen könnte, müßten die Industrienationen für Jahrzehnte zumindest auf jedes wirtschaftliche Wachstum verzichten, wozu sie unter den gegenwärtigen politischen und ökonomischen Bedingungen in keinster Weise bereit sind. Aber was wäre denn schließlich das Ergebnis eines solchen utopischen Prozesses, durch den der »Lebens«-Standard von sieben Milliarden Menschen auf das Niveau gehoben würde, auf dem wir in den reichen Ländern heute leben? Ganz abgesehen davon, ob das Leben, wie es die Menschen in den reichen Ländern heute führen, wirklich das einzig erstrebenswerte Leben ist, was mir sehr fraglich erscheint, daß sämtliche sieben Milliarden Menschen sich dereinst nach dem Stil unserer Wohlstandsgesellschaft einrichten, wird schon daran scheitern, daß unser Planet die damit verbundene Umweltverschmutzung einfach nicht verkraften könnte.

Außer der Rohstoff- und Energiekrise und der aus ihnen hervorgehenden Weltwirtschaftskrise bedroht uns noch die ökologische Krise. Die festen, flüssigen und gasförmigen Ausscheidungen, die die menschliche Zivilisation bisher unbedenklich in Form von Abwässern, Abgasen, Rauch, Staub, Giften, Herbiziden, Insektiziden, Antibiotika, Müllbergen und Abfallhaufen der freien Natur überließ, beginnen ein Ausmaß zu erreichen, das eine ernste Gefährdung des ökologischen Gleichgewichts auf der Erde darstellt. Ökologisches Gleichgewicht bedeutet, daß alle stofflichen und energetischen Umsätze sich im Bruttoergebnis aufheben. Nehmen wir einige einfache Beispiele, um den Begriff zu erläutern: Die mittlere Temperatur auf der Erde bleibt über sehr lange Zeiträume (viele Jahrtausende) konstant, weil die der Erde von außen durch Sonnenstrahlung zufließende Energie und die aus dem Innern der Erde kommende eigene Erdwärme ebenso groß sind, wie die von der Erde in den Weltraum ausgestrahlte Energiemenge. Daß Zufluß und Abfluß im Durchschnitt einander genau gleich sind, wird dadurch ermöglicht, daß die Energiestrahlung sehr stark von der Oberflächentemperatur der Erde abhängt. Die Temperatur stellt sich gewissermaßen automatisch so ein, daß Zu- und Abfluß einander gleich sind. Denn solange sie es nicht sind, steigt respektive sinkt die Temperatur bis das Gleichgewicht erreicht wird.

Ein anderes Beispiel ist der Gehalt der Atmosphäre an Kohlendioxid, Sauerstoff und Ozon: Vor der Entstehung des Lebens enthielt die Atmosphäre unseres Planeten wahrscheinlich wenig oder gar keinen Sauerstoff und kein Ozon, dafür aber große Mengen Kohlendioxid. Wegen des Fehlens von Sauerstoff und Ozon konnte auch das kurzwellige Ultraviolett (UV) der Sonnenstrahlung die Atmosphäre ungeschwächt passieren. In den Urozeanen, die neben Salzen aller

Art, Ammoniak, Amine und Karbonate enthielten, bewirkte dieses kurzwellige UV die Entstehung von Aminosäuren, später von immer komplizierteren Polypetiden, den chemischen Vorstufen der Eiweißstoffe. So entstand das Leben. Als es einen ersten höheren Organisationsgrad erreicht hatte, erwarb es die Fähigkeit, komplizierte organische Stoffe, Kohlehydrate, Fette und Eiweißstoffe direkt aus Kohlendioxid, Wasser und Aminen unter Ausnutzung der Energie des Sonnenlichts aufzubauen. Und zwar benutzte es dabei nicht mehr das kurzwellige UV, das nur einen kleinen Teil der Gesamtenergie der Sonnenstrahlung transportiert, sondern das längerwellige sichtbare und rote Licht. Bei diesem Vorgang, den man Photosynthese nennt, wird Kohlendioxid verbraucht und Sauerstoff freigesetzt. Im Laufe einiger hundert Millionen Jahre verschwand das Kohlendioxid fast gänzlich aus der Luft und wurde durch Sauerstoff ersetzt, der jetzt einen Gehalt von knapp 20% in der Luft erreicht hat. Mit dem Verschwinden des Kohlendioxids aus der Atmosphäre wäre es mit dem Fortbestand des Lebens auf der Erde ganz zweifellos zuende gewesen, wenn sich nicht bereits sehr bald eine neue Form des Lebens entwickelt hätte, das tierische Leben. Nur die Pflanzen leben nämlich durch die Photosynthese. Der tierische Organismus lebt von den Pflanzen. Er macht den Prozeß der Photosynthese wieder rückgängig. Unter Verbrauch von Sauerstoff verbrennt er die Fette und Kohlehydrate zu Kohlendioxid und Wasser. Erst dadurch, daß Pflanzen und Tiere mit ihren quasi umgekehrten Stoffwechselprozessen auf der Erde zusammen leben, war die Herstellung des ökologischen Gleichgewichts möglich. Die Tiere erzeugen ebensoviel Kohlendioxid wie die Pflanzen verbrauchen und die Pflanzen liefern dafür genau die Menge an Sauerstoff, die die Tiere zum Leben benötigen. In den höheren Schichten hat sich dabei unter dem Einfluß des kurzwelligen UV der Sonne aus dem Sauerstoff eine Ozon-Schicht gebildet, die selbst noch weit stärker UV absorbiert und auf diese Weise das Leben der höchstentwickelten Lebewesen vor den für sie äußerst schädlichen Wirkungen dieser Strahlung schützt.

Die ungeheueren Mengen Kohlendioxid, die mit der zunehmenden Industrialisierung durch die Verbrennung fossiler Brennstoffe wie Kohle und Erdöl in die Atmosphäre gelangen, haben bereits zu einem Anstieg des Kohlendioxidgehaltes geführt, der heute etwa 8% höher ist als um die Jahrhundertwende. Darin zeigt sich der Beginn einer

Störung des thermischen und des atmosphärischen ökologischen Gleichgewichts. Beide sind nur Teilaspekte des ökologischen Gesamtsystems unseres Planeten. Jede Störung in einem Teilgebiet hat Rückwirkung auf andere und auf das Ganze. Gerade die Gleichgewichte im Bereich des Lebens sind gegen Störungen äußerst empfindlich. Mit Hilfe von Insektiziden wie DDT kann man ganze Obsternten vernichten, weil die Befruchtung durch die Insekten ausbleibt und der Wind womöglich in der entscheidenden Zeit nicht ausreichte, um die Bestäubung durch verwehte Pollen zu ermöglichen. Durch Entlaubungsmittel, wie sie die USA in Vietnam angewendet haben, kann das ökologische Gleichgewicht völlig zerstört und können blühende Länder in Wüsten verwandelt werden. Aber es ist ein Irrtum zu glauben, daß sich die Wirkung dieser Störungen örtlich beschränken läßt. Mit der Vernichtung der Vegetation in einem verhältnismäßig kleinen Gebiet kann eine fortschreitende Änderung des Klimas in sehr großen Gebieten eingeleitet werden, die wiederum das gesamte ökologische System der Tier- und Pflanzenwelt eines Kontinents aus dem Gleichgewicht bringt.

Die Erforschung der ökologischen Gleichgewichte und Regelsysteme der Erde steht noch in ihren Anfängen. So können wir heute noch keine sicheren Voraussagen über die Folgen der immer massiveren Eingriffe machen, die durch die bedenkenlose Ausweitung der Industrie und die mit ihr einhergehende Umweltverschmutzung in der Zukunft eintreten werden. Eins kann aber mit Sicherheit schon heute gesagt werden: Bereits der jetzt erreichte Grad der industriellen Umweltverschmutzung hat die zulässige Grenze erreicht, wenn nicht schon weit überschritten. Eine weitere Zunahme um den Faktor zehn oder zwanzig, wie er sich für die kommenden Jahrzehnte aus dem gegenwärtigen Trend ergibt, würde zu absolut unerträglichen Zuständen führen, die sogar dann noch eintreten würden, wenn man – aber eben zu spät – intensivste Gegenmaßnahmen eingeleitet hätte. Das liegt daran, daß die ökologischen Systeme auf Störungen nicht sofort, sondern mit erheblicher zeitlicher Verzögerung reagieren, so daß die Wirkungen selbst dann noch unabwendbar sind, wenn die Ursachen längst nicht mehr wirken.

Im Meadows-Bericht über »Die Grenzen des Wachstums« kommen die Autoren zu folgenden wichtigen Feststellungen: Sie weisen darauf hin, daß allen ihren Berechnungen »die unausgesprochene Ansicht (zugrundeliegt), daß Bevölkerungszahl und Kapital die Möglichkeit haben sollten, möglichst unbeschränkt weiterzuwachsen, bis eine natürliche Grenze erreicht wird. Diese Annahme ist ein wesentlicher Punkt der menschlichen Wertmaßstäbe, die das System der realen Welt in Gang halten.«

Wenn immer diese Wertmaßstäbe im Modell wirksam sind, jagt das Wachstum immer weiter gegen einen Grenzwert, schießt darüber hinaus und bricht dann zusammen ... Diese Verhaltensart, die stets zum Übersteigen von Maximalwerten und zum Zusammenbruch führt, ist recht einfach zu durchschauen. Überall in der Struktur der ineinander verflochtenen Regelkreise wirken zwischen den Ursachen und Wirkungen zeitliche Verzögerungen, im Modell ebenso wie in der realen Welt. »Deshalb rennen Bevölkerungszahl und Kapital unter dem Antrieb exponentiellen Wachstums nicht nur gegen die gesetzten Grenzen, sondern schießen darüber hinaus, bis entsprechend den zeitlichen Verzögerungen der Wachstumsvorgang abgewürgt wird. Exponentiell zunehmende Umweltverschmutzung kann über den kritischen Wert ansteigen, weil dieser bei den Auswirkungen erst nach Jahren bemerkbar wird, wenn effektiv schon sehr viel mehr Schadstoffe freigesetzt worden sind. Ein exponentiell wachsendes Industriesystem kann eine Kapitalmenge entsprechend einer bestimmten Rohstoffmenge bereitstellen, die schon gar nicht mehr vorhanden ist, wenn sich das Kapital auswirkt, weil während der Verzögerungszeit durch das Wachstum zuviel Rohstoffe verbraucht wurden.«

Die Autoren des Meadows-Bericht kommen zu der Schlußfolgerung, daß nur durch eine weltweite Wachstumsbeschränkung eine schreckliche Katastrophe von der Menschheit abgewendet werden kann. Sie schreiben: »Wie dieser Verfall abliefe, ist schwer vorstellbar. Er könnte an verschiedenen Punkten der Erde zu verschiedenen Zeiten oder aber auch weltweit einsetzen, allmählich oder sehr plötzlich. Wird zuerst die Grenze der Nahrungsmittelproduktion erreicht, hätten die nichtindustrialisierten Länder die größten Bevölkerungsverluste. Bei einer Erschöpfung der nicht regenerierbaren Rohstoffe träfe es die Industrienationen. Möglicherweise würde die Fähigkeit der Erde zur Aufrechterhaltung von Fauna und Flora erhalten bleiben, sie könnte aber auch stark vermindert oder gar vernichtet werden. Mit Sicherheit besäßen die überlebenden Reste der Menschheit, wie groß auch ihre Zahl wäre, nicht mehr viel, um eine neue Form der

Gesellschaft, die noch unseren Vorstellungen zugänglich ist, aufzubauen.«

Gegen den Meadows-Bericht sind viele Einwände erhoben worden, teils sehr einfache, wie beispielsweise von Herman Kahn, der einfach die Fakten bestreitet und im Glauben »wir werden sie schon finden« behauptet, daß es keine ernste Rohstoffkrise geben werde und genug da sei, um 20 Milliarden Menschen tausend Jahre lang mit einem Jahreseinkommen von 20000 Dollar zu versorgen, und zwar auf der Basis der Technik von heute. Kahn selbst berechnet die Größe der bewohnbaren Flächen nach Abzug der für Landwirtschaft und Industrie benötigten Fläche auf 20 Millionen Quadratkilometer. Bei einer Bevölkerungszahl von 20 Milliarden Menschen bedeutet dies eine mittlere Bevölkerungsdichte in den Siedlungsgebieten von 1000 Menschen je Quadratkilometer, und das auf der ganzen Erde. Das ist die Bevölkerungsdichte dicht besiedelter Ballungsgebiete. Aber selbst wenn man den erstaunlichen Optimismus von Herman Kahn einmal akzeptiert, bei der Fortsetzung des Wachstums im gegenwärtigen Tempo wäre die 20-Milliarden-Zahl der Weltbevölkerung jedenfalls noch vor Ablauf des 21. Jahrhunderts erreicht und das Kahnsche Wohlstandsjahrtausend müßte aus neun Jahrhunderten ohne jedes Wachstum bestehen. Noch vor Ablauf der vor uns liegenden nächsten hundert Jahre müßten sehr schwerwiegende Änderungen in den Entwicklungsbedingungen auf der Erde eingetreten sein, die bewirken, daß die jetzige Phase des exponentiellen Wachstums beendet wird.

Und das ist die Frage, um die es überhaupt nur geht. Die Autoren des Meadows-Berichtes haben mit aller Entschiedenheit hervorgehoben, daß ihre Modellrechnungen keine Vorhersage der wirklich vor uns liegenden Entwicklung ergeben. Sie haben nur auf Grund der heute bekannten Zahlen über Vorräte und Entwicklungstempo und unter Zugrundelegung verschiedener zusätzlicher Annahmen berechnet, wie sich bei Fortsetzung der gegenwärtigen Entwicklung ohne wesentliche Änderung sozialer und politischer Parameter, noch dazu unter der Annahme kaum realisierbarer günstiger Nebenbedingungen, die Entwicklung vollziehen würde. In allen Fällen ergab sich für das 21. Jahrhundert eine sehr schwere Krise, in deren Verlauf eine Milliarde Menschen oder sogar noch wesentlich mehr in wenigen Jahrzehnten an Hunger und Vergiftung durch Umweltverschmutzung sterben werden. Diese furchtbare Katastrophe läßt sich – nach gleichfalls von dem Meadows-Team durchgeführten Berechnungen – vermeiden oder jedenfalls sehr mildern, wenn sofort mit drastischen Maßnahmen der freiwilligen Wachstumsbeschränkung begonnen wird. Der Meadows-Bericht wurde 1973 veröffentlicht; außer einigen Konferenzen und teil zustimmenden, teils kritischen Publikationen war bisher das Ergebnis dieser sehr ernsten Warnung gleich Null.

Die Frage ist: Warum? Warum verhält sich die Menschheit wie ein Autofahrer, der auf einen Abgrund zurast und sich als einzige Gegenmaßnahme nur die Augen zubindet, statt auf die Bremse zu treten? Ist es etwa eine uns angeborene menschliche Schwäche, daß uns die Sorgen und die Leidenschaften der Gegenwart, ja des unmittelbaren Augenblicks für die Sorgen blind machen, die in der Zukunft liegen? Ich halte nichts von solchen Theorien. Sie erklären eigentlich gar nichts, sondern behaupten, was sie erklären wollen, sei in Wirklichkeit unerklärlich. Ich sehe in der Fähigkeit des Menschen, die Folgen seiner Handlungen – wenn auch nur in Grenzen – vorauszusehen, einen der ganz wesentlichen Unterschiede zwischen Mensch und Tier. Wenn man von geistigen Fähigkeiten des Menschen sprechen will, die ihm von Natur angeboren sind, so ist gerade diese eine der hervorragendsten. Die Tatsache, daß die Warnungen des Meadows-Berichts bisher ohne jede relevante Wirkung geblieben sind, daß keine Regierung, kein Parlament geschweige denn die UNO sich zumindest kritisch mit dem Problem befaßt hat, hat andere Gründe. Diese Gründe liegen in der politisch-ökonomischen Struktur der heute auf der Erde bestehenden Gesellschaftssysteme und in den großen Spannungen und Gegensätzen zwischen ihnen.

Eine weltweite freiwillige Wachstumsbeschränkung, die etwa im Verlaufe einer Sitzungsperiode der UNO beraten und beschlossen werden soll, klingt wie eine Sache, die nur von Vernunft und gutem Willen abhängt. Wie sollte aber eine solche freiwillige Wachstumsbeschränkung aussehen? Außerdem müßte sie ja möglichst schnell zu einem totalen Stillstand des Wachstums, dem viel zitierten Null-Wachstum, führen. Wie sollte das Leben der Menschheit nach Erreichung dieses Stillstandes aussehen? Sollten alle Armen durch Industrialisierung auf das ökonomische Niveau gehoben werden, auf dem die Reichen jetzt leben? Das hieße, daß die Industrieproduktion sich im Ganzen mindestens verfünffachen müßte. Von einer Abwendung der Rohstoff- und Energiekrise könnte unter diesen Bedingungen überhaupt keine Rede sein. Tatsächlich müßten die Reichen ihre Industrieproduktion möglichst in dem gleichen Maße abbauen, wie es gelingt, die armen Länder zu industrialisieren. Die Reichen, das wären in erster Linie die USA, die Staaten der EG, die Sowjet-Union und Japan. Kann man sich vorstellen, daß diese Staaten sich darüber einigen, ihre Industrieproduktion abzubauen zugunsten eines Industrieaufbaus in China, Indien, Afrika und Südamerika? Kann man sich vorstellen, daß eins dieser Länder freiwillig, ohne Rücksicht darauf, was die andern tun, mit entschiedenen Maßnahmen des Wachstumsstops beginnen würde? Könnte sich auch nur die Regierung eines dieser Länder die Einleitung solcher Maßnahmen leisten? Bestünde nicht die Gefahr, daß die mit diesem Industrieabbau unvermeidlich einhergehende vorübergehende militärische Schwäche von den Gegnern dieses Landes zu einem Überfall ausgenutzt würde? Und selbst wenn dies nicht geschähe, könnte eins der jetzigen großen Industrieländer durch solche Maßnahmen die weltweiten Folgen der Wachstumskrise in der übrigen Welt von sich fernhalten? Oder sollte man nur danach streben, das Wachstum in allen Ländern zu bremsen, ohne Rücksicht auf den erreichten Stand der Industrialisierung, was bedeuten würde, daß schließlich ein Zustand großer Gegensätze zwischen Arm und Reich, vermutlich noch größer als heute, auf Dauer eingefroren würde?

Alles Fragen, die uns deutlich machen, daß die katastrophale ökologische Krise von der Menschheit nur abgewendet werden kann, wenn sich in den vor uns liegenden Jahrzehnten große revolutionäre Veränderungen in der politischen und ökonomischen Struktur der menschlichen Gesellschaft vollziehen. Aber in welchem Teil unserer in Ost und West gespaltenen Welt werden sich die Kräfte entwickeln, die imstande sind, diese Umwälzung noch rechtzeitig in Gang zu setzen? Das Lager des Sozialismus, auf das so viele alle Hoffnung setzen, ist durch den Konflikt zwischen der Sowjet-Union und China sehr geschwächt. Die Faszination, die die weltweite internationale Einheit des »Friedenslagers« früher ausstrahlte, ist nicht mehr, seitdem es zwei Konzepte des Sozialismus gibt, die sich in unversöhnlicher Feindseligkeit bekämpfen, ja sogar mit Krieg bedrohen. Wäre es denkbar, daß der hochentwickelte, moderne Kapitalismus mit seinem enormen Industrie- und Knowhow-Potential befähigt ist, den Ausweg aus der Krise zu finden? Oder kann man zu hoffen wagen, daß die revolutionären Kräfte in den Zentren der kapitalistischen Welt mit der sich verschärfenden ökonomischen Krise wachsen und schließlich siegen werden, so daß bei aller Vielheit der politischen Vorstellungen eben doch jene »Einheit in der Vielheit« geschaffen werden könnte, von der Togliatti* träumte?

---

* Palmiro Togliatti (1893–1964) übernahm unter Mussolini die Leitung der illegalen KPI. Er verfolgte eine Strategie der nationalen Autonomie und des Polyzentrismus und setzte sich ein für die Erhaltung des revolutionären Kampfes innerhalb einer internationalen Solidarität, die die »Einheit der Vielfalt« bewahren muß.

II.
Warum der Kapitalismus die ökologische Krise nicht abwenden kann

Die Gesellschaftsformation, die in Europa dem Kapitalismus vorausging, der Feudalismus, war ökonomisch ein System mit Null-Wachstum. Die Entwicklung der Produktivkräfte war praktisch zum Stillstand gekommen. Die Produktionsmethoden in der Landwirtschaft wie auch in den dörflichen und städtischen Handwerksbetrieben waren in einem solchen Ausmaß durch Tradition ein für allemal festgelegt, daß jede Neuerung als ein Spiel des Teufels verdächtigt wurde. Jedes Werkzeug, jeder Handschlag waren wie die geweihten Geräte und Riten eines religiösen Kults bis in die Details durch Überlieferung vorgeschrieben. Die Produktion war noch nicht gesellschaftlich, sondern privat. Die privaten Produzenten waren auch die Eigner ihrer Produkte. Die Ausbeutung durch die herrschende Feudalklasse vollzog sich ganz offen, teils in der Form von Steuern und Abgaben, teils im Militärdienst und in der Fronarbeit, das heißt unbezahlter Arbeit in den Wirtschaftsbetrieben der Feudalherren. Da die Arbeitsproduktivität in der Landwirtschaft sehr gering war, wurden die weitaus meisten Arbeitskräfte gebraucht, um die Ernährung der Bevölkerung sicherzustellen. Für die Ausweitung der höher entwickelten Produktion in den Handwerksbetrieben fehlte also ein Arbeitskräftereservoir. Der innere Markt hätte außerdem eine steigende Produktion nur zu niedrigen Preisen aufnehmen können. So bestand kein ökonomischer Antrieb zur Ausweitung und Intensivierung der Produktion.

Der reine ungestörte Feudalismus tendiert also zu einer fortschreitenden Erstarrung. Die Gesellschaft entwickelt sich nicht mehr weiter und geht in den Zustand der Versteinerung über. Ein Beispiel für diese Entwicklung des Feudalsystems bietet China, das wohl noch weitere Jahrtausende als zur höchsten Dekadenz versteinerter Feudalismus fortbestanden hätte, wenn nicht die Europäer als Kolonialmächte in das Land von See her eingedrungen wären, wo die Chinesen durch keine Mauer geschützt waren. Aber selbst dieser feindliche Ansturm konnte die feudale Gesellschaft des Reiches der Mitte nicht zerstören. Es gelang nur in einem winzigen Bruchteil des Landes in einigen Hafenstädten eine relativ schwache Industrie aufzubauen. Dort bildete sich auch eine Art Bourgeoisie, chinesische Partner europäischer Kapitalisten, und ein Industrieproletariat. Aber in den großen Weiten des Landes, wo seit Jahrtausenden hunderte von Millionen Menschen lebten, bestand der Feudalismus unangefochten fort und überdauerte sogar die chinesische Revolution von 1911, die mit der Mandschu-Dynastie Schluß machte. Was Sun Yat-sen nicht gelang, gelang erst Mao Tse-tung nach dem zweiten Weltkrieg und nach dem Sieg über Tschiang Kai-schek.

Das alte China, vor der Störung durch das Vordringen der Europäer in den fernen Osten, ist das Musterbeispiel für eine Gesellschaft »im Gleichgewicht«. Man bedenke das, wenn man sich eine Gesellschaft »ohne Wachstum« vorzustellen sucht. Dieser Zustand wäre das Ende aller historischen Entwicklung, der Stillstand, der noch dazu womöglich nur mit Methoden der gewaltsamen Unterdrückung aufrecht erhalten werden könnte. Er wäre nicht das Ende unserer Zeit, sondern etwas viel Schlimmeres: Diese unsere schreckliche Zeit würde dadurch zu ewiger Dauer gebracht. Sie wäre einfach stehen geblieben.

Daß die Zeit im alten China zum Stillstand kommen konnte, lag im Wesen des Feudalismus begründet. Daß es in Europa zu dieser eigentlich »normalen« Entwicklung nicht gekommen ist und daß sich stattdessen im Schoße der Feudalgesellschaft – anfänglich wie ein krankhaftes Geschwür – zuerst das Handelskapital, später eine immer breiter werdende Schicht von Händlern, schließlich von Manufakturbetrieben und damit die gesellschaftliche Produktionsweise entwickeln konnten, mit einem Wort: daß hier der Kapitalismus samt Proletariat und Bourgeoisie entstehen konnte, verdanken wir ganz außerordentlichen, in ihrem vielfältigen Zusammenspiel sehr unwahrscheinlichen ethnologischen, historischen, ökonomischen, geographischen und kulturellen Besonderheiten. Sie sorgten dafür, daß die europäische Uhr niemals stehen geblieben ist. Das beginnt schon mit dem Christentum, mit dem Zerfall des römischen Imperiums und der Völkerwanderung. Die Bauernkriege, die Reformation, der Dreißigjährige Krieg, die Bildung der europäischen Nationen, alle diese Erschütterungen und tiefgreifenden Wandlungen bezeugen, daß in Europa nie die Gefahr einer Erstarrung in einem »Gleichgewicht« bestand. So brachte Europa schließlich diejenige Gesellschaftsformation hervor, deren unentbehrliches Lebenselement das andauernde und sich immer wieder erneuernde Ungleichgewicht ist, die bürgerlich-kapitalistische Gesellschaft.

Die Trennung von Kapital und Arbeit, d. h. die Loslösung der Produzenten von ihren Produktionsinstrumenten schuf die Voraussetzung für die an keine Traditionen gebundene gesellschaftliche Produktionsweise. Der Produzent, das ist jetzt kein selbständiger privater Handwerker mehr, sondern der Industriearbeiter, produziert nicht mehr für sich, sondern für das Kapital. Anstelle seiner Arbeitsprodukte erhält er Geld. Mit dem Geld, seinem Lohn, werden nicht die Produkte seiner Arbeit bezahlt, sondern seine Arbeitskraft. Der Arbeiter vermietet sich und seine Arbeitskraft stunden- und tageweise an den Eigentümer der Produktionsmittel. Wie seine Arbeitskraft verwendet wird und wie der gesamte Arbeitsprozeß organisiert wird, ist ausschließlich Sache des Unternehmers, des Managements.

Nach der Ausschaltung der handwerklichen Konkurrenz und ihrer teuer gefertigten Einzelstücke durch die industrielle Massenproduktion, die mit relativ billigen Kräften betrieben werden kann, können die Unternehmen noch steigende Gewinne erzielen, solange die Nachfrage auf dem Markt nicht befriedigt werden kann. Wenn schließlich Angebot und Nachfrage sich ausgeglichen haben, entspricht der Marktpreis dem, was in der Marxschen ökonomischen Theorie der *Wert* der Ware genannt wird. Dieser Wert, genauer der Tauschwert der Ware, ist durch die Menge an menschlicher Arbeit bestimmt, die unter den gegebenen Bedingungen durchschnittlich (also im Gesamtdurchschnitt der Produktion) zur Erzeugung dieser Ware erforderlich ist. Diese Wert-Theorie übernahm Marx von David Ricardo (1772–1823) und ergänzte sie durch einen genialen Gedanken: Da der Industriearbeiter seine Arbeitskraft auch auf den Markt bringt, ist also seine Arbeitskraft auch eine Ware wie andere Waren und hat dementsprechend einen durch die zu ihrer Produktion erforderliche Arbeitsmenge bestimmten Wert. Der Lohn ist nichts anderes als der Preis dieser Ware, der nach gehörigem Ausgleich von Angebot und Nachfrage auf dem Markt mit dem Wert in Einklang ist. Wenn nun in einer kapitalistischen Wirtschaft alle Waren – im Idealfall des völligen Ausgleichs von Angebot und Nachfrage – einschließlich der Arbeitskraft im Verhältnis ihrer Werte ausgetauscht werden, wie kann dann noch kapitalistischer Profit entstehen? Marxens Erklärung war verblüffend: Der Wert der Arbeitskraft ist stets geringer als der Wert, den sie erzeugen kann. Die Differenz, den Mehrwert, steckt der Unternehmer als Gewinn ein. Die Frage ist nun, was macht der Unternehmer mit seinem Gewinn? Einen Teil kann er persönlich verbrauchen.

Aber gerade die florierenden Unternehmen mit hochentwickelter Produktionstechnik erzielten so immense Gewinne, die der Unternehmer, selbst wenn er es gewollt hätte, bei noch so verschwenderischer Lebensweise niemals privat konsumieren konnte. Darum verwendete er den größten Teil seiner Gewinne zur Erweiterung seiner Betriebe und zu Investitionen in anderen Betrieben, auch zu Aktienkäufen, alles mit dem Ziel, seine beherrschende Stellung in der Wirtschaft weiter auszubauen.* Da alle Unternehmer und Unternehmen in dieser Weise verfahren, kommt es notwendigerweise zu Überproduktionskrisen. Die erzeugte Warenmenge übersteigt die Nachfrage, der Markt wird gesättigt, die Preise sinken unter den Wert. Viele Unternehmen machen Konkurs. Diese zyklischen Krisen, die Marx voraussagte und erklärte, schienen früher eine unvermeidliche Begleiterscheinung der kapitalistischen Wirtschaft zu sein.

Die letzte große Krise dieser Art war die Weltwirtschaftskrise des Jahres 1929/30. Sie war eine typische Überproduktionskrise. Sie begann mit einem Börsenkrach, riesige Fabrikanlagen, die eben erst errichtet worden waren, wurden gar nicht mehr in Betrieb genommen. Massenarbeitslosigkeit breitete sich aus. Vor dem zweiten Weltkrieg kam es zu keiner weiteren Krise dieser Art mehr, zum Teil wegen der belebenden Wirkung des Rüstungsbooms, der dem Krieg vorausging. Auch nach dem zweiten Weltkrieg hat es keine Krise in der kapitalistischen Wirtschaft mehr gegeben, die sich im Ausmaß und auch ihrer

---

* Diese erweiterte Reproduktion, die ja auch zur Ausschaltung der Konkurrenten dient, wird heute von den multinationalen Konzernen in einem internationalen Stil größten Ausmaßes betrieben.

inneren Struktur nach mit der Krise von 1929/30 vergleichen ließe. Es kam nur zu einigen schwächeren Rezessionen, denen Phasen kräftiger Wirtschaftsbelebung folgten. Erst seit der katastrophalen Niederlage der USA in Vietnam beginnen sich ganz neuartige unheilverkündende wirtschaftliche Krisenerscheinungen in der kapitalistischen Welt bemerkbar zu machen.

Um diese Krisenerscheinungen zu verstehen, Erscheinungen, die in den früheren zyklischen Krisen weniger oder gar nicht hervorgetreten sind, müssen wir uns noch einmal mit dem eigenartigen wirtschaftlichen Mechanismus befassen, mit dessen Hilfe im Kapitalismus Mehrwert erzeugt und angeeignet wird, wie also überhaupt die kapitalistische Ausbeutung funktioniert.

Aus ganz bestimmten methodischen Gründen wollen wir versuchen, uns eine kapitalistische Wirtschaft vorzustellen, die sich im »Gleichgewicht« befindet. Welches wären ihre wesentlichen Merkmale?

1. Alle Waren werden im Verhältnis ihrer Werte ausgetauscht.
2. Produktion und Konsumtion sind gleich. Es findet weder Über- noch Unterproduktion statt.
3. Eine Erweiterung der Produktionskapazitäten ist nicht möglich.

Unter diesen Bedingungen müßten also die Unternehmer den gesamten Mehrwert privat konsumieren. Dementsprechend könnte es keine Neubildung von Kapital mehr geben. Die Gesellschaft würde für jedermann offensichtlich in zwei Gruppen zerfallen: Arbeiter und Nichtstuer, Proleten und Coupon-Abschneider. Marx war der Ansicht, daß nach Erreichung dieses Endzustandes des Kapitalismus es nicht mehr schwer sein könnte, die Coupon-Abschneider davonzujagen und die Ausbeutung abzuschaffen. Tatsächlich kann sich aber der Kapitalismus nicht einmal eine entfernte Annäherung an diesen Endzustand leisten. Durch den gewerkschaftlichen Kampf können nämlich die Arbeiter erreichen, daß die Profite der Unternehmer schnell dahinschwinden. Die Gewerkschaften entsprechen in ihrer ökonomischen Funktion dem, was auf der Seite der Kapitalisten die Konzerne sind: Organisationen zur Einschränkung der Konkurrenz der Arbeiter bzw. der Unternehmer untereinander. Hier vollzieht sich der entscheidende Klassenkampf. Und solange es noch Konkurrenz der Unternehmer untereinander gibt, also das, was der Amerikaner free enterprise nennt, und die Konzerne nicht zu multinationalen marktbeherrschenden Monopolen zusammengewachsen sind, gilt nach Marx das Gesetz der sinkenden Profitrate, free market und free enterprise müßten also zu einer Selbsterstickung des Kapitalismus führen.

Daß die kapitalistische Wirtschaft sich nicht auf diesen Weg begeben hat und selbst erstickt ist, liegt einfach daran, daß dieses Wirtschaftssystem seinem Wesen nach niemals zu einem Gleichgewicht strebt, das sein Tod wäre, sondern von Anfang an die Entwicklung der Produktivkräfte aufs Äußerste antreibt und antreiben muß, wenn es überhaupt am Leben bleiben will. Ohne ständiges Wachstum ist der Kapitalismus zum Untergang verurteilt. Niemals zuvor hat ein Wirtschaftssystem die Entwicklung der Produktivkräfte in einem solchen Ausmaß vorangetrieben, und zwar einfach nur deshalb, weil ohne den immer wieder neuen, alles bisherige umstürzenden technischen Fortschritt das System an seinen eigenen inneren Widersprüchen zugrundegehen müßte. Und tatsächlich übertrifft der technische Fortschritt der letzten hundert Jahre selbst die kühnsten Phantasien eines Jules Verne, der selber nie daran gedacht hat, seine utopischen Träume könnten je verwirklicht werden. Statt in 80 Tagen umkreist ein Satellit die Erde in 90 Minuten, und für den Flug zum Mond braucht man hin und zurück knapp eine Woche. Als Karl Marx vor hundert Jahren den Mechanismus der kapitalistischen Ökonomie analysierte, schien das Ende des Kapitalismus nicht mehr allzu fern, einfach deshalb, weil niemand damals ahnen konnte, welche enormen technischen Möglichkeiten die Natur dem Menschen bietet und wie schnell er es lernen würde, von ihnen Gebrauch zu machen. Auch heute wäre noch kein Ende des möglichen technischen Fortschritts zu erkennen, wenn es nur um die weitere Ausnutzung der Gesetzmäßigkeiten der Natur ginge. Eher könnte man sagen, es ist umgekehrt: Der technische Fortschritt hat Zustände geschaffen, die jeden weiteren Fortschritt zu einer Bedrohung unserer Existenz machen. Aber diese Denkweise, die nicht neu ist und ihren prägnantesten Ausdruck in dem Wort vom »Dämon Technik« findet, erweckt den Eindruck, als ob eine mystische Gewalt in der Technik wirke. Es ist die alte Geschichte von Dr. Faust und Mephistopheles, der mit seinen teuflischen Wundern die Seele seines Opfers verdirbt.

In Wirklichkeit gehen die Gefahren nicht von irgendeinem »Dämon Technik« aus, den es nicht gibt, sondern sie sind die Folge des Gebrauchs, den der Mensch von den wunderbaren Möglichkeiten der

Natur macht. Der eigentliche Grund liegt darin, daß der Kapitalismus gezwungen ist, den Mehrwert zu optimieren und nicht den Gebrauchswert. Wenn schon die auf dem Markt angebotenen Waren einen Gebrauchswert haben müssen, um Käufer zu finden, so ist für die kapitalistische Wirtschaft doch ihre wichtigste Eigenschaft, daß sie *ver*braucht werden. Je kurzlebiger ein Produkt, um so gewinnbringender ist es. Früher waren die Menschen darauf stolz, wie alt und dabei wohl erhalten die Gegenstände ihres täglichen Gebrauchs waren. Heute müssen sie neu sein. Ein neues Auto, der neueste Fernseher sind Statussymbole. Viele neue Erfindungen sind technisch keine eigentlichen Erfindungen, – sie sind nur die Erfindung eines neuen Konsumbedürfnisses, oder wie man auch sagt: die Entdeckung einer Marktlücke.

Daß nicht der *Ge*brauch sondern der *Ver*brauch das A und O der kapitalistischen Wirtschaft ist, gilt nicht nur auf dem Sektor der eigentlichen Konsumgüterindustrie, es gilt auch für den »Konsum« aller Arten von technischen Ausrüstungen und Maschinen. Das Tempo der technologischen Entwicklung ist so groß, daß ganze Industrieanlagen oft schon als veraltet gelten, bevor sie überhaupt in Betrieb genommen worden sind. Man nennt das den »moralischen Verschleiß«, der weit wirksamer und schneller ist, als jeder Verschleiß durch normale Abnützung. Der größte Teil der Umweltverschmutzung geht auf das Konto dieses allgemeinen Konsum-Zwanges, dem die bürgerlich-kapitalistische Gesellschaft unterliegt. Man denke nur an die Unmassen von Reklame und Verpackungsmaterialien, an die sinnlose Vergeudung von Autobenzin in den überdimensionierten und auf hohen Verbrauch getrimmten Automotoren, an die massenhafte Verschwendung von Energie und Rohstoffen, die keineswegs naturnotwendig ist, sondern ausschließlich daher rührt, daß die kapitalistische Wirtschaft an irgendeiner Form von Sparsamkeit nicht nur nicht interessiert ist, sondern sie geradezu fürchtet wie der Teufel das Weihwasser.

Daß der Kapitalismus für die Überwindung der feudalen Stagnation unentbehrlich war, daß er die vehementeste Entfesselung der Produktivkräfte gerade dadurch bewerkstelligt hat, daß er das primitive Geltungs- und Besitzstreben der Menschen mobilisierte und dadurch zu einer positiven Kraft werden ließ, daß in dieser relativ kurzen und historisch einmaligen Epoche alle wesentlichen wissenschaftlichen und technischen Erkenntnisse gewonnen wurden, mit deren Hilfe es möglich ist, für viele Milliarden Menschen, für die gesamte Bevölkerung der Erde ein Leben ohne Not und Elend und auf einer hohen Kulturstufe zu ermöglichen, dies alles ist unbestreitbar. Ebenso unbestreitbar ist es aber, daß in dieser unserer Epoche die furchtbarsten Kriege geführt und die unmenschlichsten Massenmorde verübt worden sind. Auch an Grausamkeit und Gewalttätigkeit, an Ungerechtigkeit und Herrschsucht ist das Jahrhundert des hochentwickelten Kapitalismus ohnegleichen. Und schließlich läßt sich heute eins mit völliger Gewißheit sagen: Der Kapitalismus ist seiner inneren Struktur und seinem ganzen Wesen nach vollständig unfähig, die uns jetzt bevorstehende große Krise zu meistern, weil er dazu sich selbst aufgeben müßte, was er nicht kann. Er ist am Ende. Seine Zeit ist abgelaufen.

III.
Der reale Sozialismus

Der Aufstand der Pariser Arbeiter vor etwas über hundert Jahren, die erste proletarische Revolution, die zur Errichtung der Pariser Kommune führte, eilte ihrer Zeit weit voraus, zu weit. Nach Marxens Theorie sollte die bürgerliche Gesellschaft erst dann reif für die sozialistische Revolution geworden sein, wenn sich nach stürmischer Entwicklung der Produktivkräfte die kapitalistischen Produktionsverhältnisse, d. h. im wesentlichen die Form der privaten Aneignung der gesellschaflich produzierten Waren, zu Fesseln für die weitere Entwicklung der Produktivkräfte entwickelt haben. Aber davon konnte zu den Zeiten Louis Bonapartes nirgends in der Welt die Rede sein. Der tragische Zusammenbruch der Pariser Kommune, der mit so vielen Opfern verteidigten Revolution, dem sich ein entsetzliches Massaker unter den gefangenen Kommunarden anschloß, war darum unvermeidlich und hätte eigentlich der blutigen Unterdrückung durch das französische Militär unter »brüderlicher Hilfe« des siegreichen Preußen-Deutschland nicht bedurft.

Aber auch die russische Revolution, die große sozialistische Oktoberrevolution, das müssen wir heute sechzig Jahre danach feststellen, war ein nicht weniger tragischer Anachronismus dieser Art.

Im Jahre 1917 konnte allerdings niemand auch nur ahnen, welchen gewaltigen weiteren Aufschwung die kapitalistische Wirtschaft noch vor sich hatte, und daß selbst in den industriell am weitesten entwickelten Ländern noch für viele Jahrzehnte keine Rede davon sein würde, daß die kapitalistische Wirtschafts- und Produktionsweise die Entwicklung der Produktivkräfte hemme. Daß die Oktoberrevolution noch dazu in einem Land stattfand, das vom Standpunkt der marxistischen Theorie für die sozialistische Revolution besonders ungeeignet war, war Lenin und seinen Genossen sehr wohl bewußt. Sie hofften, daß der Sieg der Revolution in Rußland wie ein Fanal auf die internationale Arbeiterbewegung wirken und die revolutionäre Bewegung in den hochentwickelten kapitalistischen Staaten in höchstem Maße aktivieren würde. Die Oktoberrevolution war nur der Funke, der das Feuer der Weltrevolution entzünden sollte. Doch diese Hoffnungen der Bolschewiki erfüllten sich nicht. In Deutschland wurde zwar die Monarchie beseitigt, aber die Weimarer Republik hatte nichts mit Sozialismus zu tun. Die Etablierung der parlamentarischen Demokratie änderte an der Herrschaft der bürgerlichen Klasse nicht das Geringste, im Gegenteil, sie wurde dadurch noch mehr gefestigt. Selbst mit den Überresten der alten Feudalklasse verfuhr man mehr als zahm, indem man ihnen durch die »Fürstenabfindung« eine großzügige Entschädigung für die verloren gegangenen Privilegien gewährte.

Den russischen Revolutionären erschien das Ausbleiben der Revolution in Westeuropa als das Werk von Verrätern. Die reformistische Mehrheit der deutschen Sozialdemokratie, so glaubten sie, hatte um den Preis von Regierungs- und Verwaltungsposten ein opportunistisches Bündnis mit der herrschenden Klasse geschlossen und die revolutionären Kräfte in der deutschen Arbeiterbewegung mit den Ideen des Austro-Marxismus vom schrittweisen Hineinwachsen in den Sozialismus auf dem Wege progressiver Reformen in Verwirrung gebracht. Während es Lenin in Rußland gelungen war, in den Stürmen der Revolution die russischen Reformisten, die Menschewiki, zu schlagen und auch alle späteren Gruppen zu vernichten, die gegen die Politik der Bolschewiki opponierten, kam es in Deutschland und später auch in vielen anderen Ländern zur Spaltung der Arbeiterbewegung in Kommunisten und Sozialisten. Es entstanden die kommunistischen Parteien, die sich von der bestehenden internationalen Arbeiterorganisation, der sogenannten Zweiten Internationale lossagten und sich in der Dritten Internationalen, der Komintern, unter der von allen anerkannten Führung der Kommunistischen Partei der Sowjet-Union zusammenschlossen. Die Folge dieser Spaltung war eine außerordentliche Schwächung der internationalen Arbeiterbewegung. Ohne den tragischen Bruderzwist, der besonders in Deutschland sich mehr und mehr bis ins Sinnlose verschärfte und dazu führte, daß die Kommunisten noch 1932 nicht in Hitler und den Nazis, sondern in der SPD die Hauptgefahr sahen, die sie als die Partei der »Sozialfaschisten« verhöhnten und verleumdeten, ohne diese ungeheuerliche Verblendung derer, die sich als die Avantgarde des Weltproletariats verstanden, wäre es niemals zu der faschistischen Machtergreifung am 30. Januar 1933 und damit auch nicht zum 2. Weltkrieg gekommen.

Der eigentliche Verrat an der Sache der internationalen Arbeiterbewegung wurde also mit der Spaltung begangen. Die Schärfe dieser Auseinandersetzung ging von Moskau aus. Dies hing sehr eng mit dem Streit zwischen Stalin und Trotzki zusammen. Trotzki war in konsequenter Fortführung der Einschätzung der historischen Funktion der russischen Revolution durch Lenin der Meinung, daß der Aufbau des Sozialismus in einem einzigen Land, noch dazu einem technisch und politisch so hoffnungslos rückständigen Land wie Rußland, grundsätzlich unmöglich ist. Er war überzeugt, daß ein solcher Versuch zum Scheitern verurteilt sei. Er setzte der Stalinschen Politik die Forderung nach der permanenten Revolution entgegen. Stalin verfolgte Trotzki und ließ ihn schließlich im Exil in Mexiko ermorden. Das war ein sehr zweifelhafter Sieg; denn Trotzki behielt mit seinen Thesen recht, wenn auch auf eine Weise, die wohl nicht ganz seiner Denkweise entsprach. Daß sich Stalin zum brutalen Alleinherrscher aufschwingen würde, der auch vor massenhaftem Mord an seinen politischen Gegnern und denen, die er dafür hielt, nicht zurückschrecken würde, hat Trotzki nicht nur miterlebt, sondern wohl auch vorausgesehen. Daß die Sowjet-Union unter Stalin schließlich doch mit der Kriegsmaschine Hitlers fertig werden und sich neben den USA zur gleichwertigen Supermacht aufschwingen würde, paßte wohl schon weniger in sein Konzept. Andererseits hat er zwar an der Verbürokratisierung der Sowjetgesellschaft schärfste Kritik geübt, aber ob er seine eigene Verstrickung in den Gang der sowjetischen politischen Entwicklung erkannt hat, ist fraglich. Die These, daß das Unheil schon in der Oktoberrevolution seinen Anfang nahm, daß bei allem das Entscheidende die Spaltung der Arbeiterbewegung war, die mit Lenins Sieg über die Menschewiki ihren Anfang nahm, dürfte kaum Trotzkis Zustimmung gefunden haben.

Die Spaltung lähmte die revolutionäre Kraft der Arbeiterbewegung nicht nur einfach dadurch, daß sie eine große Bewegung in zwei Teile zerriß, die nun einen großen Teil ihrer Energie im gegenseitigen

Kampf verbrauchten und sich daran verunstalteten und zerrieben. Das Besondere an dieser Spaltung war, daß die beiden Parteien jede auf ihre Weise gerade diejenigen Gruppen von Menschen und Charakteren in sich ansammelte und dadurch voneinander trennte, deren enges Zusammenwirken für eine revolutionäre Bewegung geradezu lebenswichtige Voraussetzung ist. So sammelten sich in der Sozialdemokratie die Bedächtigen, die Pragmatiker, die Gewerkschafter, die »Realpolitiker« und natürlich auch die Kompromißler und Opportunisten. Andererseits waren die Kommunisten der Magnet, der alle Radikalen, Kampfentschlossenen und Opferbereiten anzog, besonders aber auch alle diejenigen, die die Theorie des Marxismus studiert hatten und sich nun im Besitz einer alles umstürzenden revolutionären Wissenschaft wähnten. Hier reifte die Theorie von der elitären Avantgarde, die unter den massenhaft in die Partei strömenden kleinbürgerlichen Intellektuellen begeisterte Anerkennung fand. Es war eine merkwürdige, auf jeden Fall sehr ungesunde Mischung von Proletkult, Salonkommunismus und Linksradikalismus, die die kommunistische Szene beherrschte.

Der Sorglosigkeit, ja Gleichgültigkeit, die bei den Sozialdemokraten in allen Fragen der marxistischen Theorie herrschte, stand bei den Kommunisten eine spitzfindige Scholastik gegenüber, durch die der Marxismus mehr und mehr in eine kanonisierte Glaubenslehre verwandelt wurde. Besonders in der Sowjet-Union, wo der von Marx und Engels vertretene dialektische Materialismus zur mit allen staatlichen Mitteln protegierten Philosophie und Weltanschauung gemacht wurde, entwickelte sich ein in Dogmen erstarrender Kathedermarxismus. Der Marxismus, seinem ursprünglichen Wesen nach die herausforderndste und lebendigste soziale Lehre, entartete zu einem Katechismus von Banalitäten. An die Stelle des dialektischen Materialismus der Klassiker, der sich gar nicht als Philosophie verstand, sondern gerade als die Überwindung der Philosophie als für sich selbst bestehender »Wissenschaftswissenschaft«, traten wieder die beschränkten und oberflächlichen Denkweisen des mechanischen Materialismus. Engels hatte im »Anti-Dühring« und in der »Dialektik der Natur« gesagt, daß »all der philosophische Kram überflüssig und in der positiven Wissenschaft verschwinden werde, wenn erst Natur- und Geschichtswissenschaft die Dialektik in sich aufgenommen« haben.

Statt nun die Hauptaufgabe darin zu sehen, diesen von Engels erwarteten Prozeß der Bewußtmachung der Dialektik in den positiven Wissenschaften nach Kräften zu fördern, schwangen sich die amtlich bestallten Philosophieprofessoren zu einer Gilde von Gütekontrolleuren auf, die – im Besitz einer alles entscheidenden Heilslehre – darüber zu befinden hatten, was in den einzelnen Wissenschaften wissenschaftlich und was unwissenschaftliche Irrlehre war. Die wichtigsten modernen naturwissenschaftlichen Theorien bestanden die Prüfung nicht und wurden für Irrlehren erklärt: Die Relativitätstheorie, die Quantenmechanik, die moderne Genetik und die Kybernetik. Zahlreiche führende sowjetische Genetiker wurden ihrer Posten enthoben und in sibirische Zwangsarbeitslager geschickt. An ihre Stelle trat ein Scharlatan, Lyssenko, der im Verein mit einigen anderen die Partei und die Regierung durch schamlose Lobhudelei für Stalin schließlich zu umfangreichen, aber völlig sinnlosen Maßnahmen in der sowjetischen Landwirtschaft veranlaßte, durch die dem Land Schäden in Höhe ungezählter Milliarden erwachsen sind. Zwei führende theoretische Physiker, Landau und Lifschitz, wurden ihrer Ämter an der Moskauer Universität enthoben und in die Verbannung geschickt.

Große politische Erscheinungen, wie der bis zum Exzeß ausartende Stalinkult, sind stets viel komplexer, als es der äußere Anschein erkennen läßt. Sie haben auch komplexere Gründe, die nicht leicht zu finden sind. Aber der äußere Mechanismus, durch den sie im historischen Ablauf rein kausal zustande gebracht wurden, ist nachträglich meist leicht erkennbar. Die Spaltung der russischen Sozialdemokratie zählt in diesem Sinne nicht zu den tieferen Gründen für die nachfolgende tragische Entartung, sie ist vielmehr ein Glied der sich mit scheinbarer Ausweglosigkeit abwickelnden Kette von Ursachen und Wirkungen, die bis in die Gegenwart reicht und in unseren Tagen als ihr vorläufig letztes Ergebnis die politischen und ökonomischen Zustände hervorgebracht hat, die ihre Repräsentanten selbst als den »realen Sozialismus« bezeichnen. Die historisch entscheidenden Gründe liegen in den sozialen Strukturen und den Bewußtseinsformen wie auch in der Praxis der durch sie geprägten gesellschaftlichen Institutionen, die sich im Verlaufe von vielen Jahrhunderten im zaristischen Rußland herausgebildet hatten. Diese Formen und Strukturen haben in einem erstaunlichen Maße die Oktoberrevolution überdauert. So trat die zugleich bedrohende wie beschützende Vatergestalt des zum Alleinherrscher heranwachsenden Stalin zuerst an die Stelle des »Väterchens Zar«, wenn auch in neuer Gestalt, um sich aber dann immer mehr in die furchterweckende Riesengestalt des einen großen Zaren, Iwans des Schrecklichen, zu verwandeln, den die sowjetischen Historiker nun auch in geradezu peinlicher Konsequenz seines herabsetzenden Beinamens entkleideten und ihn mit höchster Billigung schlicht Iwan den Großen nannten.

Die Oktoberrevolution, nach der gescheiterten Pariser Kommune der zweite ungleich folgenschwerere Versuch, dem Lauf der Geschichte zuvorzukommen, führte zu einem Gesellschaftssystem, das man eigentlich, wenn es nicht ein Widersinn wäre, als sozialistischen Feudalismus bezeichnen müßte: Ein Staat mit absolut pyramidaler Hierarchie, mit fast absolutistischer Herrschaft eines einzigen Mannes an der Spitze, mit stufenweise einander untergeordneten Herrschaftsebenen von Großfürsten, Fürsten, Grafen und Landvögten. Ein Staat, gegen dessen Willkür keine Rechtsmittel existieren außer der erniedrigenden Form der Eingabe, die noch dazu immer genau von derjenigen Stelle »bearbeitet« und dementsprechend beantwortet wird, gegen die sich der Bürger mit seiner Beschwerde gerichtet hat. Ein Staat, in dem Presse-, Rede- und Meinungsfreiheit nur für den existiert, der den Oberen nach dem Munde redet. Ein Staat, in dem alle Rechte und Freiheiten, die sich die Ausgebeuteten in den bürgerlich-kapitalistischen Staaten mit schweren Opfern erkämpft und verteidigt haben, außer Kraft gesetzt sind: Versammlungsfreiheit, Vereinigungsfreiheit, Streikrecht, Recht auf Freizügigkeit innerhalb und außerhalb der Grenzen des Landes, Brief- und Postgeheimnis, Informationsfreiheit, Freiheit in der Wahl der Arbeit und des Arbeitsplatzes. Ein Staat, in dem alle ausländische Literatur verboten ist, sofern nicht in bestimmten einzelnen Fällen bei bestimmten einzelnen Publikationen und meist nur für einen bestimmten Kreis von Personen eine Ausnahmegenehmigung erteilt wurde.

Wenn wir heute rückblickend die sechzig Jahre betrachten, die seit der Oktoberrevolution vergangen sind, diese schreckliche schwere Zeit, die mit ausländischer Intervention, weißgardistischer Konterrevolution, mit Hungersnöten und Kriegskommunismus begann, diese Zeit des physischen Opfergangs zumindest zweier Generationen, die für den Aufbau einer gewaltigen Schwer- und Rüstungsindustrie hungern, schuften und bluten mußten, um dann voller Verzweiflung zu erleben, wie die tief ins Land einbrechenden Hitler-Armeen alles wieder verwüsteten, die Fabriken zerstörten und schließlich sogar die Arbeiter wie Sklaven nach Deutschland brachten zur Zwangsarbeit in der Rüstungsindustrie. Auch danach, als Hitler geschlagen und Deutschland zwischen seinen Besiegern aufgeteilt war, dauerte für die Völker der Sowjet-Union die Zeit schwerster materieller Opfer an, die der Wiederaufbau des von den geschlagenen Hitlerarmeen noch auf dem Rückzug total verwüsteten Landes erforderte.

Aber was ganz besonders schlimm war, auch die äußere Bedrohung, noch tödlicher vielleicht als die eben überstandene, war mit dem Feuerschlag der Atombomben über Hiroshima und Nagasaki in neuer Gestalt wieder erstanden. Je mehr man die Geschichte des von fast allen großen und mächtigen Staaten angefeindeten und gefürchteten ersten sozialistischen Landes bis in die Einzelheiten analysiert, je weniger man sich also den bequemen pauschalen Urteilen überläßt, desto mehr wird man finden, daß die schrittweise voranschreitende Herausbildung der stalinistischen Struktur durch die ungeheuren äußeren Belastungen auf das Nachhaltigste gefördert worden ist. Ich kann mir kein bürgerlich-demokratisches Land vorstellen, das nicht unter solcher Last zusammengebrochen wäre, mehr noch, dessen demokratische Ordnung dann nicht Opfer eines Militärputsches oder sogar eines faschistischen Umsturzes geworden wäre.

Daß staatliche Unterdrückungsmaschinen ihre internen politischen und ökonomischen Schwierigkeiten gern mit angeblicher äußerer Bedrohung erklären und ihre Willkürmaßnahmen mit einem angeblichen Staatsnotstand zu rechtfertigen suchen, ist nichts Ungewöhnliches. Aber für die Sowjet-Union bestand und besteht in erheblichem Maße auch heute noch wirklich eine andauernde massive äußere Bedrohung, die ohne Frage für einen Teil der ökonomischen Schwierigkeiten die Ursache ist, jedenfalls sofern sie das Land zu ungeheuren Aufwendungen für militärische Rüstungen zwang. Hier brauchte die äußere Bedrohung nicht erfunden zu werden, um von den inneren Schwierigkeiten abzulenken. Das alles vergiftende Mißtrauen des Staates gegenüber seinen Bürgern nährte sich aus ganz realen Quellen, die ganz und gar nicht auf Einbildung beruhten. Daß die Furcht vor Spionen und Verrätern in den eigenen Reihen schließlich zu pathologischem Verfolgungswahn wurde, der keineswegs nur Stalin allein befiel, sondern den ganzen Partei- und Staatsapparat zu zersetzen begann, bedeutete eine weitere gefährliche Schwächung des in seiner Existenz bedrohten Sowjet-Staates. Daß das Land diese Exzesse der Selbstverstümmelung, des Massenmordes an treuen alten Revolutionären, an hervorragenden Militärs, an hochqualifizierten Wissenschaftlern und Technikern, daß es den Archipel Gulag überstanden hat, wo ungezählte Millionen verhungerten und von Seuchen hingerafft wurden, mutet heute, zwanzig Jahre danach, fast wie ein Wunder an. Nach dem XX. Parteitag der KPdSU, drei Jahre nach dem Tode Stalins, wurde der Archipel Gulag aufgelöst. Den entscheidenden Schritt dazu hatte Chrustschow getan.

Der XX. Parteitag von 1956, dessen Thesen auf dem XXII. Parteitag der KPdSU bekräftigt wurden, wofür in entscheidendem Maße die Gruppe um Chrustschow verantwortlich war, leitete einen großzügigen Selbstreinigungsprozeß ein, die sogenannte Entstalinisierung. Chrustschow versuchte, den ganzen Partei- und Staatsapparat im Lauf weniger Jahre zu erneuern und zu reorganisieren. Natürlich stieß er auf wachsenden Widerstand. Auf die Millionen, deren Befreiung aus dem Archipel Gulag im wesentlichen sein Werk gewesen war, konnte er sich bei diesen Auseinandersetzungen nicht stützen. Nur weithin sichtbare Erfolge seiner Politik, ökonomische und politische, nationale wie internationale, hätten ihm dazu verhelfen können, eine freiere sozialistische Gesellschaft zu schaffen und den katastrophalen Schwund des internationalen Ansehens der Sowjet-Union, der auf die Enthüllung der Verbrechen der Stalinära folgte, schließlich nicht nur rückgängig zu machen, sondern durch die Entfaltung eines wirklich freien sozialistischen Lebens, das allen sichtbar ist, den Beweis der absoluten Überlegenheit des Sozialismus zu erbringen.

Aber diese Erfolge blieben aus, und Chrustschow beging sogar einige sehr schwere Fehler. »Neuland unterm Pflug« war ein Fehlschlag, der Mais erwies sich als ein unzuverlässiger Genosse und die Installierung von Atomraketen auf Kuba hätte uns beinahe den dritten Weltkrieg beschert. Das Ärgste war seine Chinapolitik. Die Beziehungen zwischen der KPdSU und der KPCh waren, gelinde gesagt, schon zu Lebzeiten Stalins nicht immer frei von Spannungen. Den Chinesen mißfiel, mit guten Gründen, das anmaßende und dünkelhafte Verhalten ihrer sowjetischen Genossen im Verlauf des revolutionären Prozesses in China seit den 20er Jahren. Die Beratung der

KPCh durch die Komintern hatten die chinesischen Kommunisten mit der schweren Niederlage von 1927 bezahlt, und nach 1945 gab Stalin Mao Tse-tungs Partei keine Chance, den chinesischen Bürgerkrieg zu gewinnen.

Aber nach Gründung der Volksrepublik China im Jahre 1949 (fast gleichzeitig mit der Gründung der DDR) hatten sich die Beziehungen sehr verbessert. Die Sowjet-Union gewährte China erhebliche Kredite zum Aufbau der Industrie. Tausende sowjetischer Spezialisten und Techniker kamen ins Land, um bei dem Aufbau der Werke mitzuwirken, die auf der Grundlage sowjetischer Pläne und Projekte errichtet werden sollten. Ich weiß nicht, ob es wegen dieser großzügigen Hilfe innerhalb der sowjetischen Führung Meinungsverschiedenheiten gegeben hat. Sie könnten möglicherweise erklären, warum die plötzlich einsetzende sowjetische Kritik an der chinesischen Politik der Volkskommunen so heftig war. Die Russen waren der Meinung, daß dies naiver linker Radikalismus sei, der zu schwersten wirtschaftlichen Belastungen führen müsse. Als die Chinesen aber nicht daran dachten, auf die Kritik des großen Bruders auch nur zu hören, brach Chrustschow die Wirtschaftshilfe an China von einem Tag zum anderen einfach ab und beorderte alle sowjetischen Fachleute samt ihren Plänen zurück in die Sowjet-Union. Die angefangenen Arbeiten konnten nicht fortgesetzt werden. Ob Chrustschow wirklich der Meinung war, die Chinesen würden sich auf diese Weise erpressen lassen, kann man sich kaum vorstellen. Eher wäre es denkbar, daß er vor seinen eigenen Kritikern im Lande zurückwich und gleichzeitig den starken Mann spielen wollte. Das Ergebnis dieser Entscheidung ist jedenfalls bis auf den heutigen Tag die tragische Verfeindung der beiden größten und wohl auch wichtigsten Staaten des sogenannten sozialistischen Weltsystems. Die einzigen, die davon profitierten, waren die USA. Und die direkte Folge dieser Schwächung der sozialistischen Position in Asien war der Vietnam-Krieg. Bei Fortbestand der Einigkeit und Solidarität der Sowjet-Union und Chinas hätten die USA die Invasion in Vietnam niemals wagen können.

Zwölf Jahre nach dem XX. Parteitag, nachdem sich der Versuch der Entstalinisierung längst totgelaufen und sich in den Bahnen des alten ein neues flexibleres System gebildet hatte, kam es noch einmal in einem sozialistischen Land zu einem Versuch, den Stalinismus radikal zu überwinden, dem mit dem historischen Januar-Plenum des

Zentralkomitees der kommunistischen Partei der Tschechoslowakei beginnenden »Prager Frühling« des Jahres 1968. Zuerst schien es sich nur um eine Palastrevolution gegen den korrupten Staatspräsidenten Novotny zu handeln. Sehr bald zeigte sich aber, daß eine starke Mehrheit im ZK der KPČ es mit der Demokratisierung ernst meinte. Die Partei gewann von Monat zu Monat eine breitere Basis in der Bevölkerung. Aber in demselben Maße, wie sie ihre Isolierung im Innern überwand, setzte sehr bald ein sich dauernd steigender Druck von Seiten der sozialistischen »Brüder« in den umliegenden sozialistischen Staaten ein. Es wurde ganz offen von der Möglichkeit einer Intervention gesprochen. In mehreren Konferenzen, zu denen man die Führung der KPČ beorderte, hämmerten die aufgeschreckten Stalinisten auf ihre tschechoslowakischen Genossen ein. Es war ganz offensichtlich, daß sie sich vor einer Ausbreitung der Ideen des Prager Frühling fürchteten, und zwar nicht, weil sie diesen Ideen nicht trauten, sondern gerade darum, weil sie wußten, daß diese Ideen den Hoffnungen von Millionen Sozialisten und Kommunisten in aller Welt entsprachen, die sich nichts sehnlicher wünschten, als daß sich der Sozialismus in den sozialistischen Staaten endlich von dem Odium befreite, ein System der Willkürherrschaft einer kleinen Clique von Apparatschiks zu sein.

Im Jahre 1968 erreichte auch die Protestbewegung gegen den Vietnamkrieg ihren Höhepunkt. In Frankreich gelang es sogar zum erstenmal, die sektiererische Beschränkung der Bewegung auf die Universitäten und Hochschulen zu überwinden. Es kam zu den riesigen politischen Streiks und großen gemeinsamen Demonstrationen von Arbeitern und Studenten. Die Bewegung, die an den Universitäten noch überwiegend in den Händen ultralinker Gruppen war, erfaßte nun die großen Gewerkschaften, sehr zögernd die KPF, aber dann auch die Sozialisten. Mitterand, der wohl damals zum erstenmal die Notwendigkeit einer Volksfront begriff, die mehr ist als nur ein Wahlbündnis mit den Kommunisten, erklärte seine Solidarität mit der KPČ und dem Prager Frühling und bekannte sich zum demokratischen Sozialismus. Es war damals ganz offensichtlich, daß die politische Entwicklung in der ČSSR eine weit über die Grenzen hinaus ausstrahlende Wirkung ausübte.

Am 21. August 1968 intervenierten die Truppen von fünf Staaten des Warschauer Paktes. Überwiegend waren es sowjetische Truppen.

Die Kontingente der anderen hatten mehr symbolischen Charakter. Sie wurden bald wieder abgezogen, während die sowjetischen Truppen bis heute das Land besetzt halten. Die Intervention wurde mit der Behauptung begründet, führende Genossen der ČSSR hätten um Hilfe gegen einen konterrevolutionären Putsch gebeten. Bis heute sind die Namen der Genossen, die um Hilfe ersucht haben sollen, nicht bekannt. Ich will die skandalöse Geschichte jener Tage hier nicht im einzelnen heraufbeschwören. Sie ist im wesentlichen allgemein bekannt. Ich will nur daran erinnern, daß die Intervention sofort nach dem 21. August von 15 kommunistischen Parteien Europas verurteilt und nur von drei Parteien, der luxemburgischen, der zyprischen und der bundesdeutschen Partei (damals noch als illegale KPD) gebilligt wurde. Bei Beachtung der Mitgliederzahlen waren diese drei also eine verschwindende Minderheit.

In der DDR und in anderen sozialistischen Ländern setzte sofort eine Welle schärfster Verfolgung aller Personen ein, die auch nur in Andeutungen ihren Protest gegen die Intervention geäußert hatten. Dies galt auch für alle Personen, die es wagten, sich auf die Position der 15 kommunistischen Parteien des Westens zu stellen. Besonders in den Schulen und Hochschulen, aber auch in allen Behörden und Verwaltungen und auch in Industriebetrieben mußten die Arbeiter und Angestellten Erklärungen des Einverständnisses mit der Intervention unterschreiben. Wer sich weigerte, wurde fristlos entlassen. Hunderte wanderten mit hohen Freiheitsstrafen in die Gefängnisse. Niemand von diesen verfassungswidrig Verurteilten wurde bisher rehabilitiert und entschädigt.

Wo steht die kommunistische Bewegung in Europa heute, acht Jahre nach dem konterrevolutionären Überfall auf die ČSSR? Es gab im Jahre 1976 ein außerordentlich bedeutsames Ereignis, von dem man hoffen kann, daß es die endgültige Überwindung des Systems der Unfreiheit, Entrechtung und Unterdrückung in den sozialistischen Staaten signalisiert: Die Berliner Konferenz der kommunistischen Parteien Europas. Auf dieser Konferenz wurde nur sehr wenig und nur mit wenigen, ganz knappen Worten und auch nur von einigen Delegierten – allerdings den wichtigsten – von der Intervention in der ČSSR gesprochen. Aber gedacht wurde um so mehr an jene schlimmen Tage, in denen die nackte Angst um die persönliche Macht die Mächtigen jener fünf Länder dazu gebracht hatte, dem internationalen Ansehen der Kommunisten einen neuen furchtbaren Schlag zu versetzen.

Die Konferenz war auf Betreiben der sowjetischen Partei zustande gekommen. Die Vorverhandlungen über ein zu beschließendes Dokument dauerten fast zwei Jahre. Wenn die sowjetischen Genossen geglaubt hatten, sie könnten auf dieser Konferenz die Wiederanerkennung ihrer führenden Rolle erreichen und, indem sie als führender Sprecher aller Kommunisten in Europa erschienen, sich damit auch von dem Makel befreien, der ihnen seit dem 21. August 1968 als dem »Weltpolizisten« im Bereiche des Sozialismus anhing, so sahen sie sich gründlich getäuscht. Stattdessen kam es zu einer definitiven Verurteilung jeder Art von Einmischung in die inneren Angelegenheiten eines Landes. Die Konferenz kam zu der ausdrücklichen Feststellung, daß keineswegs jede Kritik an der Politik einer kommunistischen Partei oder Regierung, von außerhalb wie auch von innerhalb eines Landes, als »Antikommunismus« diffamiert werden kann.

Die Vertreter der größten europäischen kommunistischen Parteien, der französischen und der italienischen Partei, legten die Grundzüge ihrer Politik dar, die auf die Errichtung einer sozialistischen Gesellschaft gerichtet ist, in der nicht nur alle Freiheiten der bürgerlichen Gesellschaft fortbestehen, sondern darüber hinaus durch die Abschaffung der Ausbeutung diesen Freiheiten ein ganz neuer Inhalt gegeben wird. Die Genossen Georges Marchais, Vorsitzender der französischen Partei, und Enrico Berlinguer, Vorsitzender der italienischen Partei, forderten die uneingeschränkte Aufrechterhaltung der Rede- und Versammlungsfreiheit, der Freiheit der Publikation und Information, des Streikrechts und des Rechts auf freie Wahl der Arbeit, des Rechts auf Freizügigkeit auch über die Grenzen des sozialistischen Landes und des Rechts auf Bildung politischer Parteien, auch oppositioneller selbstverständlich, einschließlich der Möglichkeit, daß eine sozialistische Regierung abgewählt wird und eine nichtsozialistische an ihre Stelle tritt.

Solche Worte hat man in den Staaten des realen Sozialismus noch nie von der Tribüne einer Konferenz kommunistischer Parteiführer vernommen. Aber sie wurden ohne Kürzung in den Spalten der Parteizeitung der kommunistischen Partei der DDR, dem »Neuen Deutschland«, abgedruckt. Indem ich statt der offiziellen Bezeichnung »Sozialistische Einheitspartei Deutschlands« geschrieben habe

»kommunistische Partei der DDR«, wird mir besonders deutlich, wie wenig beide Bezeichnungen den tatsächlichen Charakter dieser Partei zum Ausdruck bringen. Und doch habe ich die Hoffnung, daß auch diese Partei in den wenigen Jahren oder vielleicht auch Jahrzehnten, die uns noch bleiben, daran mitwirken wird, die ungeheuren Aufgaben zu bewältigen, die – wie ich überzeugt bin – nur der Sozialismus lösen kann.

IV.
Warum auch der reale Sozialismus die Krise nicht abwenden kann

In den Ländern des realen Sozialismus haben weder die herrschenden Parteien noch irgendwelche staatlichen Organe offiziell zu dem Problem der herannahenden Krise Stellung genommen. Soweit Äußerungen einzelner Wissenschaftler, die als parteikonform gelten können, aus diesen Ländern vorliegen, sind sie negativ. Die statistischen Zahlen, von denen der Meadows-Bericht ausgehe, seien zum großen Teil falsch, jedenfalls durch neuere Entwicklungen, Entdeckung neuer Rohstoffreserven und neuer Technologien, überholt. Die düsteren Prognosen brächten nur eine unfreiwillige Selbsteinschätzung der hoffnungslosen Lage des Spätkapitalismus zum Ausdruck. Der Sozialismus werde sich im weiteren Aufbau dadurch nicht aufhalten lassen. Das Gerede von der Notwendigkeit eines Null-Wachstums sei nur der Versuch, die gegenwärtige schwere Rezession zu beschönigen.

Aber es gibt unter den Wissenschaftlern und Publizisten einen, der sich selbst als unbedingt parteikonform versteht und von dieser Position aus einen sehr bemerkenswerten theoretischen Ansatz entwickelt hat, wie die ökologische Krise im Weltmaßstab gemeistert werden könne, Wolfgang Harich.

Er geht von dem Gedanken aus, daß die Erfahrungen, die wir jetzt mit der Überflußgesellschaft gemacht haben, uns zu einer Revision unserer Vorstellung vom Leben im Kommunismus zwingen. Kommunismus bedeute nicht, wie wir es uns bisher dachten, ein Leben in unbeschränktem Überfluß – »jedem nach seinen Bedürfnissen« –, sondern ein Leben, wo kein Mensch etwas haben könne, was nicht alle Menschen haben könnten, ohne das Leben der Gesamtheit zu gefährden. Bei völliger Gleichberechtigung aller Menschen in einer kommunistischen Gesellschaft werde es keinerlei Privilegierte mehr geben, die in ihren Konsumansprüchen vor anderen irgendwelche Vorrechte genießen. Dies bedeute aber, angesichts der ökologischen Krise, die Notwendigkeit einer drastischen Senkung des Konsums in den jetzt reichen kapitalistischen Ländern bei gleichzeitiger mäßiger Anhebung des Lebensstandards in den armen Gebieten.

Er beruft sich hierbei auf den sogenannten zweiten Bericht an den Club of Rome von Mihailo Mesarović und Eduard Pestel (»Menschheit am Wendepunkt«), wo versucht wird, die Überlegungen und Modellansätze des Meadows-Berichtes fortzuführen, indem die etwas pauschale Betrachtungsweise Meadows durch eine detaillierte Differenzierung vertieft wird, bei der die großen regionalen Unterschiede in der Welt berücksichtigt werden. Die Autoren teilen hierzu die Welt in zehn Regionen ein, die sie jede für sich und im gegenseitigen Zusammenwirken analysieren. Wenn man von Details absieht, kommen die Autoren zum gleichen Ergebnis wie Meadows. Sie schlußfolgern aus ihrer Analyse aber nicht, daß zur Abwendung der ökologischen Krise ein Stillstand des Wachstums erforderlich sei, sondern entwickeln die These vom organischen Wachstum, das an die Stelle des jetzigen undifferenzierten Wachstums zu treten habe. Sie berufen sich dabei auf die biologischen Wachstumsprozesse. So mutet ihre Idee wie ein umgekehrter Spengler an, der den »Untergang des Abendlandes« gerade damit erklären wollte, daß die Kulturen der Menschheit sich wie Lebewesen entwickeln und also auch sterben müssen.

Harich meint, daß diese Phase des organischen Wachstums sich nicht unter den Bedingungen der kapitalistischen Gesellschaft verwirklichen lasse, daß vielmehr hierzu eine diktatorisch herrschende kommunistische Regierungsgewalt erforderlich sei. Diese Art von Herrschaftsstruktur sei zwar in den sozialistischen Staaten bereits vorhanden, so daß hier der Übergang zum Harichschen Kommunismus im Prinzip keine Schwierigkeiten bereiten werde. Es könne aber den Völkern dieser Staaten, deren Lebensstandard immer noch erheblich hinter dem der hochentwickelten kapitalistischen Staaten herhinke, nicht zugemutet werden, sich im Interesse der Menschheit eine radikale Konsumreduzierung aufzuerlegen und die kommunistische Rationierungswirtschaft einzuführen, während der Westen weiter munter und ohne Rücksicht auf die Folgen in der Zukunft konsumiert und Rohstoffe verschwendet.

Die ökologische Krise kann nach Harich also nur dann von der Menschheit abgewendet werden, wenn der Kapitalismus in den großen Industriestaaten gestürzt wird und auch dort das Regime des »realen« Sozialismus etabliert wird. Nach Harich müßte die Welt in ein System kooperierender Polizeistaaten mit reiner Rationierungswirtschaft verwandelt werden. Wenn der Konsum von Staats wegen auf das unbedingt Erforderliche beschränkt wird, läßt sich auch eine rationale Planwirtschaft aufbauen, die keinerlei Rücksicht auf individuelle Bedürfnisse zu nehmen braucht. Unter solchen Bedingungen könne dann auch das Geld abgeschafft und die vollkommene Gleichheit aller Menschen verwirklicht werden. Und was schließlich nach allem dabei herauskommen würde, wäre ganz einfach: der »reale Kommunismus«.

In einem Punkte kann man Harich unbedingt recht geben, nämlich daß kein einziges der gegenwärtig bestehenden Regime des realen Sozialismus jemals dazu bereit wäre, den Harichschen realen Kommunismus mit Null-Wachstum und Konsumbeschränkung zu errichten. Aber welcher Staat, welche Regierung in der ganzen Welt wäre dazu bereit! Glaubt Wolfgang Harich wirklich, daß sozialistische oder kommunistische Parteien in den kapitalistischen Industrieländern mit Harichs Losungen für einen realen Kommunismus auch nur einen Hund hinter dem Ofen hervorlocken könnten? Es ist doch zum Glück für die internationale Arbeiterbewegung endlich soweit, daß diese Parteien sich von den Leitlinien des realen Sozialismus losgesagt haben. Nach Harich aber soll all das, was selbst die Verteidiger des realen Sozialismus als vorübergehendes, zeitbedingtes Übel zu rechtfertigen versuchen, als einziges Heilmittel für die Menschheit angepriesen und verewigt werden. Harich beruft sich auf Babeuf. Man fühlt sich erinnert an die Sätze von Marx in der Einleitung zum »18. Brumaire« über die Wiederholung der Tragödie in der Gestalt der Farce!

In den sozialistischen Ländern gibt es so gut wie kein Privateigentum an Produktionsmitteln mehr. Außer einem Rest kleiner Handwerksbetriebe sind alle industriellen und landwirtschaftlichen Betriebe in irgendeiner Form gesellschaftliches Eigentum (außer in Polen, wo die Kollektivierung der Landwirtschaft größtenteils wieder rückgängig gemacht worden ist). Die Abschaffung des Privateigentums an Produktionsmitteln bedeutet nun aber nicht, daß die Arbeiter, Ingenieure und Betriebsleitungen selbständig über ihre Produktion und über den Preis ihrer Produkte entscheiden können. Im Kapitalismus vertreten die Betriebsleitungen und in einem erheblichen Maße auch die technischen Leiter die Interessen des privaten Eigners. Aber in einigen Branchen und sogar in sehr großen Betrieben haben die Gewerkschaften Mitbestimmungsrechte erkämpft bis zur sogenannten paritätischen Mitbestimmung, bei der Kapital und Arbeit gleichberechtigt sind.

Im System des realen Sozialismus wird innerhalb der Betriebe nur darüber entschieden, wie die staatlichen Planauflagen mit den vorhandenen Mitteln erfüllt werden können. Die Entscheidungsfreiheit in den einzelnen Betrieben ist wesentlich kleiner als etwa in den Unterbetrieben eines Konzerns. Alle wesentlichen wirtschaftlichen Entscheidungen werden von der Staatlichen Plankommission gefällt. Sie leitet die gesamte Volkswirtschaft des Landes wie einen einheitlichen Superkonzern, der noch dazu, da er es mit keiner Konkurrenz zu tun hat, ein reiner Monopolbetrieb ist. Das ist der Staatsmonopolismus in Reinkultur. Harich hat völlig recht: In diesem System ließe sich der Übergang zum Harichschen Kommunimus jederzeit ohne große Schwierigkeiten vollziehen. Es käme nur darauf an, das Politbüro dazu zu bringen, daß seine Mitglieder es wollen. Aber ich nehme an, Harich weiß, daß an dieser relativ geringen Schwierigkeit sein Plan scheitern wird. Das Politbüro wird es nie wollen, einen einzigen Fall ausgenommen: Der Westen macht die Sache vor, und das Politbüro kann es dann nachmachen. So sieht Harich ja auch den Gang der Dinge voraus. Er kennt seine Pappenheimer. Er weiß, sie brauchen immer ein Vorbild. Und auf dem Gebiet der Wirtschaft, der Industrieproduktion wie der Landwirtschaft, kennen sie nur ein geradezu angebetetes Vorbild, den kapitalistischen Westen.

Nirgends wird Wachstum mit mehr Ergebenheit angebetet als in den Staaten des realen Sozialismus. Weil der Lebensstandard immer noch weit hinter dem vergleichbarer kapitalistischer Staaten zurückliegt, etwa der Lebensstandard in der DDR hinter dem der BRD, sind Worte wie »Einholen« und »Überholen« zu Reizworten der politischen Szene geworden, die im gleichen Maße den Eifer der Verzweiflung wie auch peinliche Lächerlichkeit ausdrücken können. Wenn man die vielen offenkundigen Nachteile bedenkt, die das Leben im realen Sozialismus so mit sich bringt, dann fragen sich die Leute selbstredend, worin denn nun die Vorteile bestehen, worin sich die Überlegenheit des Sozialismus zeige, wenn nicht wenigstens in den materiellen Bedingungen der physischen Existenz. Darauf die Antwort: Wartet noch ein wenig, bald werden wir es geschafft haben, und ihr werdet ebenso und sogar besser leben als im Kapitalismus! Das geht aber nur, wenn wir unsere Pläne erfüllen und übererfüllen, wenn wir noch schneller wachsen als der Westen.

Was die materielle Produktion betrifft, die Erzeugung von Gebrauchsgütern und die Bereitstellung von Dienstleistungen, unterscheidet sich die Zielsetzung des realen Sozialismus offenbar wenig oder gar nicht von der Zielsetzung im Kapitalismus. Der Unterschied läge nur darin, auf welche Weise diese Ziele erreicht werden. Im Kapitalismus durch Profitstreben und Ausbeutung, im Sozialismus ohne Ausbeutung durch optimale Planung der Wirtschaft. Das Merkwürdige ist nur, daß der Lebensstandard des vom profitgierigen Kapitalismus ausgebeuteten Arbeiters so viel höher ist als der Lebensstandard seines sozialistischen Kollegen. Ganz offensichtlich leisten die Arbeiter in kapitalistischen Betrieben mehr als in sozialistischen, obwohl sie für den Ausbeuter arbeiten und im volkseigenen Betrieb nur zu ihren eigenen Gunsten. Aber warum? Ist etwa die Arbeiterklasse noch nicht reif für den Sozialismus, daß sie gleich zu bummeln anfängt statt mit doppelter Kraft und Freude zu arbeiten, wenn die Peitsche des Ausbeuters sie nicht mehr bedroht?

Es gibt eine sehr einfache Antwort auf diese Frage: Es liegt nicht an irgendeiner Reife oder Unreife der Arbeiterklasse, sondern einfach daran, daß der reale Sozialismus kein Sozialismus und seine Planwirtschaft keine Planwirtschaft ist, sondern manchmal nicht weniger chaotisch als die kapitalistische Wirtschaft. Der Arbeiter kann nicht davon überzeugt werden, daß er für sich arbeitet, wenn er es nicht tut. Und davon könnte nur dann die Rede sein, wenn er in entscheidendem Maße im Betrieb über Produktion und Preise, über Löhne und Gehälter, über Leitung und Verantwortung mitzubestimmen hätte. Aber er hat nicht einmal das Recht, seiner Kritik an der Planung und Leitung des Betriebes durch Streik den gehörigen Nachdruck zu verleihen. Stattdessen wird Streik wie ein Verbrechen mit Strafe bedroht, d. h. die Arbeiter werden gezwungen, die wirtschaftlichen Entscheidungen der staatlichen Organe bedingungslos zu akzeptieren, selbst dann, wenn sie sehen, wie diese Entscheidungen in ihren Betrieben sich als sinnlos, schädlich und gar undurchführbar erweisen.

Die Idee, man könnte die wirtschaftlichen Prozesse eines hochindustrialisierten Landes, auch mit einer Bevölkerung von nur 16 Millionen, wie in der DDR, an den grünen Tischen einer überdimensionalen Planungsbürokratie auch nur einigermaßen vernünftig steuern und regeln, ist an sich schon phantastisch. Aber einmal angenommen, dies wäre mit Hilfe der modernen Großrechner im Prinzip möglich – das hierfür erforderliche Programm würde wahrscheinlich das für die Durchführung der Mondlandung erforderliche um mindestens eine Größenordnung übersteigen –, entscheidend wäre schließlich, daß die Computer auch mit den richtigen Zahlen und Informationen gefüttert werden müßten. Wie aber will man diese Zahlen und Informationen in einer Wirtschaft gewinnen, in der alle Preise, Löhne, Gehälter, Tarife für Transport und Verkehr, Renten und Pensionen usw. in der unglaublichsten Weise durch willkürliche Entscheidungen in ihren Relationen verzerrt und noch dazu in diesen verzerrten Relationen praktisch eingefroren sind.

Der Begriff des kostendeckenden Preises existiert in dieser Wirtschaft nicht mehr. In den Termini der marxistischen Theorie heißt das: Die Preise entsprechen nicht den Werten. Das gilt auch für die Löhne, Gehälter und Renten, die ja die Preise der menschlichen Arbeitskraft darstellen. Diese Außerachtlassung des Wertgesetzes ist nur möglich, weil es keinen die Preise regulierenden Markt gibt. Aber die Folgen der »Verletzung« des Wertgesetzes treten natürlich trotzdem ein, denn das Wertgesetz wirkt immer, wenn nur Waren und Leistungen in irgendeiner Form gegeneinander austauschbar sind. Bei Mangelwaren entsteht ein schwarzer Markt. Aber auch bei Waren, an denen kein Mangel ist, kann die Außerachtlassung des Wertgesetzes zu schweren wirtschaftlichen Schäden führen. Ist zum Beispiel eine bestimmte Sorte Brot beim Bäcker billiger als das Getreide, aus dem es gebacken wurde, so füttert man seine Hühner besser mit Brot statt mit den ungemahlenen Körnern. Daß das ökonomisch idiotisch ist, ist offensichtlich. Ganz allgemein kann man sagen, daß Waren und Leistungen, die zu niedrig bezahlt werden, immer der Gefahr der Vergeudung ausgesetzt sind. Daß aber die Differenz zwischen Preis und Wert von der Volkswirtschaft in jedem Fall doch aufgebracht werden muß, gerät dabei allzu leicht in Vergessenheit. Verkauft man eine Warengruppe unter ihren Gestehungskosten, so muß man dafür andere entsprechend über ihren Gestehungskosten verkaufen. Denn in keiner Volkswirtschaft kann etwas verschenkt werden; es gilt das Gesetz: Von nichts kommt nichts.

Die subventionierten Niedrigpreise für Grundnahrungsmittel, Mieten, Strom, Gas und Kohle, öffentliche Verkehrsmittel, Zeitungen, Zeitschriften und Bücher werden oft als bedeutende Errungenschaften des sozialistischen Wirtschaftssystems gepriesen. Sie bewirken, daß die elementaren Grundlagen der menschlichen Existenz schon bei ziemlich geringem Einkommen gesichert sind. Die Differenz zwischen den Preisen dieser Waren und Leistungen und den tatsächlich für ihre Erzeugung aufgewandten Kosten müssen die Leute mit den höheren Einkommen bezahlen, und zwar beim Einkauf teurer Luxusartikel, Autos, Waschmaschinen, Kühlschränken, Tonbandgeräten, Textilien, Genußmittel usw. Der Staat hat sogar besondere Geschäfte, die Exquisit-Läden, eingerichtet, wo man – zu außerordentlich hohen Preisen – alles bekommt, hauptsächlich westliche Waren, was das sozialistische Herz noch begehrt und was eben zu normalen Preisen und für normale sozialistische Arbeiter noch nicht geliefert werden kann.

Eine der wichtigsten subventionierten Waren in diesem grandiosen Niedrigpreissystem ist die menschliche Arbeitskraft der Arbeiter und Bauern selbst. Da die volkseigene Wirtschaft die Arbeitskraft zu Preisen kauft, die weit unter deren Gestehungskosten liegen, können die staatlichen Betriebe mit dieser billigen Arbeitskraft selbst bei rückständiger Technologie noch große Gewinne erzielen, die wiederum unbedingt gebraucht werden, um die Ware Arbeitskraft mit Hilfe des Niedrigpreissystems im Bereich des Existenzminimums und durch ein raffiniertes Prämiensystem zu subventionieren. Es ist offensichtlich, daß in diesem System die tatsächlichen wirtschaftlichen Aufwendungen bei der Produktion nicht mehr an Hand gezahlter Preise und Löhne berechnet werden können. Wenn Waren für den Export produziert werden, so muß man sich natürlich an die Weltmarktpreise halten. Die scheinbar niedrigen eigenen Gestehungskosten verleiten unsere Exporteure dabei sehr häufig zu einem Handels-Dumping, das in Wirklichkeit reiner Selbstbetrug ist. Denn ob man bei einem solchen Geschäft einen echten Gewinn erzielt oder aber mit Verlust arbeitet, ist in den seltensten Fällen auch nur einigermaßen festzustellen.

Das Niedrigpreissystem ist das ökonomische System des realen Sozialismus. Es macht eine echte rationale Wirtschaftsplanung zu einer praktisch unlösbaren Aufgabe. Die ökonomischen Leistungen sowohl der einzelnen Betriebe wie auch der ganzen Volkswirtschaft werden durch die mit ihnen verbundenen finanziellen Vorgänge bereits so falsch und verzerrt widergespiegelt, daß auf der Basis der Zahlen in den Buchhaltungen und Banken eine Wirtschaftsplanung mit Sicherheit Fehlplanung sein muß. Fehlplanung bedeutet aber immer zuerst einmal sinnlose Vergeudung von Leistungen. In der kapitalistischen Wirtschaft sorgt der Ausgleich von Angebot und Nachfrage auf dem Markt dafür, daß die Preise sich in Bereichen bewegen, die durch den tatsächlichen Wert der Waren bestimmt sind. Deshalb spiegelt hier die »Geld-Seite« der Wirtschaft die ökonomischen Prozesse adäquat wider. Das gilt auch dann, wenn die Marktpreise wichtiger Waren durch indirekte Steuern verzerrt und wichtige staatliche Dienstleistungen wie Post und Bahn subventioniert sind. Die einzige echte Gefahr für das Funktionieren der wirtschaftlichen Selbstregelungsvorgänge besteht in der Bildung marktbeherrschender Monopole, eine Gefahr, von der man sagen kann, daß der reale Sozialismus ihr eben total erlegen ist. Die Wirtschaftsplaner des realen Sozialismus müßten, um zu den für ihre Planung benötigten Zahlen zu gelangen, in Gedanken und auf dem Papier alle jenen verschlungenen Regel- und Feed-Back-Prozesse durchprobieren und nachvollziehen, die ein freier Markt ohne die Beteiligung von mehr menschlicher Gehirnmasse, als für eine gesunde Mischung aus Habgier und Schläue gebraucht werden, leistet. Kann man den Planern des realen Sozialismus einen Vorwurf daraus machen, daß sie angesichts dieser unlösbaren Aufgabe versagt haben!

Das Niedrigpreissystem ermöglicht eine schrankenlose Umverteilung des Sozialprodukts zugunsten einer bereits recht ausgedehnten Schicht von Partei- und Staatsfunktionären, von Kadern der Wirtschaftsverwaltung und der technischen, wissenschaftlichen und künstlerischen »Intelligenz«. Per Saldo läuft es darauf hinaus, daß diese privilegierte Schicht die »Unterprivilegierten«, also die Arbeiter und alle anderen Wenigverdiener, ausbeutet. Aber das stimmt nur in der wirtschaftlichen Rechnung. Denn es wäre falsch, diese Schicht als die neue Ausbeuterklasse anzusehen. Dazu müßte diese Schicht die herrschende Klasse sein, – und das ist sie eben nicht. Die Herrschenden sind die ganz wenigen, die eben in der Parteispitze sitzen. Sie sorgen dafür, daß die Privilegierten gut bezahlt werden, weil ihre Arbeit von den Herrschenden so hoch eingeschätzt wird. Den Herrschenden gegenüber sind die Privilegierten ebenso macht- und rechtlos wie alle anderen Bürger des realen Sozialismus.

Das Niedrigpreissystem hängt auch mit dem fatalen Wettbewerb zwischen dem realen Sozialismus und dem Kapitalismus zusammen. Dieser im Grunde widersinnige Wettbewerb verbietet dem System praktisch jede Erhöhung der Preise des lebenswichtigen Bedarfs. Sie würde von der Bevölkerung sofort als Zeichen wirtschaftlichen Versagens bewertet werden. Gomulka stürzte in Polen bei dem Versuch einer Preisreform, und sein Nachfolger Gierek entging dem gleichen Schicksal nur mit knapper Not, weil er die Preiserhöhungen noch rechtzeitig zurücknahm. In der DDR gab es Preisreformen, die sich jedoch strikt auf interne Preisrelationen innerhalb des industriellen Zahlungs- und Abrechnungsverkehrs beschränkten und die Konsumpreise nicht berührten. Mit solchen halben Maßnahmen ist natürlich nicht viel zu erreichen. Aber an eine durchgreifende Reform, die alle Preisrelationen erfassen und darüberhinaus Löhne und Gehälter und die Renten völlig umkrempeln müßte, daran wagt niemand auch nur zu denken. Sie müßte ja auch mit der Umverteilung zugunsten der privilegierten Oberschicht Schluß machen, die sinnlosen Importe für die Exquisitläden stoppen und die zu kapitalen Vermögen gehorteten Geldbeträge auf den Konten unserer neuen Millionäre gründlich »umverteilen«, – kurz: wenigstens wirtschaftlich vom realen Sozialismus in ersten Schritten zu einem wirklichen Sozialismus vordringen.

Dann wäre es vielleicht leichter, den realen Sozialismus auch politisch zu überwinden. Solange aber in den sozialistischen Staaten der reale Sozialismus mit seiner pyramidalen Hierarchie fortbesteht, solange er das ja auch pyramidenförmige Preissystem mit der billigen Massenarmut und der einsamen Spitze der Warenpreise für die Luxusklasse aufrechterhält, wird er im Wettbewerb mit dem Kapitalismus nur dessen sämtliche ökonomische Widersinnigkeiten zu reproduzieren suchen, ohne auch nur einen einzigen Vorteil dieses Konkurrenzsystems nutzen zu können. Seinen historischen Auftrag, nämlich aller Welt zu demonstrieren, daß der Sozialismus sich nicht nur politisch, sondern auch in seinen ökonomischen Zielen grundlegend vom Kapitalismus unterscheidet, wird er hoffnungslos verfehlen. Und gegenüber der herannahenden weltweiten ökonomischen und ökologischen Krise wird der reale Sozialismus womöglich noch blinder sein als sein angebetetes ökonomisches Vorbild.

Eine notwendig gewordene Zwischenbemerkung

(2. Januar 1980)

Der vorstehende Text stammt aus dem Jahre 1976. Die damals begonnene Niederschrift dieses Buches wurde im November 1976 unterbrochen. Mein Freund Wolf Biermann war in heimtückischer Weise während einer Tournee durch die BRD aus der DDR ausgebürgert worden. Es gab – zum erstenmal in der DDR – massenhafte Proteste, die mit massenhafter Verfolgung der Protestanten beantwortet wurden. Über mich wurde ein unbefristeter Hausarrest verhängt. In den ersten Monaten dieses beängstigenden Terrors gegen viele gute und ehrliche Menschen in diesem Lande waren wir wie gelähmt und erwarteten jeden Tag neues, schlimmeres Unheil. Für viele traf es ein in vielen Formen: fristlose Entlassungen, Verhaftungen und endlose Verhöre, Verurteilungen. Jürgen Fuchs, der bei mir wohnte, wurde aus meinem Auto heraus verhaftet, kurz danach auch unsere Freunde Gerulf Pannach und Christian Kunert.

Monatelang, bis in den Herbst 1977, wurden sie mit dem einzigen Ziel, sie zum »freiwilligen« Verlassen der DDR zu bewegen, einer pausenlosen und nervenzerrüttenden Gehirnwäsche durch die Organe der Staatssicherheit unterzogen. Mein Schicksal war leichter. Ich habe darüber berichtet und will hier nichts wiederholen. Am 9. Mai 1979 wurden die Beschränkungen meiner Bewegungsfreiheit, nachdem sie in den letzten Monaten bis zur vollständigen Einsperrung auch meiner Frau Katja und unserer fünfjährigen Tochter Franziska in den Bereich unseres Grundstückes in Grünheide verschärft worden waren, mit einem Schlage vollständig aufgehoben. Es war unser »Tag der Befreiung«. Die Burgwallstraße in Grünheide wurde über Nacht ein Symbol erfolgreichen Widerstands gegen Unrecht und Behördenwillkür.

Das Jahr 1979 brachte aber nicht nur unsere Befreiung. Es brachte auch die neuen Maulkorb-Gesetze des DDR-Strafrechts, mit deren Hilfe jede freie Äußerung kritischer Meinungen im Keime erstickt werden sollte und mit schweren Strafen bedroht wurde. Die Veröffentlichung meines Berichtes über unser Leben in der Isolation und über Perspektiven und Retrospektiven meines Lebens und meines Kampfs für den Sozialismus (R. Havemann, Ein deutscher Kommunist, Hamburg 1978) lieferte den Vorwand, mir wegen angeblicher Devisenvergehen eine Geldstrafe in Höhe von 10000 Mark aufzubrummen, meine Bibliothek zu fleddern, wertvolle Arbeitsmittel und Geräte, darunter meine Schreibmaschine, Tonbandgerät, Videorekorder mit vielen wertvollen Bändern und Erinnerungsaufnahmen, und noch manches andere, wie Fotonegative und Briefe, zu konfiszieren. Das sind »Tatwerkzeuge«! Ich kann darüber nur lachen, solange mir nur das einzige wirklich entscheidende Tatwerkzeug bleibt, nämlich mein Kopf. Und die Staatsanwältin, die diese – wie sie meinte: sanfte – Beschlagnahme leitete, hatte auch noch den Namen Geier. Kann man da noch an dem Satz zweifeln, »Nomen est omen«, – aber Scherz beiseite, denn der Herr Zollrat, der alles zu Papier brachte, hieß immerhin Wunderlich. Ich glaube beinahe, er fühlte sich auch so.

Der Beschlagnahme verfiel auch eine Kopie des vorstehenden Textes der ersten vier Kapitel dieses Buches. Zum Glück war aber das Original und eine weitere Kopie in Sicherheit. Aber ein Schlußabschnitt des vierten Kapitels, den ich während unserer Einsperrung geschrieben hatte, ging gemeinsam mit zahlreichen anderen Manuskripten und Aufzeichnungen zunächst einmal verloren. Ich mußte ihn also neu schreiben. Wie die beiden Texte sich unterscheiden, wird man erst später erfahren, wer weiß, wann.

Im Knast, in der Nazizeit, gab es unter den Häftlingen, die frisch verurteilt waren, die Frage »Wie lange?« und bei vielen die lapidare Antwort: Regierungslänglich! Ich hoffe, heute wirds schneller gehen. Auch mit der Rückgabe meines Eigentums!

IV.
Warum auch der reale Sozialismus die Krise nicht abwenden kann

(Fortsetzung)

»Und gegenüber der herannahenden weltweiten ökonomischen und ökologischen Krise wird der reale Sozialismus womöglich noch blinder sein, als sein angebetetes ökonomisches Vorbild.«

Mit diesem Satz endete der Text des 4. Kapitels aus dem Jahre 1976. Inzwischen ist die ökonomische Krise des Kapitalismus längst tief in die Volkswirtschaft der sozialistischen Staaten eingebrochen. Als sich der Verfall des internationalen Währungssystems immer mehr auszubreiten begann, als die verschärfte Konkurrenz der kapitalistischen Industrien untereinander zu radikalen Reduzierungen der Zahl der Arbeitsplätze durch den Einsatz der Mikroelektronik und der Prozeßrechner und damit zu Massenarbeitslosigkeit führte, als in vielen großen westlichen Industrieländern die Inflation zu galoppieren anfing und der Wert der Sparguthaben der kleinen Leute dahinschmolz, weil die Inflation das Mehrfache dessen wegfraß, was an Zinsen dazukam, als die Ölpreise sich vervielfachten und die Gewinne der großen Ölmultis astronomische Ausmaße annahmen, als der Butterberg der EG wieder zu wachsen begann und die Sowjet-Union zwei Mißernten nacheinander erlitt, – da erklärten unsere hohen Herren durch den Mund ihrer Wirtschaftsexperten immer noch: Das alles kann uns nicht erschüttern. Jetzt zeigt sich die große Überlegenheit unseres sozialistischen Wirtschaftssystems durch seine Stabilität, durch die unerschütterliche Sicherheit der Arbeitsplätze und die unveränderlichen Preise für alle Güter des Massenbedarfs, für Energie, Verkehr und Mieten.

Aber, wie es schon bei Lao-tse heißt: »Schöne Worte sind nicht wahr. Wahre Worte sind nicht schön.« Auf dem 11. Plenum des ZK der SED 1979 gab es zwar immer noch sehr viele sehr schöne Worte, doch sie dienten schon ganz unverkennbar hauptsächlich als einlullende Begleitmusik zur Ablenkung von einigen schrillen Tönen der zweiten Kategorie, nämlich der wahren Worte. Die DDR muß viele, für ihre Wirtschaft lebenswichtige Güter importieren, aus dem Osten wie aus dem Westen. Diese Importe müssen mit dem Erlös von Exporten bezahlt werden. Rohstoffe und Nahrungs- und Futtermittel gegen hochwertige Industrieprodukte, Werkzeugmaschinen, Chemieprodukte, Fasern, Textilien, Optik und Konsumgüter aller Art. Die Importpreise steigen und steigen, die Exporterlöse dagegen sinken. Für immer weniger muß immer mehr gearbeitet werden. Und auch unser großer Bruder, die UdSSR, verkauft ihre Rohstoffe zu Weltmarktpreisen.

Die Krise rückt uns auf den Leib. Aber den Sinn und das Ziel unserer Wirtschaftsordnung hat das alles nicht im geringsten ändern können. Im Gegenteil: Die pyramidenförmige hierarchische Sozialstruktur und die ihr entsprechende Hierarchie der Warenklassen und Preisklassen wird weiter ausgebaut und noch differenziert. Statt zwei Warenklassen haben wir jetzt drei, wie gesagt drei offizielle, vom ZK deklarierte Warenklassen: 1. Waren des »unteren« Bedarfs, das sind die Grundnahrungsmittel, Kohle, Gas, Energie, Verkehr und Wohnen. 2. Waren des »gehobenen« Bedarfs. Das ist alles, was der Mensch nicht »unbedingt« zum Leben braucht, von Waschmaschine, Radio und Fernseher bis zum Fahrrad und den Autoreifen für den Trabant. 3. Die Waren der »Luxus«- und »Exquisit«-Klasse, darunter auch die Nahrungs- und Genußmittel der »Deli«-Läden, wo französischer Käse und Cognac ebenso zu haben sind, wie Kaviar, Champagner und amerikanischer Whisky.

Die Preise der 2. Kategorie hatte man im Herbst 1979 ganz plötzlich drastisch erhöht, zum Teil mehr als verdoppelt. Dabei wurde versucht, diese Preiserhöhungen zu tarnen, indem man die alten Produkte in neuer Verpackung und Aufmachung anbot. Gleichzeitig verschwanden die Restbestände der noch zu alten Preisen angebotenen Waren schlagartig aus den Läden. Zeitweise – in der Phase des Übergangs – war in vielen Warenkategorien das Angebot gleich Null. Es gab massiv Proteste und sogar Streiks. Die Preiserhöhungen mußten wieder rückgängig gemacht werden, allerdings nicht völlig. Ein Rest von 20 bis 30 % blieb. Die Bevölkerung nahm es hin, wenn auch mit Murren.

In der 3. Kategorie wurde das Warenangebot immer mehr erweitert, besonders auf dem Gebiet der aus dem kapitalistischen Westen importierten Industriewaren wie Autos, Fernsehapparaten, Kosmetika, Waschmittel und dem ganzen Krims-Krams der BRD-Fernsehreklame.

Wie sieht das alles aus, wenn man es aus der einsamen Höhe des Politbüros betrachtet? Erich Honecker drückte es so aus: »Den größten Teil des Warenangebots wird die mittlere Preisgruppe ausmachen, die einer soliden staatlichen Standardqualität (merkwürdiger Begriff! Anmerkung R. H.) entspricht. ... Wer der Gesellschaft durch seine Arbeit mehr gibt und ein höheres Einkommen erhält, soll sich dafür auch etwas kaufen können.« Für das Viertel aller Ein-Personen-Haushalte, die ein Einkommen von weniger als 600 Mark im Monat haben, also alle unverheirateten Personen aller Altersklassen vom jungen Industriearbeiter bis zur alten einsam lebenden Frau, die als Krankenschwester oder als Briefträgerin schwere Arbeit zu leisten hat, – für diese große Gruppe vernachlässigter Existenzen gibt es das offenbar nicht. Sie müssen sich mit dem Warenangebot der unteren Preisklassen begnügen.

Am erstaunlichsten aber ist die Begründung, die das Politbüro für seine Drei-Klassen-Preispolitik gefunden hat: »Bei den neuen hochwertigen Industriewaren muß der Preis in der Regel die Kosten decken und einen normalen *Ertrag einschließen, der für die volkswirtschaftlichen Rechnungen notwendig ist.* Auch diese Preise in großem Ausmaß zu stützen, würde bedeuten, daß unsere Preisstützungen für solche Waren einen ökonomisch nicht mehr vertretbaren Umfang erreichen.« Von einer Preisstützung war aber schon bisher bei allen diesen Waren nicht die Rede. Sie wurden immer weit über dem Werksabgabepreis verkauft, nämlich um die enormen Beträge abzuknöpfen, die für die Subventionierung der Preise der unteren Preisklasse gebraucht werden. Diesen Tatbestand versucht der Bericht des Politbüros schamhaft in dem Satzteil zu verstecken, den ich hervorgehoben habe. Dieser Aufpreis, auch Akzise genannt, übertrifft oft die Gestehungskosten erheblich und ist eben jener »Ertrag ..., der für die volkswirtschaftlichen Rechnungen erforderlich ist«.

Man sieht, auch jetzt nach Eintritt in das neunte Jahrzehnt unseres Jahrhunderts ist keine Spur von Einsicht in die grundsätzliche Verfehltheit dieser Wirtschaftspolitik zu erkennen. Statt sie zu schließen, wird die Preisschere noch weiter geöffnet, die sinnlose Umverteilung des Sozialproduktes immer drastischer, die durch das Niedrigpreissystem verursachte Vergeudung von Waren, Leistungen und Arbeitskraft noch mehr verstärkt, und was früher immer bei jeder Gelegenheit als Zeichen der wirtschaftlichen Überlegenheit des Sozialismus und als eine seiner weithin sichtbaren Errungenschaften gepriesen wurde, Preisstabilität und Sicherheit, wird ohne zu Erröten auf die unterste Preisklasse des neuen Dreiklassensystems beschränkt. Auch in der Sozialstruktur hat sich die Schere zwischen unten und oben, Wenig- und Vielverdienern weiter geöffnet. Aber gerade auf diesem Feld wirkt das Wertgesetz sich mit Erbarmungslosigkeit gegen den Staat unserer Politbürokraten aus. Es gibt zwei Hauptwirkungen: 1. Die Senkung der Arbeitsmoral und Arbeitsdisziplin. 2. Die Entstehung eines zweiten inneren Wirtschaftskreislaufs. Beide Wirkungen hängen eng miteinander zusammen.

Man kann sich leicht vorstellen, wie angesichts des steigenden Warenangebots der mittleren und oberen Preisklasse denen zu Mute ist, die als einzeln Lebende mit weniger als 600 Mark auskommen müssen oder als Familienväter mit weniger als 1600 Mark – immerhin sind das nach dem Bericht des Politbüros 65 % der Haushalte, also auch solche, bei denen die Frau mitverdient. Man kann kaum annehmen, daß sie sich mit solchen Einkommen zufrieden geben und nicht alles versuchen werden, sich zusätzliche Einnahmen zu verschaffen. Und das tut auch jeder, wo und wie er es nur irgend kann. Zu Anfang gab es die »Feierabend-Brigaden«, denen der Staat in seiner Ahnungslosigkeit sogar noch aufmunternd auf die Schulter klopfte. Inzwischen hat sich diese Bewegung zu einer vom Staat nicht kontrollierbaren und von der Steuer nicht erfaßbaren Massenerwerbstätigkeit ausgewachsen. Dabei beschränkt sich dieses unabhängige Wirtschaftssystem innerhalb der Gesamtwirtschaft keineswegs – wie ursprünglich – auf handwerkliche Arbeiten und Dienstleistungen nach Feierabend, wo etwa den zahlungsfähigen Kunden aus den oberen Preisklassen der Geldverdiener Haus, Hof und Garten repariert und schnell eine Datsche im Grünen gebaut wurde, bei einem Stundenlohn von 15 Mark an aufwärts (wenn möglich in »West«).

Längst wird in diesem Sektor der Wirtschaft nicht mehr nur die Arbeitskraft verkauft. Es hat sich ein erstaunlich gut funktionierender grauer Markt entwickelt, auf dem praktisch alles zu haben ist, was es eben sonst nicht gibt. Das funktioniert nach dem Prinzip: Eine Hand wäscht die andere. Wo diese Waren alle herkommen und wofür sie eigentlich bestimmt waren, weiß niemand und will auch niemand wissen. Eins steht aber fest: Eine wachsende Zahl von Menschen aller sozialen Schichten und Altersklassen verdient den größeren Teil ihres Einkommens auf diese Weise und kommt dadurch auch an die Waren der Exquisit- und Deli-Läden heran, die eigentlich für jene bestimmt sind, von denen es im Bericht des Politbüros heißt: »Wer der Gesellschaft durch seine Arbeit mehr gibt und ein höheres Einkommen erhält, soll sich dafür auch etwas kaufen können.« Kann man sich da noch wundern, wenn dafür das Interesse an der »normalen« Arbeit im Betrieb mit Stundenlöhnen um 5 Mark immer geringer wird. Man kann sich doch nicht bei dieser schlecht bezahlten Arbeit abrackern! Man muß doch fit bleiben für die eigentliche Arbeit nach Dienstschluß!

Man sieht: Das Wertgesetz wirkt erbarmungslos, wie es so schön heißt: »objektiv« und »unabhängig von unserem Bewußtsein«, jedenfalls ganz offenbar unabhängig vom Bewußtsein unserer Wirtschaftsplaner im Politbüro. Die Frage ist nur: Wer betrügt hier eigentlich wen? Die Leute jedenfalls, die sich auf diese Weise einen Stundenlohn von 15 Mark und mehr verschaffen, realisieren auf dem relativ freien Markt des zweiten ökonomischen Kreislaufs nur den tatsächlichen Wert ihrer Arbeitskraft. Nach den Lehren von Karl Marx kann man das kaum als Betrug bezeichnen. Tatsächlich betrogen wird die Volkswirtschaft des realen Sozialismus als Ganzes, aber nicht durch die Handwerker und Geschäftemacher, sondern durch die Clique der herrschenden Funktionäre, die sich aus Angst vor dem Volk eine Extraklasse von Lobhudlern, von Dichtern und Denkern, Professoren und Präsidenten und ich weiß nicht was noch alles an zwielichtigen Existenzen herangezogen haben, denen sie zum Lohn für ihre Betätigung (als Arbeit möchte ich das nicht bezeichnen) die teuren Waren der Extraklasse beschaffen müssen, größtenteils noch dazu durch devisenschwere Importe aus dem goldenen Westen der Welt.

Dem allen könnte und müßte man eigentlich noch viel hinzufügen; über die Intershops und die Komödie mit den »Forum-Schecks« (sie werden gegen Westmark von der Notenbank ausgegeben und haben in den Intershops die Kaufkraft der Westmark), über die Sonder-Läden für eine besondere Schicht von Privilegierten, über das Leben im Wandlitzer Ghetto, über die »Staats-Sicherheit«, deren geheime Organe den Leib des ganzen Volkes durchdringen, über die Gerichte und über den Strafvollzug in den Haftanstalten der DDR. Viel Trauriges gäbe es da zu berichten. Gäbe es auch Erfreuliches, Positives? Ja, auch das gibt es: Ich will hier nicht die vielen Kleinigkeiten aufzählen, die ja auch viel positiver in ihrer Bedeutung sein könnten, wären sie nicht fast erdrückt von der so unsozialistischen Realität des realen Sozialismus.

Ich will nur die eine große und entscheidende Tatsache anführen, auf die sich alle Hoffnungen gründen, daß es doch noch gelingen wird, die Ausbeutung des Menschen durch den Menschen zu überwinden: Die Aufhebung des Privateigentums an den Produktionsmitteln und damit die Beseitigung der Herrschaft einer Klasse über eine andere. An anderer Stelle dieses Buches werde ich meine Meinungen zu dieser Frage ausführlicher begründen. Hier will ich mich darauf beschränken zu sagen, daß ich das Politbüro und den Partei- und Staatsapparat und auch den ganzen Klüngel von Nutznießern und Privilegierten nicht als eine neue herrschende Klasse ansehe. Sie sind nicht die neuen Privateigentümer der Produktionsmittel, eher die Manager im Auftrag einer anonymen Instanz, und auch selber nur Abhängige, mehr Beherrschte als Herrscher. Ganz abgesehen davon, daß unsere Fürsten und ihre Vasallen überhaupt nur regieren können, weil sie dafür vom großen Bruder erwählt und von ihm geschützt werden, wahrhaftig eine wenig beneidenswerte Rolle.

Der Kapitalismus ist unfähig, die herannahende – nein schon längst im Gange befindliche – große Krise zu meistern, weil diese Krise ja seine Krise ist, seine Endkrise, die nur gelöst werden kann, ohne daß die Menschheit dabei untergeht, wenn es uns gelingt, uns vom Kapitalismus zu lösen. Der reale Sozialismus wäre vielleicht fähig, den gegenwärtigen barbarischen Zustand der Welt einzufrieren in einem Polizeisystem à la Harich, wenn es ihm gelänge, sich die Weltherrschaft anzueignen. Aber das wäre nicht die Lösung der Krise, sondern der Untergang in die Barbarei. Der einzige Weg, der durch das große uns nahende Unheil hindurchführt, ohne daß wir dabei untergehen müssen, ist der Weg eines wirklichen, freiheitlichen Sozialismus. Gibt es noch vernünftige und begründete Hoffnung, daß die Menschheit diesen Weg noch rechtzeitig einschlagen wird? Was könnte sie dazu bewegen, mitten im Lauf einzuhalten und eine neue Richtung einzuschlagen? Sind es nur unsere verzweifelten Wünsche, die uns eine glückliche, friedliche Zukunft vorgaukeln wie eine Fata morgana?

Der Mensch unterscheidet sich dadurch von den Tieren, auch von den am höchsten entwickelten, daß er keines seiner Werke zustandebringt, ja nicht einmal in Angriff nimmt, wenn er es nicht schon zuvor in fast allen seinen Details in Gedanken, in seiner Vorstellung geschaffen hat. In Gedanken muß er sich davon überzeugt haben, daß er wirklich kann, was er will, daß er verwirklichen kann, was es noch nicht gibt und auch bis dahin nicht geben konnte. Damit wir von dem falschen Weg abkommen, der direkt in den Untergang führt, dazu bedarf es deshalb zweierlei. Zum einen: Wir müssen die Größe der Gefahr, die uns bedroht, endlich begreifen. Wir müssen aufhören, den Kopf in den Sand zu stecken. Ich habe auf den bisherigen Seiten dieses Buches versucht, hierzu einiges zu sagen. Aber zum anderen, das noch viel wichtiger ist: Wir müssen versuchen, uns die Welt auszudenken, in der wir leben möchten, jene Welt, in der der Mensch den Menschen nicht mehr bedroht, sondern alle Menschen einander hilfreiche Brüder und Schwestern sind. Diese ausgedachte Welt wird phantastisch sein, schon deshalb, weil sie der Phantasie entsprang. Aber sie soll doch ganz real und realisierbar sein, ohne Wunder und ohne Zauberei, eine Welt, von der wir überzeugt sein können, daß wir sie machen können, zuerst in Gedanken und dann mit unseren Händen, – jene nahe und doch ferne Welt, die unsere einzige Rettung ist.

V.
Utopie und Hoffnung

Es gibt in der Welt nichts, das ständig mehr und gefährlicher bedroht ist, als das Leben. Und am meisten bedroht ist es in seiner Entstehung. Das gilt für jedes individuelle Leben, jeden Grashalm, jeden Baum, jedes Tier ebenso wie für die Entstehung des Lebens überhaupt. Im Leben erreicht die Materie eine qualitativ höhere Organisationsform. Daß dieses neue Werden möglich ist, muß man als eines der großen Wunder unserer Welt begreifen. Womit gemeint ist, daß wir es nicht einfach als Wunder, das uns unerklärlich ist, hinnehmen sollen, sondern gerade umgekehrt, daß es uns als Wunder um so mehr bewußt wird, je mehr wir davon begreifen, wie es auf natürliche Weise zustandekam.

Schon bei der Lösung der immer wiederkehrenden Aufgabe, das absterbende Leben in neuem Leben fortzusetzen und zu erneuern, verfährt die Natur mit einer scheinbar verschwenderischen Großzügigkeit. So fallen jedes Jahr Millionen Samen von einem Baum. Wie wenige davon gehen auf! Noch weniger sind es, die einen guten Standort gefunden haben. Kaum einer wächst heran zu einem neuen Baum. Zu jedem Leben muß die Natur millionenfach neuen Anlauf nehmen. Und millionenfach ist auch ihr Mißerfolg.

Niemand kann heute auch nur mit einiger Sicherheit sagen, wie groß die Zahl der Gestirne ist, die ähnlich unserer Erde – oder vielleicht auch auf ganz andere Art – Leben hervorgebracht haben. Oder wieviele es sind, auf denen Menschen oder andere vernunftbegabte Wesen leben, imstande, Wissenschaft und Kultur zu entwickeln. Da ich nicht daran glauben kann, daß der ganze unendliche Kosmos nur dazu da war, um nur unsere bisher noch so klägliche und bedrohte Menschenwelt hervorzubringen, meine ich, daß es in den grenzenlosen Weiten des Weltalls viele glückliche und auch unglückliche Menschheiten gibt. Zwar wohl viel weniger an der Zahl, als aufgrund der klimatischen und Lebensbedingungen überhaupt möglich ist, aber doch wohl an unseren Zahlenvorstellungen gemessen viele. Aber ich fürchte auch, daß, um das Glück des Menschseins zustandezubringen und zu sichern, womöglich millionenfache Anläufe unternommen werden mußten. Die meisten scheiterten, wenige nur erreichten diese neue höhere Stufe der Existenz, das Menschliche.

Der Mensch ist zwar seit vielleicht einer Million Jahren auf diesem Planeten erschienen. Den größten Teil dieser Zeit war er aber noch mehr Tier als Mensch. Erst seit wenigen tausend Jahren beginnt seine Kulturgeschichte, ein furchterregendes Auf und Ab zwischen Kultur und Barbarei, Liebe und Mord, Brüderlichkeit und Knechtschaft.

Seit rund hundert Jahren ist die Menschheit in eine neue Epoche eingetreten, die sich mit keiner vergangenen auch nur entfernt vergleichen lassen kann. In den jetzt vergangenen hundert Jahren hat sich das Leben der Menschen von Grund auf verändert. Durch wissenschaftliche Erkenntnis und daraus hervorgehenden technischen Fortschritt sind wir heute im Besitz aller notwendigen Mittel und zumindest aller notwendigen Kenntnisse, um das Leben vieler Milliarden Menschen auf unserer Erde glücklich, sorgenfrei und reich und darüber hinaus zu einem Leben auf einer hohen Kulturstufe zu machen. Aber späteren Geschlechtern – wenn es sie geben wird – muß unsere »neue Zeit« als eine Zeit des Wahnsinns erscheinen. Statt hoher Kultur, Wohlstand und Glück lebt von den über vier Milliarden Menschen der Erde eine Milliarde an der Grenze des Verhungerns, jedenfalls in tiefem, hoffnungslosen Elend. Weniger als eine Milliarde führt ein Leben relativer Sicherheit, weniger als hundert Millionen davon genießen das zweifelhafte Glück der modernen Wohlstandsgesellschaft. Man könnte alles das noch als unvermeidliche Entwicklungsphase, die vorübergeht, hinnehmen. Aber tatsächlich nimmt die Zahl der Hungernden zu. Auch in den Zentren des Wohlstands breiten sich Unsicherheit und Armut aus. Die Wirtschaft der reichsten Länder gerät in Wirrnis und Chaos. Aber diese vielen schlimmen Zeichen herannahenden Unheils verblassen noch angesichts der furchtbaren Tatsache der von Jahr zu Jahr wachsenden und sich verschärfenden Drohung der totalen Vernichtung – vielleicht allen Lebens – im Atomkrieg. Auf diese unsere Selbstvernichtung sind wir mit einer alles übertreffenden Perfektion vorbereitet. Die Energiemengen, die wir hierfür in Form der großen Atom- und Wasserstoffbomben bereit haben, sind gewaltig. Sie haben bereits Dimensionen erreicht, die kommensurabel sind mit ökologischen Primärgrößen des Lebenshaushalts unseres Planeten.

Nimmt man an, daß der gesamte Vorrat an Sauerstoff in unserer Atmosphäre durch Photosynthese in Pflanzen entstanden ist, wobei praktisch alles vorher vorhandene Kohlendioxid in Kohlehydrate und höhere organische Verbindungen verwandelt wurde, so kann man aus dieser Sauerstoffmenge die Menge gebundenen Kohlenstoffs berechnen, die sich in fossiler Form als Erdöl und Kohle und als gegenwärtiger Bestand lebender und toter organischer Materie auf und unter der Oberfläche der Erde befindet. Da es als sicher gelten kann, daß die Erdatmosphäre vor der Entstehung des Lebens keine bemerkenswerten Mengen an freiem Sauerstoff enthalten hat – auf keinem der bisher untersuchten Planeten hat man mehr als Spuren davon gefunden –, ist diese Annahme, daß erst das Leben den Sauerstoff der Luft geschaffen hat, weitgehend gesichert.

Die Gesamtmasse der Atmosphäre der Erde beträgt $5,15 \times 10^{15}$ Tonnen. Ein wenig mehr als ein Fünftel dieser Masse ist Sauerstoff, nämlich $1,19 \times 10^{15}$ Tonnen. Diesem Sauerstoff äquivalent sind $0,447 \times 10^{15}$ Tonnen gebundenen Kohlenstoffs. Die Energie der modernen H-Bomben wird meist in Megatonnen TNT angegeben, was besagen soll, daß die bei der Explosion freigesetzte Energie ebenso groß ist wie bei der Explosion der entsprechenden Menge Trinitrotoluol (TNT). Setzen wir der Einfachheit halber zunächst Trinitrotoluol und Kohlenstoff als energetisch gleichwertig, so ergibt sich, daß der gesame Kohlenstoffvorrat der Erde etwa fünf Millionen 100-Megatonnen-Bomben äquivalent ist, eine Zahl, die wir noch mit zehn multiplizieren müssen, da bei der Explosion von TNT sehr viel weniger Energie freigesetzt wird, als dem Kohlenstoffgehalt entspricht. Das ergibt für den Gesamtvorrat der Erde an fossilen und rezenten Energierohstoffen organischer Herkunft ein Äquivalent von 50 Millionen großen H-Bomben. Eine Schätzung besagt, daß es gegenwärtig schon etwa 50000 solcher Bomben bzw. dieser energieäquivalenten Bomben anderer Kaliber gibt. Die zum Zwecke unserer Vernichtung angehäufte Energiemenge beträgt also schon rund ein Tausendstel aller überhaupt vorhandenen Energierohstoffe auf Kohlenstoffbasis. Da nur ein kleiner Bruchteil davon erschlossen und praktisch nutzbar ist, kann man annehmen, daß die akkumulierte H-Bombenenergie durchaus von vergleichbarer Größenordnung ist wie die Gesamtheit unserer sonstigen Energierohstofflager. Weitaus beängstigender werden unsere Zahlen aber, wenn wir als Energievergleichsbasis nicht den Sauerstoff, sondern das Kohlendioxid der Atmosphäre zugrundelegen. Tatsächlich beruht ja alles Pflanzenwachstum der Erde darauf, daß in der Luft noch genügend Kohlendioxid als Kohlenstoffquelle vorhanden ist. Es wird hauptsächlich von den Tieren erzeugt, in deren Organismus sich der umgekehrte Prozeß vollzieht wie in den Pflanzen, nämlich die Verbrennung von Kohlenstoffverbindungen unter Verbrauch von Sauerstoff und Freisetzung von Kohlendioxid. Es ist ein Kreislauf, der gegenwärtig in der Atmosphäre für einen vollständigen Umsatz der Sauerstoffmenge etwa 75 000 Jahre benötigt, für das Kohlenstoffdioxid aber nur wenig mehr als 100 Jahre. Die Gesamtmasse dieses für das Leben unentbehrlichen Kohlendioxids der Atmosphäre beträgt nur $2,34 \times 10^{12}$ Tonnen, umgerechnet (mit dem Faktor 10) sind das 234 000 100-Megatonnen-Bomben. Die Energie des geschätzten gegenwärtigen Vorrats an nuklearen Sprengkörpern beträgt also bereits mehr als ein Fünftel der dem Kohlendioxidgehalt der Atmosphäre äquivalenten Energiemenge.

Diese Rechnungen zeigen, daß die Energiemengen, die uns für unsere Selbstvernichtung zur Verfügung stehen, kosmische Dimensionen erreicht haben. Wenn man außerdem bedenkt, daß wir mit der Explosion dieser Bomben nicht nur energetisch in das Ökosystem unseres Planeten eingreifen würden, sondern darüber hinaus radioaktive Gifte in solchen Mengen in der Atmosphäre verbreiten würden, daß alle, die nicht schon gleich umgekommen sind, nur die Aussicht auf ein sich über Tage und Wochen hinziehendes Sterben hätten –, wer wollte da noch an der Wahrheit jenes furchtbaren Satzes zweifeln, daß wir von allen Techniken nur eine zur absoluten Vollendung gebracht haben, die Technik unseres Todes.

So gelangen wir unausweichlich zu unserer großen Schicksalsfrage: werden wir auch nur einer der Millionen Fehlschläge sein, die den immer neuen Versuchen beschieden sind, die Stufe des Menschlichen zu ersteigen? Werden wir von einer glücklichen Welt und einer glücklichen Menschheit nur träumen können bis in unsere letzten Stunden, wenn alles um uns durch uns und mit uns versinkt?

Weil wir noch leben, weil wir noch die Kraft haben, den Lauf der Dinge zu ändern, um der großen Kultur der Menschheit willen, um der Liebe, die uns verbindet, willen, um unserer Kinder willen, um des Todes willen, den der reine Mensch Christus vor 2000 Jahren für uns gestorben ist, dürfen wir die Hoffnung nicht aufgeben. Das Prinzip Hoffnung ist das einzige, das die Welt aufwärts bewegen kann. Niemals dürfen wir dieses Urprinzip des menschlichen Seins preisgeben.

Es liegt im Wesen des Begriffs Hoffnung, daß sie eben keine Gewißheit ist, sondern nur der Ausdruck unserer Sehnsüchte und Wünsche. Indem wir hoffen, wissen wir darum, daß es nicht nur möglich, sondern sogar wahrscheinlich ist, daß sich unsere Hoffnungen nicht erfüllen. Aber wenn wir aufhören zu hoffen, lassen wir gleich den Dingen ihren Lauf, ihren schlimmen Lauf, und geben den Kampf für das Gute und Bessere einfach auf. Wir überlassen das Feld denen, von denen wir wissen, daß sie das Unheil herbeiführen werden, ob absichtlich oder aus Verblendung.

Hoffnung ist aber nicht einfach platter bequemer Optimismus, der sich nicht vorstellen kann, daß das Unglück nicht nur immer andere trifft, sondern uns selbst. Dieser Optimismus hofft gar nicht, sondern ist einfach nur Ausdruck eines sehr egoistischen Selbstvertrauens und übertriebener Selbstwertschätzung, als ob das Schicksal nie an die Tür des Auserwählten pochen könnte. Hoffnung braucht einen Inhalt. Die Ideen der Hoffnung sind konkret und reich an Gestalten. Die Hoffnung lebt von dem festen Vertrauen, daß etwas möglich ist, das es noch nicht gibt.

Daher ist der Inhalt aller großen und kleinen Hoffnungen immer eine Utopie. Utopie heißt in wörtlicher Übersetzung: Nicht-Ort, kein Ort, nirgends, und Utopia ist der Name jenes wunderbaren Landes, das nirgend ist, noch nirgends, aber doch schon existiert, in unseren Gedanken. In der Utopie schaffen wir uns in Gedanken eine Welt, in der die Unmenschlichkeiten unserer Welt aufgehoben sind. Die Utopie ist also eine Form der kritischen Auseinandersetzung mit der Welt, in der wir leben. Darum ist an der Utopie nicht nur das von Bedeutung, was wir uns Neues, bisher nicht Dagewesenes in sie hineingedacht haben, sondern gerade auch das, was es in ihr nicht mehr gibt. In der Utopie ist unsere Welt *aufgehoben*, in einem dreifachen Sinne: außer Kraft gesetzt und überwunden, aufbewahrt und nicht verloren, und: in die Höhe, auf eine höhere Stufe gehoben. Diese unlösbaren Beziehungen zwischen der Utopie und unserer gegenwärtigen Wirklichkeit machen die Utopie, die doch in der Zukunft liegt, zu einem Bestandteil unserer Gegenwart. Weil sie nicht einfach der Phantasie entspringt wie Pallas Athene dem Haupte des Zeus, schleppt sie viel von der Last und den Irrtümern unserer Tage mit sich und ist mehr als wir wünschen gerade durch das geprägt, was wir in ihr und mit ihr überwinden möchten. Die Zukunft aber, zu der sie uns führt und zu der nur sie uns führen kann, wird die Kraft aller menschlichen Phantasie übersteigen. Doch wer weiß, was die Zukunft bringen wird, ob im Guten und im Sinne unserer Hoffnungen oder auch im Schlechten, in einer phantastischen Form des Untergangs in die Barbarei oder gar im Inferno unserer Selbstvernichtung.

Die große Utopie unseres Jahrhunderts heißt Sozialismus – Kommunismus. Oder sagen wir ehrlicher, sie war es. Denn gerade was den Sozialismus und besonders den Kommunismus betrifft, erlebten die Völker die schwersten Enttäuschungen. Was sich nach 1917 in der Sowjet-Union entwickelte, was sich nach 1945 in Osteuropa und der DDR und nach 1949 in China als neues politisches System ausbreitete und sich Sozialismus und sogar Kommunismus nannte, hat die Utopie des Kommunismus der alten deutschen Arbeiterbewegung und des kommunistischen Manifestes seiner Begründer Karl Marx und Friedrich Engels fast um jede Glaubwürdigkeit gebracht. Aber trotz allem, trotz aller bitterer Enttäuschungen ist an dem Begriff des Sozialismus doch noch ein faszinierender Glanz geblieben, eben die Hoffnung, daß die Ausgebeuteten und Entrechteten eines Tages doch über die Macht der Ausbeuter siegen und eine neue, gerechte und menschliche Gesellschaftsordnung errichten werden.

Von Friedrich Engels stammt eine Streitschrift »Die Entwicklung des Sozialismus von der Utopie zur Wissenschaft«. Er setzt sich darin in kritischer Weise mit den sozialistischen »Utopisten« seiner Zeit, Saint-Simon, Owen und Young auseinander, die glaubten, daß es genüge, die Handvoll von Konstruktionsfehlern der bestehenden Gesellschaftsordnung herauszufinden und abzustellen, um geradewegs und automatisch den Sozialismus errichtet zu haben. Diese Schrift von Engels hat den Begriff der Utopie diskreditiert auf den Partei-Hochschulen der Kommunisten. Utopie ist dort fast ein politisches Schimpfwort geworden. Aber dies ist sicher ein völliges Mißverständnis, gegen das man Engels in Schutz nehmen muß. Engels kritisierte mit Recht die naive und politisch darum sogar gefährliche Meinung, man könnte die menschliche Gesellschaft aus einem oder aus wenigen Punkten kurieren, aus Punkten noch dazu, die gar nicht das Wesentliche der Sache, sondern vielmehr nur Folgeerscheinungen und Symptome der Gesamtkonstruktion der Gesellschaft sind. Und zugleich zeigte er, daß es notwendig ist, diese Gesamtkonstruktion wissenschaftlich zu analysieren und dadurch auch ihr Werden und ihre Entwicklung als gesetzmäßigen Prozeß zu begreifen. Erst auf der Grundlage dieser wissenschaftlichen Analyse der bürgerlich-kapitalistischen Gesellschaft, ihrer Entstehung und ihrer ökonomischen und politischen Gesetzmäßigkeiten, so meinte Engels, könne man rationale Vorstellungen von einer zukünftigen sozialistischen Gesellschaft erarbeiten. Eigentlich müßte man Engels' Schrift heute nennen: »Vom utopischen Sozialismus zur wissenschaftlich begründeten sozialistischen Utopie«.

Engels' Schrift ist über hundert Jahre alt. Niemand konnte damals, auch Marx und Engels nicht, auch nur ahnen, was sich in den folgenden hundert Jahren ereignen würde, wie vollständig und umwerfend sich die Grundlagen menschlichen Lebens durch technischen Fortschritt und Kriegsbarbarei umgestalten würden. Zu Engels Zeiten konnte niemand daran denken, daß wir an die Grenzen stoßen würden, die uns durch die materielle Endlichkeit des Planeten Erde gesetzt sind. Diese Tatsachen sind der Grund dafür, daß die kommunistische Utopie des kommunistischen Manifests heute nicht mehr ausreicht, uns ein Bild einer möglichen Zukunft zu entwerfen, an das wir glauben und auf das wir hoffen können. Wir müssen verstehen, im Sinne unserer Großen, die große rettende Utopie unserer Zeit kräftig aus dem Leiden, den Widersinnigkeiten und den Unmenschlichkeiten unserer Zeit zu nähren, so daß sie die Kraft und den Schwung bekommt, den sie braucht, um uns noch zu retten.

Damals, vor hundert Jahren, und auch noch danach eine ganze Zeit, wie nah erschien uns der Sozialismus, die große alles befreiende Revolution! Welche heißen Erwartungen gingen aus von dem Sieg der großen sozialistischen Oktoberrevolution in Rußland! Und doch, wenn man nach den konkreten Vorstellungen fragt, die die Menschen damals mit dem Begriff Sozialismus und Kommunismus verbanden, so findet man nicht viel Konkretes und praktisch Greifbares. Die Revolution sollte alle Probleme mit einem Schlage lösen, jedenfalls die Voraussetzungen für deren Lösung schaffen, die sich dann fast wie von selbst ergeben würde.

Inzwischen haben wir erfahren, daß die Revolution nach dem Muster der Oktoberrevolution in die Schreckenszeit des Stalinismus führte, wohl nicht absolut zwangsläufig dahin führen mußte, aber eben doch dahin geführt hat. Es ist auch ganz offensichtlich, daß die große Revolution unserer Tage nach ganz anderen Gesetzen und in gänzlich anderer Weise vor sich gehen wird, als die Oktoberrevolution, die – wie schon Rosa Luxemburg erkannte und warnend aussprach – nicht zur verkündeten Diktatur des Proletariats, sondern zur Diktatur einer Clique von Funktionären, also, wie Rosa sagte: »zu einer Diktatur in rein bürgerlichem Sinne«, führte.

Wie also wird die große Revolution unserer Zeit vor sich gehen? Ich will mich in diesem Buch ausführlich zu diesen wichtigen Fragen äußern. Aber vorher will ich den Versuch unternehmen, die Skizze einer phantastischen neuen kommunistischen Utopie zu entwerfen. Ich bitte meine Leser dabei um Nachsicht und eigentlich noch mehr, nämlich um die Bereitschaft, mitzuhelfen, daß aus solcher Skizze mehr und mehr ein vielfarbiges Bild wird, das unsere Phantasie immer neu erregt und Neues diesem Bild hinzufügt. Um den Weg in die Zukunft zu finden, müssen wir unser Ziel kennen, selbst wenn es noch so fern im Ungewissen liegt.

Millionen Samen

Millionen Samen fallen jeden Sommer von einem Baum
Wenige davon gehen auf
und von diesen Wenigen kaum einer wächst heran zu einem neuen Baum
Auch der Mensch kann das Außerordentliche nur erreichen
wenn er es millionenfach von Neuem beginnt
Auch der Mensch sät Samen
Immer wieder beginnt er
Immer ist jeder dieser Anfänge
gering und fast aussichtslos
Und doch wächst das Große
aus diesen winzigen Samen
Das schier Aussichtslose beginnen, das heißt
die Welt verändern

Niemals darf man vergessen
wieviel vergehen muß
daß eins werden kann
Wollen wir Menschen auf diesem Planeten
nicht gerne zu denen gehören,
die nicht vergehen mußten?
Dann dürfen wir nicht tatenlos zuschauen
wie das Feuer gelegt wird
in dem der Traum unseres Sterns untergehen kann
Der unendliche Reichtum der Natur
läßt auch den Untergang zu
leichter als den Aufstieg

leichter als wir denken
Was wir verfehlen könnten – den Fortgang des Menschlichen
werden glücklichere Geschlechter auf anderen fernen Gestirnen
wohl erreichen können
Sie werden so mutig sein
und werden so klug sein
und stark sein
wie wir es jetzt sein müssen.

15. 8. 58

VI.
Die Reise in das Land unserer Hoffnungen

Katja und ich haben schon seit langem und immer wieder neu von dieser Reise geträumt. Nun, nachdem unsere Tochter Franziska sieben Jahre alt geworden ist, haben wir uns kurz entschlossen, in unseren großen Sommerferien aufzubrechen. Wir packten eine Menge Kram – wie immer viel zu viel – in den grünen Wartburg und fuhren einfach los. Franziska wollte wissen, wohin die Reise denn ginge und wie weit. »Weit, weit –«, sagten wir, und daß wir auch nicht richtig wüßten, wohin. In das Land der Träume, meinte Katja. Und Franzi fragt, wer hat sie geträumt? Du auch, sage ich und schäme mich ein bißchen, daß ich's Franzi nicht besser erklären kann.

Schon an der Grenze zur ČSSR war es merkwürdig. Ein uniformierter Mann kam zu unserem Wagen und sagte, er habe uns schon erwartet, wir könnten gleich ohne jede Kontrolle weiterfahren. Warum, fragten wir ihn. Weil ab heute die Grenze auf ist und Sie sind die ersten. Sie waren von der letzten Polizeistation von drüben schon bei uns telefonisch angemeldet. Als wir an die österreichische Grenze hinter Bratislava kamen, sahen wir überhaupt keine Zöllner und Grenzwächter mehr. Viele Autos, Pferdewagen, Radfahrer, Mopeds und Fußgänger passierten unkontrolliert und ungehindert in beiden Richtungen die Grenze. Wir kamen schnell nach Wien. Ich war früher schon öfter in Wien und wollte meinen beiden Lieben die Stadt zeigen. Aber es war schrecklich, in dem Durcheinander des Verkehrs zu fahren, noch dazu ohne die ausreichenden Ortskenntnisse. So beschlossen wir, uns Wien für später, für die Rückreise aufzuheben. Wir fuhren weiter über Salzburg zum Glockner, über die Glocknerstraße nach Klagenfurt an die jugoslawische Grenze. Auch an dieser Grenze hielt uns niemand auf. Wir wurden nach keinen Papieren gefragt. Und viele Menschen strömten hinüber und herüber.

Einige Kilometer hinter der Grenze, auf der Straße nach Ljubljana, hielten wir an einer Tankstelle. Unser grüner Wartburg hatte Durst. Wo wollen Sie hin, wollte der Tankwart wissen. »In das Land, das es nicht gibt«, sagte ich zu meiner eigenen Überraschung. Unser freundlicher Tankwart lächelte verschmitzt und meinte, »wenn Sie das ernst meinen, dann haben Sie's nicht weit, viel Benzin brauchen Sie dann auch nicht mehr zu tanken. Fahren Sie nur diesen schmalen Weg hinauf. Der Wagen wirds noch schaffen. Oben sind Sie dann am Paß und das Land, das Sie suchen, liegt zu Ihren Füßen.«

So kamen wir in das Land Utopia, am 1. Juli 1980 morgens früh um acht Uhr. Wir fuhren fast zwei Stunden auf der schmalen Bergstraße zum Paß hinauf. Noch vor dem Paß erreichten wir die Baumgrenze. Wir mußten also eine Höhe von über 2000 m erreicht haben. Ich konnte mich nicht erinnern, je davon gehört zu haben, daß es hier so hohe Berge gibt. Der Paß lag inmitten schneebedeckter Gipfel, die wohl weit über 3000 m hoch sein mochten. Die Paßhöhe war eine breite Senke mit einem kleinen See, der vom Schmelzwasser eines kleinen Gletschers gespeist wurde. Wir fanden, kunstvoll aus dem gewachsenen Fels gehauen, einen breiten Tisch und darum herum steinerne Sitzbänke. Die Luft war kühl, aber in der Sonne war es uns warm und wohl zumute. Wir setzten uns und packten Eßsachen aus, um ausgiebig zu frühstücken. Für unseren Wartburg fanden wir sogar eine Art Garage, eine Nische, auch in den Fels gehauen, wo wir ihn erst einmal unterstellten. Denn wir hatten gleich gesehen, daß wir ihn hier zurücklassen mußten. Die Straße nämlich endete hier und setzte sich nur in einem schmalen, kaum richtig erkennbaren Pfad fort, auf dem kein Auto sich bewegen konnte.

Was wir hier von Utopia sahen, das waren nur weite, sich bis an den Horizont erstreckende bewaldete Hügel. Von Menschen oder deren Spuren war nichts zu bemerken.

Franziska hatte sie zuerst gesehen. »Da kommen sechs kleine Pferde«, rief sie, »und Leute sind auch dabei!« »Schaut doch, da unten sind sie, ganz graue kleine Pferde, und ein Kind haben sie auch.« Jetzt sahen wir sie, eine Frau, ein Mann und ein Kind. Als sie näher gekommen waren, sahen wir, daß die grauen Pferde sechs Esel und das

Kind ein kleiner Junge in Franzis Alter war. Die drei kamen zu Fuß, obwohl die Esel schöne weiche Sättel trugen. Sie stiegen langsam und gemächlich zum Paß hinauf. Alle trugen weiche farbige Hosen und bunte Hemden. Die Frau eine hellblaue Hose und eine fast weiße Hemdbluse mit einer großen blauen Blume, die sie sich in ein Knopfloch gesteckt hatte. Der Mann trug eine hellbraune und der Junge eine schwarze Hose, alle Hosen, wie wir sahen, als sie bei uns waren, waren aus einem Material, das wir nicht kannten. Es sah aus wie weiches Wildleder, fühlte sich aber ganz anders an, war ganz leicht und porös und dabei, wie wir später feststellten, so fest, daß man es mit der größten Anstrengung nicht zerreißen oder beschädigen konnte.

Der Mann trug ein leuchtend rotes Hemd und der Junge ein gelbes mit einem grünen Halstuch. Auf dem Kopf trugen alle drei weiche leichte Strohhüte, von denen keiner aussah wie der andere.

Als sie oben angelangt waren, kamen sie gleich auf uns zu und begrüßten uns freundlich, indem sie uns umarmten wie alte Freunde. Die Frau sagte die ersten Worte: »Wir freuen uns, daß ihr gekommen seid, wir haben lange auf euch gewartet, viele Jahre schon. Hoffentlich seid ihr nicht zu spät gekommen. Nicht unseretwegen«, fügte sie nach einem kleinen Zögern hinzu, »euretwegen!« Sie sagte noch, daß sie unsere Namen kennt und auch viel weiß von unserem Leben und unseren Freuden und Kümmernissen. Aber sie, Anna war ihr Name, und Bertram, der Mann, würden darüber mit niemandem reden, und mit uns nur, wenn wir es selber wünschen sollten. Der Junge hieß Felix, der Glückliche, so wie der Sohn meiner Tochter Sybille in Hamburg. Er fing gleich an, sich mit Franzi zu befreunden.

Sie aßen noch mit von unseren Speisen, aber wir wußten nicht, ob sie ihnen schmecken, wir wußten es noch nicht. »Ihr könnt all den Kram, den ihr da mitgebracht habt, hier liegen lassen. Davon braucht ihr in Utopia nichts mehr. Ihr müßt eure Welt, aus der ihr kommt, schon gänzlich zurücklassen, sonst werdet ihr nie mit ihr fertig werden.« Sie holten aus einem großen Sack auch neue Kleidung für uns. »Wir dachten, vorläufig zieht ihr euch auch Hosen und Blusen an, wie wir, später könnt ihr euch anziehen, was euch gefällt.« Wir mußten die ganze Vergangenheit abstreifen, es war uns ein reiner Spaß, und wir froren auch nicht, als wir ganz nackt waren. »Und nun müßt ihr noch in dem See baden. Kommt, wir baden alle gemeinsam.« Es war sehr merkwürdig, das Wasser im See war gar nicht kalt, es war nur erfrischend. Wir fühlten, daß etwas von uns abgewaschen wurde, das uns verunreinigt hatte, ohne daß wir es vorher bemerkt hatten.

Dann bestiegen wir unsere sechs Eselchen, die langsam und vorsichtig Schritt für Schritt den schmalen Bergpfad hinabtrabten. Es wurde wärmer, wir kamen in einen herrlichen Laubwald mit hohen alten Bäumen und langten gegen Mittag bei einer kleinen Gastwirtschaft an. Es war niemand da, uns zu bedienen. »Wir machen uns alles selbst«, erklärte uns Anna. Beide zauberten im Handumdrehen ein wunderbares Essen, lauter Köstlichkeiten, die wir noch nie gegessen hatten und die an keine der uns gewohnten Speisen erinnerten. Dazu tranken wir einen leichten, samtig weich schmeckenden Rotwein, der uns ein klein wenig berauschte. »Der Rausch gefällt euch?«, frug Bertram. Als wir zustimmten, lächelte er: »Und er kommt nicht von Alkohol, wie in euren Getränken. Dieser Wein enthält keine Spur Äthanol. Wir haben den Alkohol abgeschafft, aber nicht den Rausch. Alkohol ist schädlich, nicht nur für die Leber. Er macht süchtig und die Menschen zu Sklaven. Die Menschen haben ihn auch meistens nur getrunken, um Unglück und Unrecht zu vergessen, auch um Hemmungen zu verlieren, selten, um das Leben zu genießen.« Er erklärte uns, daß dieser Wein und noch viele andere Genußmittel das Ergebnis der Forschungen großer wissenschaftlicher Institute in Utopia ist. »Wir haben uns schon von vielen alten Rauschgiften völlig befreit und haben dabei gelernt, daß es wunderbare und dabei ganz unschädliche Drogen gibt, die jenes unbeschreibliche Gefühl von Leichtigkeit und Seligkeit in uns hervorrufen, das man als Rausch bezeichnet.« Bertram und ich philosophierten über die Glücksgefühle des Rausches, ich erinnerte mich dabei an die Priesterin des Orakels von Delphi, die nur im Rausch der Dämpfe, die der Schale in ihren Händen entstiegen, ihre weisen Orakelsprüche fand, und überhaupt an die schöpferische Kraft der geistigen Verwirrung, die schon Platon der blassen Vernünftelei für weit überlegen erklärte. Wie wir so in unserem Wissen stöberten, hatten Anna und Katja sich's auf einer großen weichen Liege bequem gemacht. Wir hörten sie leise miteinander reden und hin und wieder lachen. Ich ertappte mich dabei, daß ich dachte, »jetzt reden sie über mich, oder jedenfalls über uns Männer«, und schämte mich gleich, verscheuchte diesen dummen Gedanken, als Katja sich uns zuwandte: »Du wirst dich wundern, mein Lieber, wir haben wirklich über dich gesprochen, aber auch über mich, über uns und über unsere beiden neuen Freunde.« Es beruhigte mich, daß sie nicht nur über mich gesprochen hatten. Als ob Anna meine Gedanken lesen könnte, sagte sie: »Das braucht dich aber gar nicht zu beruhigen. Wir haben nämlich beide Angst, ob du das alles vertragen wirst, was du in der nächsten Zeit in Utopia erleben wirst.«

Diese Worte machten mich sehr nachdenklich. Anna hatte mich, als sie das sagte, mit Augen angesehen, die ganz liebevoll waren und doch durch mich hindurchblickten, wie durch ein klares Glas. Katja konnte mich manchmal auch so ansehen. Dann empfand ich immer ganz besonders stark, wie sehr ich sie liebe.

Als ich aus meinem Grübeln aufwachte, waren die Esel schon wieder gesattelt und gezäumt. Alles Geschirr war abgewaschen, die ganze kleine Herberge wieder in dem Zustand, in dem man sie vorzufinden wünscht – wie es auch bei uns bei entsprechender Gelegenheit wohl heißt, seltener aber auch so ist. Weiter ging die Reise. Ich mußte immer wieder darüber nachdenken, was für Sorgen die beiden Frauen sich wohl um mich machten. Katja und Bertram waren vorausgeritten, weil Franzi und Felix mit ihren Eseln schon fast aus unserer Sichtweite geraten waren. Ich ritt jetzt neben Anna und fragte sie, warum sie sich nicht auch Sorgen um Katja mache, nur um mich. Wir kommen doch beide aus der alten Welt. »Das ist ganz einfach«, erklärte sie mir, und dabei strich sie mir zärtlich über den Kopf, »weil Katja eine Frau ist. Und mit eurer Männerherrschaft ist es eben hier in Utopia endgültig vorbei.« Ich erwiderte, das würde mich bestimmt nicht unglücklich machen. »Ich war immer für die Befreiung der Frau und gegen die Männerherrschaft.« Anna lächelte nur: »Du bist ein in Gedanken Befreier. Aber wirst du auch die wirkliche Freiheit, deine männliche und unsere weibliche, ertragen können?«

Am Abend kamen wir zu einem kleinen Haus, wo Anna, Bertram und Felix wohnten. »Dies ist nur unser Sommerhaus, wo wir einige Monate, manchmal auch nur ein oder zwei Monate während der warmen Jahreszeit zusammen wohnen. Im Herbst verschwindet Bertram in sein Institut, und ich bin Lehrerin im großen Kinderdorf in S. Dann sehen wir uns nur alle acht bis vierzehn Tage, mal besuche ich ihn, mal er mich.« Das Sommerhaus hatte einen schönen großen Wohnraum, zwei kleine Schlafzimmer, aber jedes groß genug für zwei Betten und ein Kinderbett. Es gab ein Badezimmer, aber nur eine ganz kleine Kochnische, wo man Kleinigkeiten bruzzeln und kochen konnte, mehr ein Provisorium. Und wo waren jetzt unsere Esel? Auf der Weide. Aber das Haus hatte keinen Stall, wo die Esel die Nächte verbringen könnten. »Die Esel sind längst auf dem Weg zurück in die Station, die ist nicht weit von hier, ein paar Kilometer. Und wenn wir sie brauchen, telefonieren wir, und sie sind bald wieder zur Verfügung.« Bertram sagte zu mir, daß ich mir wegen der weiten Wege keine Sorgen machen solle. »In Utopia kannst du viel freier atmen, auch mit deiner blessierten Lunge«, meinte er. »Wir werden die Esel gar nicht immer brauchen.« »Ja, habt ihr denn nur Esel, keine Autos, keine Flugzeuge, keine Raketen?« »Doch mein Lieber, wir haben alles, aber nur da, wo man es wirklich braucht. Kannst du dir vorstellen, wir wären mit einem Auto besser vom hohen Hoffnungspaß hierhergekommen, besser als auf dem Rücken unserer Esel? Abgesehen davon, daß es in Utopia kaum noch Autostraßen gibt. Die paar Autos, die wir haben, sind geländegängige Spezialfahrzeuge, die für Notfälle und für wissenschaftliche Unternehmungen gebraucht werden, nicht zum individuellen Herumkutschieren, wie zu curen zum Glück längst vergangenen Zeiten.«

»Aber nun wollen wir erstmal die Kleider wechseln, uns waschen und den Reisedreck abspülen. Wir haben euch was Bequemes zum Anziehen in euer Schlafzimmer gelegt.« Damit ging Anna ins Badezimmer und drückte auf einen großen, silbern glänzenden Knopf. In weniger als einer Minute füllte sich die breite, oval geformte Wanne mit warmem, bläulich schimmerndem Wasser. Katja durfte als erste baden, nach ihr kam ich. Die Wanne wurde nach jedem Bad entleert und neu gefüllt. Ich fragte Bertram, woher das frische Wasser kommt. Er erklärte mir, daß alles Wasser für die vielen kleinen Häuser in der Umgebung – ich hatte noch kein einziges davon bemerkt – aus einem großen Reservoir tief unter der Erde kommt, auf 40° erwärmt durch die Erdwärme, ohne jede weitere Zufuhr von Energie. Mit diesem Wasser konnten die Häuser auch im Winter geheizt werden. Seife und andere Netzmittel verwendete man beim Baden nicht. »Diese Stoffe ersetzen nur sichtbaren Schmutz durch unsichtbaren und schädigen darüberhinaus die Haut. Wenn man sich immer mit reinem Wasser wäscht, bleibt die Haut gesund, und wenn man irgendwo einen Dreckfleck hat, der nicht gleich abgeht, dann gibt es ja auch noch Schwämme und Bürsten. Außerdem wollen wir das Wasser, in dem wir gebadet haben, noch weiter verwenden, es fließt in unsere Gärten und Gemüsebeete. Wenn es mit Seife und Netzmitteln verunreinigt wäre, könnten wir euch heute abend keinen frischen Salat vorsetzen.« So dozierte und erklärte mir der große gutmütige Bertram mit Geduld die ersten Errungenschaften, die wir in Utopia zu bewundern hatten.

Unsere Abendkleider waren eigentlich eine Art von ganz locker den Körper umhüllenden Nachthemden. Sie hatten große weite Kragen und halblange Ärmel, um die Hüften trug man einen schmalen leichten Ledergürtel. Auch Anna und Bertram trugen diese Bekleidung, deren Farbe ganz weiß war, ohne jedes Muster, aber mit ganz feiner Gewebestruktur. Beim näheren Hinsehen fand ich heraus, daß jedes unserer Kleider zwar weiß war, aber doch einen eigenartigen changierenden Farbton hatte, der nur dann gut zu sehen war, wenn man sich bewegte. Auch je nach der Beleuchtung färbten sich die Schatten in den Falten unserer Gewänder, bei jedem von uns anders. Katjas Kleid schimmerte rötlich, meins blaugrau, Annas in orangenen Tönen bis zu warmem Gelb und Bertram leuchtete blaßgrün. Franzi und Felix mußten vor dem Abendbrot gründlich gebadet und auch etwas gebürstet werden. Diese Arbeit übernahm Bertram. Das Abendessen, das hauptsächlich aus einem phantastischen Salat bestand, bereiteten inzwischen Anna und Katja.

Nachdem die Kinder gegessen hatten und bald danach müde in ihrem Bett fest eingeschlafen waren, – sie wollten unbedingt in Felix' Bett gemeinsam schlafen und lagen so eng umschlungen bis zum Morgen – saßen und lagen wir vier noch lange bei Kerzenlicht um den großen flachen Tisch und tranken die neuen berauschenden Weine des Landes Utopia. Wir waren von den Eindrücken dieses ersten Tages müde, aber doch nicht schläfrig. Und der wunderbare Rausch des Weins machte uns leicht und schwebend. Katja hatte ihren Kopf in Annas Schoß gelegt. Dann fragte sie nach Musik. Ich sah nirgends ein Radio, keinen Lautsprecher, keinen Plattenspieler, kein Tonbandgerät, keinen Fernseher.

»Ja, wir wollen schöne Musik hören«, sagte Anna. Und nun wurden wir gefragt, was für Musik wir uns wünschen. Wir können euch sehr viele Musikwünsche erfüllen, erklärte Bertram, aber nicht jeden Wunsch. »Aber wir kennen euch ja ein bißchen, diese unerfüllbaren Wünsche werdet ihr gar nicht erst haben.« Danach sagte ich, dabei über meine eigenen Wünsche verwundert, ob ich meinen Freund

Wolf Biermann hören könnte mit seinem Hölderlin-Lied. »Solche traurige Klage willst du hören?« fragte mich Anna. Ich widersprach: »Wolf ist nie nur traurig, auch nicht in seinem Traurigsein. Er weint mit offenen Augen und will dadurch andere Augen öffnen. Seine Klagen sind auch Anklagen, und in seinen weichsten Worten ist immer auch Härte und Geduld.«

Es dauerte weniger als eine Minute, und dann sang im kleinen Haus im fernen Utopia mein Freund Wolf sein Hölderlin-Lied: »In diesem Lande leben wir, wie Fremdlinge im eigenen Haus ...« Wie seltsam, dieser Text aus jener versunkenen alten Welt. »Ausgebrannt sind die Öfen der Revolution – früherer Feuer Asche liegt uns auf den Lippen – kälter, immer kältere Kälten sinken in uns – Über uns ist hereingebrochen – solcher Friede – solcher Friede – solcher Friede.« In diesem Lande Utopia lebten wir Fremdlinge schon wie im eigenen Haus, und wir wären vielleicht immer dort geblieben, so wünschten wir es uns an diesem schönen ersten Abend.

Während Anna Katja von ihrer Arbeit im Kinderdorf erzählte, wo wir später Anna eine ganze Woche lang besuchten, ließ ich mir von Bertram erklären, wie es möglich war, meinen Wunsch, Wolf Biermann zu hören, so schnell zu erfüllen. Das geschah alles mittels des Telefons, das drahtlos arbeitete, auf Mikrowellenkanälen. Bertram wählte eine bestimmte Zentrale an, die Musik vermittelte, danach nannte er einfach den Namen Wolf Biermann. Jeder Buchstabe des Alphabets hatte eine bestimmte Zahl, die die meisten in Utopia auswendig kannten. Nachdem das Ja-Zeichen für den Namen gekommen war, wählte er »Hölderlin-Lied«, und 10 Sekunden später war das Lied auf den Lautsprechern, die unsichtbar in die Wand eingebaut waren.

Auf solche Weise konnte man sich nicht nur Musik, sondern jede Art von Information, auch visuelle, beschaffen. Bertram öffnete die Tür eines flachen Wandschranks. Es erschien eine große blaßgraue Bildfläche. »Das ist unser Fernseher! Aber denk dabei nicht an das Fernsehen in eurer alten Welt. Jetzt am Abend nach sieben Uhr ist der Fernseher tot. Filme, Theaterstücke, Krimis und Talk-Shows kann man überhaupt nicht über ihn empfangen.« Wir erfuhren im Laufe des Abends eine Unmenge der erstaunlichsten Dinge. Anna und Bertram wetteiferten darin, immer größeres Staunen bei uns zu erregen.

In Utopia gibt es überhaupt keine Fernsehsendestationen mit einem laufenden Programm, wie in unserer Welt. Der Bildschirm ist nur ein Wiedergabegerät für visuelle Informationen, dabei von ganz erheblich höherer Bildauflösung und Bildqualität als unsere besten Geräte. Man kann den ganzen Tag die allerverschiedensten Informationen über den Bildschirm abrufen. Die Informationen sind zentral in großen Archiven elektronisch gespeichert und werden laufend erweitert und ergänzt. Der Bildschirm ist für die Utopier das wichtigste Lernmittel. Und Lernen ist eine ihrer Hauptbeschäftigungen. Sie fassen aber das Lernen nicht als Büffelei und ständiges Ansammeln von immer mehr Kenntnissen auf. Sie denken nicht daran, sich in lebende Enzyklopädien zu verwandeln, in denen extensiv Wissen angehäuft ist. Gerade weil sie über die großartigen Informationsarchive verfügen, die uns jederzeit fast jede Frage beantworten können, lassen sie dies Wissen dort, wo es für uns parat liegt und belasten damit nicht das Gehirn des einzelnen Menschen. Lernen heißt in Utopia zuerst einmal: kennenlernen. Die großen Werke der Weltliteratur lesen, die Gedanken der großen Philosophen, der Religionsstifter und Dichter kennenzulernen und über sie nachgedacht zu haben. Kontakt bekommen mit der Kultur der Menschheit von ihrem Beginn bis in unsere Tage. Das ist ihr Lernen. Sie beherzigen, was Lao-tse im alten China vor Jahrtausenden gesagt hat: Der Weise ist nicht gelehrt, und der Gelehrte ist nicht weise.

»Gibt es in Utopia keine Filme, kein Kino, kein Theater, keine Großveranstaltungen, wo Sänger singen wie Wolf Biermann?« »Gemach, das alles gibt es in Utopia, aber ganz anders und viel besser und schöner, als ihr es auch nur ahnen könnt. Morgen werden wir ein Theater besuchen, Freunde haben euch und uns dazu eingeladen.«

Wir gingen um Mitternacht schlafen. Katja versank sofort in ihren beneidenswerten Tiefschlaf, aber ich lag noch lange wach, und die Gedanken an das Kommende und die vielen Fragen, die ich danach hatte, wälzten sich durch meinen Schädel. Was für ein Theater erwartete uns, eine Welt ohne Autos und Flugzeuge, aber doch offenbar technisch hoch entwickelt, wie konnte man denn weit reisen, auf Eseln? War Utopia nur eine kleine Insel in einem Meer der alten Welt? Oder war es schon die ganze Welt in der Zukunft, welcher Zukunft, nach dem Atomkrieg oder ohne ihn, nur ohne ihn möglich. Das Ende der Männerherrschaft. Das neue Matriarchat, von dem Friedrich Engels geschrieben hatte?

Wie sahen in dieser Welt die großen Städte aus? Wir hatten bisher nur die Idylle der Sommerfrische in lieblicher Landschaft kennengelernt. Wo und wie arbeitete in Utopia die große Industrie? Wo erntete man die Lebensmittel? Doch nicht nur in den kleinen Gärten, wie wir sie hier fanden, wo Salate und Mohrrüben, Radieschen und Petersilie angepflanzt waren. Auch Artischocken und Tomaten, Paprikas und Auberginen gab es, sogar Kartoffeln und Erbsen. Aber für ein paar Tage, ein paar Wochen im Jahr vielleicht. Irgendwo in Utopia mußte auch Landwirtschaft und Viehzucht in großem Stil in Betrieb sein.

Ich wurde erst um zehn Uhr vormittags geweckt. Alles war schon lange auf, und das Frühstück mußte ich nun allein essen. Das kommt davon, wenn man abends noch zu lange grübelt. Ich kenne das an mir, genieße auch den Morgenschlaf sehr und freue mich trotzdem immer, wenn ich schon um 9 Uhr oder gar schon um acht aus dem Bett gekommen bin. Während ich Corn Flakes in Milch mit Erdbeerkonfitüre löffelte, dazu Tee trank und dann noch einen Apfel aß, saßen meine drei Gefährten um mich herum und schlugen vor, endlich mit vernünftigen Reiseplänen zu beginnen, da wir Utopia doch nicht nur aus der Froschperspektive der Sommerfrische kennenlernen wollten. Ich schlug vor, wir sollten zu allererst einmal die Hauptstadt von Utopia besuchen. »Ja, aber es gibt in Utopia überhaupt keine Hauptstadt. Es gibt nicht einmal Städte, so wie ihr sie in eurer alten Welt hattet. Ja, wir haben da einige Überreste solcher Städte, Trümmerhaufen von riesigen Betonbauten, zur Abschreckung. Betreten ist auch nur auf eigene Gefahr gestattet und man rät dringend davon ab.« Das war ja unglaublich! Es gab keine Städte mehr! Das ganze wunderbare farbige Durcheinander von Menschen und Sachen, von Wohn- und Kaufhäusern, Kinos, Theatern, Sportstätten, Kirchen, Palästen und Elendshütten, Mittelalter und Neuzeit – das alles sollte es in unserem Utopia nicht mehr geben?

Bertram versuchte uns zu beruhigen: »Ihr müßt bedenken, eure Zeit ist schon lange, sehr lange, zu Ende. Daß sie bei aller Farbigkeit doch in erster Linie grausam und barbarisch war, das habt ihr doch selbst am eigenen Leib gründlich erfahren.«

»Aber das Unheil kam doch nicht von den Städten, von ihren großen Häusern und ihren kulturellen Einrichtungen!«

»Aber vielleicht hatten die Städte das Unheil zur Ursache und waren dadurch auch Vollstrecker des Unheils und der Unmenschlichkeit. Damals wohnten Millionen Menschen auf wenigen Quadratkilometern in riesigen 20- und 30stöckigen Wohnsilos eng zusammengepfercht und waren sich dabei so fremd wie nie zuvor. Je enger sie in diesen Kästen lebten, desto mehr waren sie voneinander isoliert und unglücklich in ihrer Einsamkeit. Starb einer in seiner Wohnung, so merkten es die Nachbarn oft erst, wenn der Leichengeruch durch die Türritzen drang. Die Luft in diesen Städten war giftig, und wenn sich der sogenannte Smog entwickelte, der durch eine Temperaturinversion in der Atmosphäre verursacht wird, dann starben die Leute wie die Fliegen. Bei uns ist die Luft rein, und keine Temperaturinversion kann bei uns Smog hervorrufen. Die Städte des Altertums und des Mittelalters waren Wohn-, Lebens- und Arbeitsgemeinschaften, die zum Schutz gegen Feinde und Räuber eng zusammengerückt waren und ihr Gemeinwesen nach außen durch dicke Stadtmauern schützten. Dieser militärische Grund war eigentlich der Hauptgrund für die Entstehung großer Städte in alten Zeiten. Die modernen Städte eurer überlebten Zeit hatten ganz andere Gründe für ihre Entwicklung und ihr schreckliches Wuchern, das sie zu riesigen politischen, moralischen und kulturellen Krebsgeschwüren der Gesellschaft werden ließ, wo alle schlimmen und wirklich verwerflichen Laster Menschen zu Hyänen und Peinigern anderer Menschen werden ließen.«

»Ja, das ist wohl richtig, und die Behörden in unseren großen Städten führen gegen diese Krankheiten ja auch einen unermüdlichen Kampf!« Ohne es auszusprechen, dachten wir an die vielen jungen Menschen, die durch Drogen umkamen, an die Frauen, die vor ihren betrunkenen Männern mit ihren Kindern in »Frauenhäuser« flüchteten, an die massenhafte und schamlos auftretende Prostitution.

»Wir wissen, woran ihr jetzt denkt«, sagte Anna, »dabei sind das alles nur Symptome, äußere Erscheinungsformen von viel tiefer verwurzelten Unmenschlichkeiten eurer untergegangenen Gesellschaftsformation.«

»Die Hauptvoraussetzungen für die Entstehung eurer barbarischen Großstädte sind bei uns in Utopia nicht mehr gegeben. Es gab bei euch zwei solche Hauptgründe. Der erste Grund war, daß in der noch sehr rückständigen Industrie eurer Zeit eine sehr große Zahl von Industriearbeitern auf engem Raum in den großen Fabriken zusammenarbeiten mußten. Selbst sehr weit entwickelte Industrien, wie die Autoindustrie, waren vom Standpunkt unserer modernen Technik eigentlich noch Handwerksbetriebe. Eine Unzahl von Arbeitern arbeitete an den Fließbändern und Produktionsstraßen – ob mit oder ohne festen Takt – und hatte primitive, immer wiederkehrende Handgriffe durchzuführen. Außer den reinen Produktionsarbeitern beschäftigte eure Industrie Legionen von Technikern und Konstrukteuren und von Ingenieuren aller Qualifikationen, die gebraucht wurden, um ständig neue – meist völlig sinnlose – Variationen der produzierten Waren zu konstruieren und die neuen Konstruktionen in die Fertigung zu bringen. Schließlich gab es noch eine ins Überdimensionale ausgewachsene kommerzielle Bürokratie, die den komplizierten Produktionsprozeß in jedem Detail bis zum kleinsten Schräubchen und die Löhne und Gehälter der Arbeiter und Angestellten und die Rechnungen der Lieferanten, der Steuerbehörden und die Zahlungseingänge der Kunden und die Abrechnungen der Banken auf Heller und Pfennig zu kontrollieren, abzurechnen und zu verbuchen hatte. Diese ganzen Leute mit ihren Familien, ihren Kindern, den dazugehörigen Schulen und den Versorgungseinrichtungen, Supermärkten, Badeanstalten und Vergnügungseinrichtungen, sie mußten alle möglichst in der Nähe der großen Industriewerke wohnen. Das alles gibt es bei uns nicht mehr. In der Industrie arbeiten ganz wenige, hochqualifizierte Spezialisten. Ungelernte oder überhaupt Industriearbeiter, wie ihr sie hattet, gibt es nicht mehr. Die Produktion ist vollständig automatisiert. Die Produkte bleiben über Jahrzehnte in Qualität und Konstruktion die gleichen. Übrigens sind sie von unvergleichlich höherer Qualität als eure analogen Produkte, soweit wir sie noch haben.« Bertram fuhr fort: »Auch die gesamte Bürokratie ist aus unserer Industrie verschwunden. Da es in Utopia kein Geld mehr gibt, also auch keine Löhne und Gehälter, keine Rechnungen und keine Banken, ist dieser Teil der früheren Aufgaben der Bürokratie vollständig weggefallen. Soweit der planmäßige und ungestörte Fortgang der Produktion eine laufende Kontrolle und Übersicht aller Lagerbestände an Zwischenprodukten und Ersatzteilen erfordert, wird das fehlerfrei und ohne jede Mitwirkung von Menschen von computergesteuerten automatischen ›Verwaltungen‹ erledigt. Sie sind so eingerichtet, daß die wichtigsten Produktionsdaten von der wissenschaftlichen Leitung der Betriebe jederzeit abgefragt werden können. Menschliche Arbeitskraft, wie bei euch die zermürbende Arbeit von tausenden Sekretärinnen, wird hier auch nicht mehr benötigt. Es ergibt sich also, daß der erste Hauptgrund für die barbarische Zusammenpferchung von Millionen in Betonsilos und Schlafstädten einfach weggefallen ist. Aber auch der zweite Hauptgrund ist weggefallen. Ihr fragtet vorhin nach unserer Hauptstadt, und wir sagten euch, daß wir in Utopia keine Hauptstadt haben. Das hat einen ganz einfachen Grund. In Utopia gibt es keinen Staat mehr, keine Regierung, keine Polizei, keine Form der Verwaltung von Menschen, nur noch die Verwaltung von Sachen, die, wie ihr gehört habt, praktisch vollkommen automatisiert ist. In eurem Lande zu euren Zeiten gab es in der staatlichen Verwaltung, bei der Polizei und beim Militär fast mehr ›Beschäftigte‹ als in der ganzen übrigen Maschinerie eurer Gesellschaft. Mehr Verwalter, Beschützer und Verteidiger als Verwaltete, Beschützte und Verteidigte. Von diesem Wahnsinn haben wir uns befreit. Könnt ihr jetzt verstehen, warum wir keine Städte, wie ihr sie hattet, mehr brauchen, ja auch gar nicht mehr haben wollen?«

Wir konnten es trotz aller Logik und Überzeugungskraft dieser Worte immer noch kaum fassen. Ja, wo waren die schönen großen Kinos, wo die Theater und Opernhäuser, wo die riesigen Sportforen, wo die Fußballspiele um die Pokale der Sportvereine, die internationalen Olympiaden und Turnfeste, wo der pulsierende und flutende Verkehr auf den Straßen unserer Großstädte? »Wo sind denn nun die Menschen alle, die in unseren Städten gelebt haben? Habt ihr in Utopia diese Menschen auch gleich abgeschafft?« Ich erschrak über diese meine eigenen Worte. Es hatte mich ein Grauen beschlichen. Ich dachte an die Theorien des Mönches Malthus, der meinte, die Menschheit müsse dezimiert werden, wenn sie überleben wolle. Sonst würden wir an uns selber ersticken und uns gegenseitig dem Hungertod ausliefern. War das hier die Lösung à la Malthus? Vielleicht hatte man durch eine rigorose Geburtenkontrolle ein schrittweises Aussterben der Menschheit eingeleitet. Wer hatte das getan? Gab es doch eine geheime Regierung, einen Braintrust von Experten, die die wahren neuen Beherrscher der Menschheit geworden waren?

»Wir haben keine Menschen abgeschafft. Die Gesamtbevölkerung der Erde ist heute etwa doppelt so hoch wie zu euren Zeiten. Auf dieser Höhe soll sie sich auch halten. Darüber wird bei uns viel diskutiert. Es gab große Beratungen deswegen. Einige meinten, wir sollten doch wieder eine Geburtenbeschränkung einführen oder wenigstens die Pille wieder anwenden. Aber diese Leute blieben weit abgeschlagen in der Minderheit.«

»Warum? Die Pille hat doch unseren Frauen sehr geholfen. Ohne die Pille hätte die Emanzipation der Frau bei uns niemals diese enormen Fortschritte gemacht. Hat die Pille nicht auch etwas zu tun mit dem Recht der Frau, über ihren eigenen Körper zu bestimmen?«

»Wir denken darüber ganz anders, aber das liegt auch daran, daß die menschlichen Beziehungen in Utopia so ganz anders sind, so viel freier als bei euch«, wendete Anna ein.

»Katja wird mich vielleicht eher verstehen als du, mein Lieber. Oder? Du alter Weltverbesserer in der Theorie. Die Praxis der Freiheit war immer viel schwerer als die Theorie, oft auch schmerzhafter. Weißt du, solange ihr die Pille noch nicht hattet, da waren die Frauen doch den Männern in der Liebe auf Gedeih und Verderb ausgeliefert. Ihre Angst, gegen ihren Willen befruchtet zu werden, war immer groß und begründet. Du weißt, wie leicht das Liebesglück den Menschen zufällt, aber auch, wie zerbrechlich es ist. Mit der Pille wurde der Frau die Angst vor der Willkür des Mannes genommen. Aber wurde die Willkür des Mannes damit auch dem Manne genommen? Blieb er nicht in der Liebe der im Grunde Unberührte, der Unbetroffene, der Freie? Daran hat die Pille nichts geändert. Wir meinen sogar, sie hat den rein physischen, den animalischen Aspekt der Liebe sehr in den Vordergrund gerückt. Friedrich Engels sagte mit Recht: ›Der Mensch ist ein Gesellschaftswesen und ein Wesen der Natur.‹ Im Menschsein erhebt sich aber unser Wesen über unsere animalische Natur, ohne sie dabei im geringsten zu dämpfen oder zu zügeln. Du brauchst nicht zu denken, ich wollte hier Puritanismus predigen. Ich bin wie wir alle in Utopia für die freie ungehemmte Entfaltung unseres Naturwesens in der Liebe. Aber diese Formen der Liebe, wie wir sie haben, sind zugleich Formen unserer Kultur, nicht einfach nur Betätigung unserer Triebe. In unserer Liebe gibt es keine Angst mehr, wohl auch Schmerz, sogar Enttäuschung und Trauer, aber nicht die Angst, die aus der sozialen und damit materiellen Abhängigkeit der Frau vom Mann hervorgeht. Wenn wir ein Kind haben wollen, dann werden wir es auch haben. Und wenn wir es nicht wollen, dann warten wir und lieben uns doch, und glaube mir, in ganz wundervoller und vollkommener Weise.«

Bertram schaute Anna bei dieser Rede ganz glücklich an, dann forschte er in Katjas und in meinen Zügen, was wir wohl bei Annas Worten empfunden haben mochten. Katja sagte schlicht: »Anna, ich höre in deinen Worten vieles, was Robert schon zu mir gesagt hat. Aber ich mußte immer wieder an seinen Worten zweifeln. Es sind so schöne Worte, die man so gern glauben möchte.« »Hier in Utopia, liebe Katja, kannst du diesen schönen Worten glauben, auch wenn dein Robert sie spricht. In eurer alten Welt können solche schönen Worte gar nicht mehr sein als Hoffnungen und Wünsche. Um sie wahr zu machen, muß mehr da sein, als ein paar gute Vorsätze. Die Welt, in der ihr lebt, muß erst aufgehoben werden, und nicht nur in Gedanken, sondern in Wirklichkeit, damit die Liebe nicht immer wieder zwischen die erbarmungslosen Mühlsteine gerät...«

Bertram goß uns jedem ein Glas Wein ein. Ach, wie uns das wohl tat! Langsam begriff ich, daß unsere Reise sehr aufregend werden würde. Aber würden wir nicht doch nur Zuschauer bleiben, deren phantastischen Berichten später nach unserer Rückkehr kein Mensch Glauben schenken würde?

Bertram und Anna entwickelten uns nun ihren Reiseplan für uns. Wir sollten am nächsten Morgen aufbrechen, mit zwei Eseln, die er sich im Morgengrauen von der Station holen werde. Ein Esel für mich, wenn mir der Marsch zu beschwerlich werden sollte. Der andere abwechselnd für den, der gerade Lust hat. Außerdem sollten die Esel Futter für zwei Wochen mitbekommen, nur Zusatzfutter, denn das meiste fraßen sie ja unterwegs am Wegrand. Anna meinte: »In einer Woche können wir in einem großen Industriezentrum Utopias sein, das ihr euch unbedingt ansehen müßt. Unterwegs werden wir Bekannte und Freunde besuchen. Aber heute abend gehen wir erstmal ins Theater.«

Es handelte sich nicht um ein Theater, wie wir es kennen. Es war eine Theateraufführung, die von Laien veranstaltet wurde. Kein einziger der Teilnehmer war ein professioneller Theatermensch. Franzi und Felix kamen auch mit und hatten großen Spaß. Nach einem ganz langsamen Spaziergang von knapp einer halben Stunde, den ich zu meiner eigenen größten Überraschung ohne Schwierigkeiten bewältigte, kamen wir an. Unterwegs sah ich viele kleine Häuschen, ähnlich wie unseres, aber keins sah aus wie das andere. Sie waren immer in Gebüschen versteckt und hatten kleine Gärtchen und Schuppen für Geräte, je nach der Laune der Besitzer. Wir kamen zu einem kleinen Amphitheater mit steinernen Sitzbänken und einer etwas erhöhten Bühne. Vor und neben der Bühne standen kleine Scheinwerfer, deren Licht durch farbige Glasscheiben in allen Farben des Regenbogens gefärbt werden konnte. Es dämmerte schon, und die Aufführung sollte bald beginnen. Mindestens hundert Menschen, vielleicht sogar mehr, hatten sich versammelt.

Bertram erklärte mir, daß es sich um ein experimentelles Stück handele. Die Idee zu dem Stück habe ein guter Freund gehabt, der aber leider heute nicht dabei sein werde und auch keine Ahnung habe, was sich hier ereignen sollte. Das Stück wurde jetzt angekündigt. Auf einer großen Tafel, angestrahlt von den Scheinwerfern, stand der Titel:

DIE HEILUNG DES ÖDIPUS

Danach wurde es stockdunkel, dann blendeten zwei Scheinwerfer auf und tauchten ein ungleiches Paar in ihr grelles Licht: Auf einem Thronsessel mit purpurnen Polstern und vergoldetem Schnitzwerk, sonst alles schneeweiß, ein kleiner feister Mann mit gerötetem Gesicht, prustend vor Lachen, Zeus der Olympier, mit einer goldenen Krone aus Lorbeerblättern. Neben ihm seine Tochter, Pallas Athene, in einem langen, bis zum Boden fallenden weißen togaähnlichen Gewand, dargestellt von einer sehr schönen, großen Frau mit dunkelbraunem, mahagonifarbenem Haar, das ihr in großen Wellen über Schulter und Brust fiel.

Während sich das Licht der Scheinwerfer langsam abschwächte und der Schein, der auf Pallas Athene fiel, sich leicht orange verfärbte, begannen die beiden ihr Gespräch:

»Vater, du ließest mich rufen?

Ja, ich wollte mit dir über die Tragödie und überhaupt über das Tragische ein wenig plaudern.

Du weißt, daß ich zu ernst bin, um über solche Themen leichtfertige Reden zu führen, wie es dein Sinn ist, Erhabener.

Sei nicht gleich verdrießlich, Tochter, ich wollte mit dir eine Idee besprechen, die mir vor kurzem gekommen ist. Du wirst dich an den unglücklichen Knaben erinnern, den Ödipus. Er ist blind und sitzt am Parnaß in einer finsteren Höhle, was er gottlob dank seiner Blindheit nicht bemerkt. Ich habe die Absicht, ihn zu retten, zu heilen.

Nur um ihn noch unglücklicher zu machen, nicht wahr?

Nein, diesmal habe ich etwas Ernstes und Freundliches im Sinn. Du sollst mir dabei helfen, und dabei soll auch noch dir selber geholfen werden.

Meinst du wirklich, ich brauche Hilfe?

Ja, du fällst mir seit längerem schon auf die Nerven mit der allzu großen Kühle deines Sinns, mit deiner schrecklichen unschlagbaren Vernünftigkeit. Hätte ich dich doch nicht meinem Haupte entspringen lassen, sondern irgendeinem anderen, edleren Teil meines Körpers.

Was soll ich tun, edler Vater, dir zu helfen?

Du sollst etwas ganz und gar Unvernünftiges tun.

Das hat bei dir immer mit Liebe zu tun. Da muß man aufpassen. Willst du da nicht lieber Aphrodite bemühen. Die versteht dies Handwerk besser als deine kühle Tochter Athene.

Nein, auf keinen Fall, die Schaumgeborene ist mir in der Liebe zu stürmisch und – zu oberflächlich. Geburtsfehler! Du weißt, wie der Schaum entstand, in dem sie geboren wurde.

War es nicht im Meer, bei stürmischer See?

Ja, Poseidon raste, der Schaum war entstanden durch den Samenerguß eines Gottes, wer war es noch? Jedenfalls nicht Poseidon, das war ja sein Unglück. Aber Scherz beiseite, Aphrodite geht wirklich nicht. Mein Plan erfordert Kühle, deine Kühle, deinen Verstand und deine Großzügigkeit. Und er wird dir etwas bringen, was dir neu ist, Leidenschaft.

Sag, Vater, blendete sich Ödipus nicht mit eigener Hand?

Ja, es war seine größte Tat.

Hatte er nicht seine eigene Mutter geehelicht?

Ja, aber er wußte es nicht, er erfuhr es zu spät.

Hatte er nicht seinen eigenen Vater erschlagen?

Ja, aber auch unwissend und nicht durch eigene Schuld. Eigentlich war der Vater selbst an allem Schuld. Um die Prophezeiung des delphischen Orakels, die alles vorhersagte, was geschah, abzuwenden, hatte der Vater seinen Sohn bei Bauern auf der Insel Kreta ausgesetzt. Er führte sein Schicksal herbei, indem er es abzuwenden trachtete.

Und nun gereut es dich, was du da angerichtet hast?

Ich habe nichts angerichtet. Aber weil mit der Ödipustragödie die

Zerstörung der Liebe begonnen hat, finde ich, daß es Zeit ist, dies alles zu wenden.

Glaubst du Schwerenöter denn überhaupt an die Liebe?

Athene, ich bitte dich, beurteile mich nicht immer nur nach meinen dummen Streichen. Hilf mir diesmal. Du sollst Ödipus' Mutter und Geliebte sein. Ich werde deinen blinden Sohn zu dir bringen.«

Nach diesen Worten erlosch alles Licht. Nach einer kurzen Zeit fängt einer der Scheinwerfer langsam aufzublenden, orangerotes Licht. Von Ferne kommt ein schmaler bläulicher Scheinwerferstrahl. Sie beleuchten die Gestalt der Pallas Athene, die mit silbergrauem Helm, der tief in den Nacken sich fortsetzt, und gepanzert und mit blankem Schwert in der Hand mitten auf der Bühne steht. Das Metall blitzt im grünlichblauen Licht. Ihre Augen funkeln. Dann beginnt die Verwandlung der Göttin. Das Licht wird schwächer und schwächer, die Rüstung fällt, wie von Geisterhand bewegt, Stück für Stück von ihr ab. Zuletzt nimmt sie selbst sich den Helm vom Kopf, läßt ihn fallen und steht in wunderschöner hinreißender Nacktheit da. Dann erhebt sie die Arme und nickt mit dem Kopf. Das Licht geht aus.

Dann war eine kurze Pause. Schwaches Licht. Auf der Bühne wurde umgebaut. Jetzt erst bemerkten wir, daß Anna und Bertram verschwunden waren. Wir konnten sie nirgends unter den Zuschauern entdecken. Ich habe die erste Szene – aus dem Gedächtnis – fast wörtlich wiedergegeben, um den starken Eindruck, den die Aufführung auf mich machte, einigermaßen verständlich zu machen. Ich habe vergessen, daß während der Szene wiederholt leise Musik zu hören war, auch Trommeln und weit entfernte Paukenschläge.

In der zweiten Szene erscheint Ödipus Mutter, eine alte abgehärmte Frau, von der Trauer um ihren Sohn gezeichnet. Vor der Tür ihres Gemachs steht Ödipus, neben ihm Zeus. »Nun geh schon, Sterblicher. Mach zu, Blinder, hier ist's richtig«, sagt er mit deutlich sächsischem Tonfall. Dann löscht das Licht den Erhabenen aus und überläßt Ödipus und die ganze Szene sich selbst. Ödipus wankt herein, sich vorsichtig mit seinem Blindenstab vorantastend. Da erkennt ihn die Mutter, er sinkt zu ihren Füßen nieder und umarmt sie. Sie schluchzt voll Glück und voll Verzweiflung. Die Mutter küßt ihren Sohn und streichelt ihn zärtlich. »Wer bist du«, fragt er. »Deine Liebste«, ist ihre Antwort. »Ich fühle mit meinen Händen, wie schön du bist!« »Ich bin ja blind und kann dich doch sehen, mit meinem Körper, Geliebte, sehe ich dich.« So sprechen sie lange und werden immer glücklicher. Er streift ihr langsam die Kleider vom Leib und nun beginnt die neue wunderbare Verwandlung. Ödipus wird sehend, und er sieht seine Mutter, die sich vor seinen Augen in ein strahlend schönes Weib verwandelt, alle Male der erlittenen Schmerzen lösen sich auf, ihr Gesicht strahlt, sie umarmen sich und lieben sich, während die Lichter langsam erlöschen.

Jetzt bemerke ich plötzlich, daß die Darsteller des Ödipus und der Mutter, auch der Pallas-Athene, unsere Freunde Bertram und Anna waren. Merkwürdig, wie anders auf der Bühne ihre Stimmen klangen. Sie wurden durch Lautsprecher verstärkt und dadurch verändert. Das war Absicht, erfuhr ich später von Anna.

Die nächste Szene war ein großes Fest. Alle Zuschauer nahmen daran teil. Die Heilung des Ödipus wurde gefeiert, die Heilung durch die Liebe. Es wurde Wein ausgeschenkt, Musik erklang, viele tanzten und küßten sich. Anna und Bertram kamen zu uns, umarmten uns und stellten uns dann allen vor. »Seht, das sind unsere Gäste aus der alten Welt. Seid alle ganz besonders lieb zu ihnen!« Franzi und Felix schmiegten sich eng an Katja, und ihre Gesichter strahlten. Sie bekamen Bilder und kleine Stofftierchen geschenkt und verdarben sich den Magen mit Süßigkeiten. Anna sagte zu mir, ich brauche deswegen keine Sorgen zu haben. »Unsere Süßigkeiten schaden keinem Kind, und wenn es noch soviel davon ißt.«

Mitten im Fest erklingen laute Trompeten. Ein berittener Bote erscheint. Der König ist in höchster Gefahr. Er braucht schnelle Hilfe. Auf der Jagd wurde er von einer Giftschlange gebissen und liegt sterbend in einer Schlucht des Gebirges. Ödipus und einige junge Ritter schwingen sich aufs Pferd, dem König zu Hilfe zu eilen.

Neue Szene: Der König, sterbend auf einer Bahre, umgeben von Kriegern und klagenden Frauen. Ödipus erscheint, kniet an der Bahre nieder, läßt sich die Wunde zeigen und beginnt sie auszusaugen. Das Gift verläßt den Körper des Vaters und strömt in Ödipus Körper hinüber. Beide sind schließlich nur noch ermattet, doch gerettet. Liebe, Umarmung, Heimkehr.

Das große Fest nimmt die Geretteten wieder in sich auf. Ödipus küßt und umarmt noch einmal seine Mutter. Dann großer Abschied. Ödipus geht nach Kreta und befreit die Bauern von der Herrschaft der Türken.

Nach der Aufführung gibt es eine große Diskussion mit den Zuschauern. Einer meint, das mit der Befreiung der Bauern soll man weglassen. Oder besser begründen. Warum bleibt Ödipus nicht bei der Mutter, die seine Geliebte geworden ist? Dann muß aber die Rolle des Vaters noch mehr ausgebaut werden. Alles gute Vorschläge. Die Theatermacher wollen sie beherzigen. Es ist ein Stück gegen die Verteuflung des Inzests. Also eine Umkehr der griechischen Ödipussage, deren Funktion ja gerade die Verteuflung des Inzests war. Die Ablösung der matriarchalischen Gruppenehe der Vorzeit durch die Monogamie der Ausbeutergesellschaft mit ihren harten Tabus zur Sicherung der Vaterherrschaft.

Wir sind nachdenklich nach Haus gegangen, Arm in Arm wir sechs großen und kleinen Menschen, haben noch ein Glas Wein getrunken und sind in tiefen Schlaf gesunken, bis zum Morgen.

Katja und ich sind von dem Theaterabend sehr beeindruckt. Unsere Freunde Bertram und Anna haben uns sehr gefallen. Beim Frühstück erzählen sie uns, daß es in Utopia viele solche und ähnliche Theatergruppen gibt. Auch andere Künste werden so in ganz unprofessioneller Weise gepflegt. Wie schon Marx prophezeite: Es wird keine Maler, Bildhauer, Musiker mehr geben, dafür aber viele, die malen, bildhauern, musizieren. Alle werden aktiv und schöpferisch an der Kultur teilhaben.

Bald danach bepacken wir unsere zwei Esel, die Bertram schon in aller Frühe geholt hatte. Von einem Hügel, den wir überqueren mußten, warfen wir einen letzten Blick auf das friedliche Tal mit seinen vielen freundlichen Menschen, wie es da lag, eingerahmt von in den Himmel ragenden schneebedeckten Bergen mit blaugrün glitzernden Gletschern.

Am ersten Tag unserer Reise legten wir eine Gesamtstrecke von 20 bis 25 Kilometern zurück. Wir ernährten uns von den Speisen, die wir mitgenommen hatten und übernachteten in kleinen Herbergen. Dort trafen wir auch andere Wanderer, einzelne und kleinere Gruppen. Manche kamen weit her aus fernen Ländern, so daß die sprachliche Verständigung mit ihnen manchmal nicht leicht war. Dann half die Weltsprache, die in Utopia schon weit verbreitet ist. Sie enthält Komponenten aus vielen Sprachen. Ihr Grundgerüst hat die englische Sprache geliefert, die ja selbst eine Mischung zweier Sprachen ist, des Sächsischen und des Romanischen. In der Weltsprache finden wir viele deutsche, slawische, arabische, – sogar chinesische, japanische und Wörter aus afrikanischen und indonesischen Sprachen. Die Orthographie ist rein phonetisch – mit wenigen Ausnahmen zur Vermeidung von Verwechslungen, die Interpunktion weitgehend ohne feste Regeln. Alles außer Satzanfängen und Namen wird klein geschrieben. Man kann aber auch auf Versalien ganz verzichten, wie es in allen Texten der Video-Information üblich ist.

Nach vier Tagen unserer Wanderung lag das Gebirge schon weit hinter uns. Anna und Katja hatten das Tempo unseres Marsches beschleunigt. Wenn es mir zu schnell ging, ritt ich auf meinem Esel. Wir alle waren voller Erwartung, unsere Freunde darauf, wie wir die neuen Eindrücke aufnehmen würden. Am fünften Tag – wir mochten wohl mindestens 150 Kilometer zurückgelegt haben – erreichten wir eine weite Ebene. Zum ersten Mal sahen wir in Utopia ein landwirtschaftlich kultiviertes Gebiet. Soweit das Auge reichte, bis an den Horizont, erstreckten sich die Anpflanzungen, verschiedene Getreidearten, sogar Reisfelder, aber auch Erbsen und Gurken und Soja-Bohnen, Zuckerrüben und Futterrüben, alle Arten von Viehfutter-Pflanzen. Jede Kultur in großen langgestreckten Flächen mit einem System von Berieselungsanlagen größten Ausmaßes. Zwischen den einzelnen Feldern waren glatte, feste Wege, offensichtlich für die Fahrzeuge, mit denen die Ernte abtransportiert wurde.

»Was sagt ihr zu unserer Landwirtschaft? Hier werden in zwei Ernten pflanzliche Nahrungsmittel für mehrere Millionen Menschen erzeugt.« Bertram schien uns schon angekündigt zu haben. Denn nun erschien ein schnelles Fahrzeug, eine Art Jeep mit sehr großen weichen Reifen, es bewegte sich ganz lautlos, wohl mit elektrischem Antrieb. Es wurde von einer kräftigen älteren Frau gelenkt. »Meine Freundin Ulrike«, stellte uns Anna sie vor. »Sie leitet diesen Betrieb schon seit Jahren. Wir wollen mit ihrer Hilfe schnell zu den großen Gewächshäusern fahren.« Bertram blieb mit den Eseln zurück. Er würde uns schon noch einholen, meinte er. »Die 15 Kilometer schaffe ich mit den Eseln in weniger als zwei Stunden.« In einer Viertelstunde langten wir an. Die Gewächshäuser bedeckten eine Fläche, die uns kaum geringer zu sein schien als die Fläche der Freilandkulturen. »Hier ernten wir das ganze Jahr, auch im Winter.« Da ich nirgends in den Gewächshäusern irgendwelche Heizkörper sah, fragte ich danach. »Wir brauchen hier keine besondere Heizung«, erklärte Ulrike.

»Hier kommt die Wärme, die im Winter gebraucht wird, von unten. Der Boden ist hier immer gleichmäßig warm, durch die großen Thermostaten unserer Industrie.« »Der Industrie?«

Anna erklärte uns nun, daß sich hier zwar ein sehr großer landwirtschaftlicher Betrieb befindet, mit dessen Besichtigung wir gerade erst begonnen hatten, daß aber diese ganze ausgedehnte Landwirtschaft eigentlich nur ein Nebenprodukt ist, das sich dadurch ergeben hat, daß sich hier, unter unseren Füßen, ein großes, vollautomatisches Industriewerk, ja ein ganzes Ensemble solcher Fabrikationsautomaten befindet. Beim Bau dieser Anlagen ergab sich die Notwendigkeit, eine sehr große Fläche vollständig und bis in die Tiefe umzupflügen. Nicht mit landwirtschaftlichen Pflügen, sondern mit großen Erdbewegungs- und Baumaschinen mußte das Gebiet tief ausgehoben, planiert und mit einem komplizierten System von Betriebs- und Versorgungsleitungen versehen werden. »Als schließlich die riesige Anlage installiert war, der Bau dauerte acht Jahre, haben wir über alles eine hochwertige Bodenschicht gelegt, optimal für die landwirtschaftlichen Kulturen. Die Abwärme, die in dieser Fabrik entsteht, ist nicht groß. Aber sie muß beseitigt werden, da die gesamte Anlage bei absolut konstanter Temperatur arbeitet. Im Winter werden wir die anfallende Wärme fast gänzlich durch die Abgabe an den Boden der Gewächshäuser los. In den wärmeren Jahreszeiten leiten wir sie in das Meer, die Küste der Adria ist von hier ja nur 30 Kilometer entfernt.«

Wir wollten wissen, was hier produziert wird und wieviel Arbeitskräfte in den Anlagen beschäftigt sind. »Ich sagte schon«, fuhr Anna fort, »daß die Fabrikation vollständig automatisch ist. Auch die Überwachung bis hin zu einer Selbstregelung von Störungen und Ausfällen ist automatisiert. Arbeitskräfte im eigentlichen Sinne gibt es hier nicht. Die Anwesenheit von Menschen in den arbeitenden Anlagen wäre sogar eine Störung. Das ganze industrielle Zentrum wird von einem Forschungs- und Entwicklungsinstitut geleitet. Wir werden es später besuchen. Es liegt am westlichen Rand der Anlage, dort, wo die Steilküste felsig ins Meer abfällt. Man hat dort einen weiten Blick über das Meer und die vorgelagerten Inseln.«

Wir stellten zu der unterirdischen und für uns unsichtbaren und unzugänglichen Industrie jetzt keine weiteren Fragen, wollten sie uns für den Besuch des Instituts aufheben. Wir vertrauten uns nun der Führung Ulrikes an, die uns mit ihrem lautlosen Jeep durch die endlosen Hallen ihrer Treibhäuser kutschierte. Die Luft war warm und tropisch feucht, die Vegetation von wuchernder Üppigkeit.

»Die Dächer unserer Treibhäuser bestehen aus einem Spezialglas, das nicht nur den Treibhauseffekt optimal hervorruft, indem es das langwellige Infrarot stark reflektiert, das kurzwellige aber durchläßt. Es hat noch eine zweite wichtige Eigenschaft: Je nach der Intensität der Sonnenstrahlung verfärbt sich das Glas, wird dunkler und grüner, wenn die Strahlung der Sonne bestimmte Werte überschreitet, und wird hell und durchsichtig, wenn sie wieder abnimmt. Dadurch vermeiden wir eine Überbelichtung der Pflanzen, die sehr schädlich sein kann. Außerdem ist in der Luft dieser Treibhäuser der Gehalt an Kohlendioxid künstlich erhöht. Ich hoffe, ihr werdet es noch nicht störend bemerkt haben. Aber das vermehrte Angebot an Kohlendioxid beschleunigt die Photosynthese und verbessert die Energieausbeute. Alle Erntearbeiten sind in den Treibhäusern – ebenso wie in den Freilandkulturen – vollautomatisiert. Auch die Aussaat wird durch Automaten bewerkstelligt. Sie arbeiten so, daß besonders einfache Ernteautomaten, die nur wenige Verluste haben, eingesetzt werden können. In den Fällen, wo die Jungpflanzen nach einer ersten Wachstumsphase vereinzelt werden müssen, machen wir das auch mit Maschinen. Der große Vorteil der Gewächshauskulturen vor den Freilandkulturen, durch den sie trotz der relativ großen Aufwendungen für die Anlagen in vielen Fällen schon sparsamer arbeiten als diese, besteht nicht nur in der Möglichkeit, drei bis vier Ernten im Jahr einzubringen, sondern ganz besonders darin, daß sie vollständig vor dem Befall durch Schädlinge und Pflanzenkrankheiten geschützt sind. Wir benötigen deshalb hier keine Insektizide oder Chemotherapeutika gegen Pflanzenkrankheiten. Dementsprechend ist die Qualität der Produkte denen der Freilandkulturen weit überlegen. Lohnend ist dieser Aufwand natürlich nur bei hochwertigen Gemüsen. Getreide, Zuckerrüben, Kartoffeln und andere Basisprodukte unserer Ernährung sind gegen diese Gefahren weitgehend – wenn auch nicht vollständig – dadurch geschützt, daß wir hochgezüchtete resistente Spezialrassen dieser Pflanzen anbauen. Das ist ganz ähnlich wie bei der Viehzucht, wo wir ja auch mit solchen Zuchtrassen arbeiten. Allerdings hält sich die angezüchtete Erbanlage nicht lange und wird oft nur unvollkommen auf die Samen übertragen. Mit Stecklingskulturen kann man die Lebensdauer der Erbinformation etwas verlängern. Aber selbstverständlich müssen wir in besonderen Pflanzenzuchtanlagen immer wieder neues hochwertiges Saatgut heranzüchten. Da wir die Erbgänge bei vielen Kulturpflanzen schon sehr gut kennen, arbeiten sogar diese Zuchtbetriebe in vielen Fällen automatisch. Aber es wird auch immer wieder experimentiert. Wir haben viele junge Leute, die sich für diese Technik interessieren und in großen Forschungsgruppen zusammenarbeiten.«

Während Ulrike uns ganz stolz und begeistert Bericht gab, fuhren wir vorbei an wuchernden Artischockenbeeten, an endlosen Spargelpflanzungen, für weißen und auch für grünen Spargel, der sich frech aus der Erde hervorwagen darf, an Chicoreekulturen, Salatbeeten mit Kopfsalat, Endivien und Feldsalat. Viele der angepflanzten Köstlichkeiten waren uns ganz unbekannt, wohl erst ganz neu in Utopia gezüchtete Spezialitäten, von denen wir ja schon am ersten Tag – ohne zu ahnen, was wir aßen – von Anna und Bertram Kostproben vorgesetzt bekommen hatten.

Wir hatten eine weite Rundfahrt gemacht und gelangten nun zum Eingang, wo Ulrike uns begrüßt hatte, zurück. Wir fanden dort Bertram mit den beiden Eseln. Er schlief, und die beiden Esel weideten in ganz unzulässiger Weise in einem Kornfeld, dessen frische Saat gerade aufgegangen war. Aber Ulrike schien das nicht zu stören. Sie lud uns zu einem großen rein vegetarischen Essen zu sich ein, und wir folgten dieser Einladung gern und voller Erwartungen. Nachdem unsere Eselchen mit ihren Halftern an dafür vorgesehenen Haken angebunden waren, fuhren wir mit dem lautlosen Jeep auf einer zwar schmalen, aber glatten Straße zu Ulrikes Haus. Es lag auf einer felsigen Anhöhe. Wir konnten mit dem Wagen bis zum Haus fahren, wo Ulrike das Gefährt in einem offenen Verschlag abstellte. Das Haus bestand praktisch aus nur einem großen Raum. In der Mitte befand sich eine große steinerne Kochstelle, ein riesiger Herd, wie es sie in mittelalterlichen Häusern gegeben hat, mit einem großen Rauchabzug darüber. Am Boden lagen farbige, handgewebte Teppiche, ein großes weißes Fell, verschiedene Sitzgelegenheiten, kleine Hocker und weiche Sessel, eine große quadratische Liege, mit dicken Wolldecken und bunten großen Kissen. An der Wand viele Bilder, meist Aquarelle, alle bis auf wenige, wie es schien, vom gleichen Maler. Es schienen Landschaften zu sein, aber beim näheren Betrachten zeigten sich nur unbestimmte ineinander übergehende Formen und Konturen, wie Wolkenbildungen, die der Phantasie freien Lauf lassen.

Da sah man die schwellenden Linien weiblicher Gestalten, dort schien ein Satyr auf einer Schlange zu reiten. Aber tatsächlich war nichts von solch bestimmter Art in den Bildern zu finden, die am meisten durch den Rausch ihrer Farben das Auge anzogen und die Sinne erregten. Das Haus war auf einer Seite fast ganz offen, wodurch sein großer Innenraum mit der mit unregelmäßig geformten Steinplatten gepflasterten Terrasse und dadurch mit der ganzen weiten Landschaft verbunden war. Man konnte die breite Öffnung des Hauses wohl durch einen dicken, weichen, schwach gelblich gefütterten Vorhang verschließen. Aber eine Tür oder irgendeine andere Möglichkeit, das Haus nach außen abzuschließen, etwa eine Jalousie, konnte ich nicht entdecken. Jetzt zur Mittagszeit hatten wir die Sonne hoch über uns, aber ein kleines Vordach gab Schutz und Schatten. Die Terrasse ging nach Westen und wir sahen zum ersten Mal das Meer, die blaue Adria, vor uns liegen. Wir waren hoch über der Küste und konnten weit hinausblicken, auf die Staffage der vielen Inseln, die wie flache Wolkenbänke im Meer lagen, sie schienen hingemalt wie der Hintergrund auf chinesischen Holzschnitten.

Ulrike fing an zu kochen und zu bruzzeln und wollte von keinem dabei Hilfe annehmen. Sie hatte viele Töpfe und Kasserollen, Pfannen und Näpfe, einige aus Kupfer. Die meisten aber waren irden, feuerfest gebrannter Ton in braunen und hellgelben Farbtönen. Bald fing es an, köstlich zu duften, und Ulrike reichte uns die ersten Proben ihrer Kunst. Auf einem Tablett lagen runde grüne Bällchen, für jeden von uns eins, mit dem Finger zu nehmen, ohne Besteck. Beim Durchbeißen zeigte sich, daß die Bällchen innen feuerrot waren und lieblich schmeckten, – aber kaum hatte man diesen ersten Eindruck recht genossen, fing es an, im Mund, auf Zunge und Gaumen und sogar auf den Lippen zu brennen. Ulrike und Anna und Bertram lachten über unseren Schrecken, den sie erwartet hatten. Aber schon erschien Ulrike mit einem Tablett mit vier Gläsern, die mit einem goldgelben, glasklaren Wein gefüllt waren. »Trinkt und ihr werdet sehen, wozu die Schärfe meiner Tatsukis gut war!« Ich hatte noch nie in meinem Leben von Tatsukis gehört. Aber kaum benetzte der Wein unsere Kehlen und Gaumen, entstand ein phantastisches Gefühl von ganz kühler und dabei tropisch aromatischer Frische. Die Schärfe war so vollständig weggeblasen, daß man sich schon wieder nach ihr zurücksehnte, um sie aufs Neue mit dem herrlichen Wein zu ertränken.

Auch unsere beiden Kinder, Franzi und Felix, hatten von den Tatsukis geschleckt. Franzi liefen die Tränen über die Backen, und dabei wollte sie sich's auf keinen Fall anmerken lassen, wie höllisch es in ihrem Mund brannte. Aber sie durften das Feuer der Tatsukis auch mit dem wunderbaren Wein löschen. »Den dürfen auch die Kinder trinken«, meinte Ulrike. »Der kleine Schwips, den er macht, geht schnell vorüber. Für einen richtigen Rausch muß man mehr davon getrunken haben, und dafür ist eigentlich dieser Wein auch zu schade, denn er gehört zu den Tatsukis. Kein anderer Wein lebt so von ihrem Feuer und ist so stark, ihr Feuer zu löschen.«

Wir schwelgten bis in den Nachmittag in den kulinarischen Genüssen, die Ulrike uns zauberte. Das ganze Essen – es waren immer nur kleine, kunstvoll zubereitete Happen – aßen wir mit den Händen. »Wir könnten auch mit Stäbchen essen, aber wir sind ja keine Chinesen. Aber ich bin ganz mit ihnen einverstanden, daß man nicht mit Messer und Gabeln essen soll, wenn man mit Freunden speist. Messer und Gabeln, sagen die Chinesen, sind Waffen. Und wer wird beim friedlichen Mahl Waffen in der Hand haben!« Das war Ulrikes Philosophie des Gastmahls. Aber sie ließ sich auch nur mit den von ihr bereiteten Speisen verwirklichen. Während des ganzen Essens tranken wir verschiedene Weine, schlürften siedende Brühen, ließen zarte Pilze auf der Zunge zergehen, und einmal erschien Ulrike mit einem kleinen irdischen Töpfchen, aus dem sie zuerst Katja und Anna, später dann auch Bertram und mir, einen kleinen Löffel einer violett gepunkteten weißen Creme auf das Innere der linken Hand placierte. Nun mußten erst Bertram und ich die verabreichte Köstlichkeit aus den Handflächen unserer Frauen ablecken, und danach bekamen auch wir unseren Klacks Ambrosia in die Hand, und Katja und Anna mußten uns »aus der Hand« essen, nicht fressen, sondern genießen. Ulrike hatte den größten Spaß an solchen Dummheiten.

»Das sind keine Dummheiten«, empörte sie sich. »Wenn ihr nicht gleich begreift, wie schön das ist – für beide –, dann müssen wir es eben noch einmal machen.« Ich muß zugeben, es war ein merkwürdiges Spiel und hatte einen rätselhaften Reiz. Ulrikes Creme schmeckte eigenartig, es war Bitterkeit darin und dabei ein betäubender Geruch. Beim zweiten Mal mußte ich die Creme aus Annas Hand essen. Sie lachte dabei, als wenn ich sie gekitzelt hätte.

»Wenn wir uns ganz nahe sind, gibt es nichts Schöneres, als aus der Hand des Freundes zu essen – das ist eins meiner Geheimnisse«, erklärte uns Ulrike. »Dann erst sind alle Barrieren gefallen, aller Zweifel und alles Mißtrauen überwunden.«

Anna wandte sich ganz unvermittelt mit einer Frage an Ulrike, die ich nicht im Entferntesten für möglich gehalten hätte: »Liebst du Bertram immer noch?« »Ja, ich liebe ihn, wie eh und je.« Anna und Ulrike umarmten sich, sie küßten und streichelten sich. In Annas Augen waren Tränen, man wußte nicht, ob aus Schmerz oder aus Glückseligkeit, denn ihr Gesicht lachte dabei. Dann kam Bertram zu den beiden Frauen. Er küßte Ulrike. »Gib mir noch etwas Creme in meine Hand«, bat er. Aber da zeigte sich, daß der Cremetopf leer war.

Wir erfuhren dann, daß Bertram und Ulrike viele Jahre zusammengelebt hatten, hier in diesem Haus auf dem Berg. Bertram arbeitete damals in dem Forschungs- und Entwicklungsinstitut des industriellen Zentrums, das wir von der Terrasse aus sehen konnten. Vor zehn Jahren trennten sie sich. Keiner wußte den Grund. Bertram fand Arbeit in einem anderen Institut, weit von hier entfernt. Dort lernte er Anna kennen. Als Anna schwanger wurde, begannen sie zusammenzuleben. Als Felix geboren wurde, lebten beide ein Jahr lang in dem kleinen Haus, wo wir mit ihnen die erste Nacht verbracht hatten. Dann zog Anna wieder in ihr Kinderdorf, zu ihren vielen Kindern. Sie war von diesem Beruf ganz erfüllt. Dort lebte sie mit Felix. Bertram kam alle acht bis 14 Tage zu ihnen. Aber die vier Sommermonate lebten sie zusammen in ihrem verwunschenen Tal in den Bergen.

So war das geblieben bis heute und würde wohl auch so bleiben. Bertram und Anna wurden uns immer vertrauter, und wir genossen ihre liebenswerte Freundschaft um so bewußter, je mehr wir von ihrem Leben kennenlernten. Dabei gab es einen sehr merkwürdigen Umstand, der mir schon am ersten Tag aufgefallen war, ohne daß ich die beiden danach noch einmal gefragt hatte. Ich hatte den Eindruck, wir beide, Katja und ich, waren für sie wie ein offenes Buch. Sie wußten über uns alles, ohne auch nur ein Wort darüber zu reden. Vielleicht würde es doch einmal dazu kommen?

Es war langsam Abend geworden. Ulrike bot uns an, bei ihr zu übernachten. »Das wird ein großes Nachtlager, aber unterbringen kann ich euch alle.« Wir nahmen die Einladung an. Ulrike hätte uns auch zu einer nahen Herberge fahren können. Da wir aber am nächsten Vormittag das Industrie-Institut besuchen wollten, zu dem Ulrike uns fahren wollte, war es so viel bequemer. Ulrike wollte auch für den ganzen Tag die Kinder mitnehmen, die sich in dem Institut nur gelangweilt hätten.

Ulrike erzählte uns, daß sie oft daran gedacht habe, woanders zu leben. Hier erdrückten sie die vielen Erinnerungen. Mit den Leuten vom Industrie-Institut hatte sie nach Bertrams Weggang den Kontakt einschlafen lassen. Sie wollte nicht ständig die Zeugen ihres Unglücks bei sich haben. Zu Anfang kamen sie noch oft zu ihr. Mehrmals versuchte man sogar, ein fröhliches Fest für sie zu arrangieren, mit viel berauschendem Wein und lustiger Musik. Zwei sehr sympathische Männer, gute Kollegen Bertrams, bemühten sich um sie, wollten sie lieben. Aber mit keinem von beiden konnte sie glücklich werden. Das größte Glück für sie war, wenn Anna und Bertram sie besuchten. Die beiden rieten ihr immer wieder, doch wegzuziehen. Sie fürchteten mit Recht, daß sie immer mehr vereinsamen würde. Was sie aber wie ein Magnet hier festhielt, war ihre Arbeit bei den Pflanzenkulturen. »Ich finde woanders keine Arbeit wie hier, wo ich mit allem vertraut und verwachsen bin.« Wir kamen auf das Thema der Arbeit. Es gab in Utopia keinerlei Zwang zur Arbeit. Wer sollte einen solchen Zwang auch ausüben? Es gab ja den Staat nicht mehr, die unbarmherzige Unterdrückungsmaschinerie, deren Hauptaufgabe darin besteht, die Menschen zu menschenunwürdiger Arbeit zu zwingen.

Aber kann denn ein Gemeinwesen existieren und alle seine Glieder versorgen, ernähren, behausen und bekleiden, wenn es keinerlei Zwang zur Arbeit mehr gibt? Die Leute werden sich doch einfach auf die faule Haut legen und sehen, daß es ein paar Dumme gibt, die für sie die Arbeit machen. Das sind Einwände, die immer wieder vorgebracht werden, um die Unentbehrlichkeit staatlichen Zwangs zu begründen. Manchmal hört man als Gegenargument, daß es ja in einer fortgeschrittenen und technisch hochentwickelten kommunistischen Gesellschaft einfach deshalb keinen Zwang zur Arbeit geben brauche, weil für die Erhaltung der Gesellschaft dann eben auch nur ganz wenig menschliche Arbeit erforderlich sei. Möglicherweise müsse man die Leute, die unbedingt arbeiten wollen, durch die Erfindung von

Ersatzbeschäftigungen davon abhalten. Das Hauptproblem wäre dann überhaupt nicht die Beschaffung von Arbeitswilligen, sondern die Organisierung der Freizeitbeschäftigung, damit die Leute sich nicht langweilen und auf lauter dumme Gedanken kommen, womöglich ihre Langeweile und den Stumpfsinn ihres unausgefüllten Lebens in gefährlichen Aggressionen auszutoben versuchen.

Bertram lächelte bei diesen meinen Argumenten. »Für uns in Utopia genügt natürlich unsere eigene Erfahrung, um zu wissen, daß alle diese Ansichten nicht stimmen. Aber ich habe mich seit langem sehr intensiv mit dem Studium eurer vergangenen Welt beschäftigt. Ich finde, ihr hättet selbst schon genug Erfahrungen zu eurer Zeit gemacht oder jedenfalls machen können, aus denen die Unsinnigkeit dieser Argumente hervorgeht. Schon zu eurer Zeit gab es zwei Arten von Arbeit: erzwungene Arbeit und freiwillige, notwendige Arbeit und nicht notwendige. Die notwendige Arbeit, die getan werden mußte, damit die Gesellschaft in der bestehenden Form weiter existieren konnte, mußte größtenteils erzwungen werden. Sie beanspruchte auch die Arbeitskraft der überwiegenden Mehrheit der Bevölkerung. Der Zwang zu dieser Arbeit wurde auf eine sehr einfache Weise ausgeübt: Die Arbeit wurde belohnt, es wurde Geld dafür bezahlt. Und ohne Geld konnte man in eurer Zeit nicht leben, sondern nur verhungern und erfrieren. Wer leben wollte, mußte gegen Lohn arbeiten. Nun gab es aber eine Menge Leute, die hatten Geld, ohne dafür gearbeitet zu haben. Sie waren einfach die Reichen. Die anderen, die arbeiten mußten, waren die Armen. Ich weiß, das ist grob vereinfacht, aber es trifft den Kern der Sache. Die Armen, die Arbeiter, oder wie man sagte: die Lohnabhängigen, sie müssen arbeiten, um Geld zu bekommen. Was sie arbeiten, interessiert sie dabei überhaupt nicht. Was bei ihrer Arbeit herauskommt, gehört ihnen nicht, es geht sie nichts an. Ihnen gehört nur der Lohn, den sie zum Leben und Überleben brauchen. Die Produkte ihrer auf diese Weise erzwungenen Tätigkeit werden ihnen entfremdet, sie sind in keinem Augenblick ihr Eigentum, sondern das Eigentum der Reichen, eben der Leute, die Geld haben, für das sie nicht gearbeitet haben. Sie sind die Eigentümer von allem, die Eigentümer der Maschinen, der Fabriken, aller Rohstoffe und der Häuser, die Eigentümer von Grund und Boden, von allem, was der Mensch braucht, vor allem von dem, was die Armen, die Arbeiter brauchen, um überhaupt arbeiten zu können und den kärglichen Lohn dafür zu erlangen. Ihnen gehören die Arbeitsplätze, ohne die keine Arbeitskraft sich verkaufen kann. Diese erzwungene Arbeit macht den Arbeiter zum Sklaven, weil er nicht für sich, sondern für einen anderen, für dessen Geschäfte und zu dessen Vorteil arbeitet und an dem konkreten Ergebnis seiner Arbeit keinen Anteil hat. Es ist klar, daß zu solcher Arbeit niemand bereit gewesen wäre, wenn er sich ohne Arbeit das für sein Leben unentbehrliche Geld hätte beschaffen können. Außerdem sah man ja tagtäglich die Reichen in ihrem Müßiggang, wie sie ihre Zeit totschlugen und das Leben in Luxus und Freuden genossen. Daß man nicht zu ihnen gehörte und nicht ohne Arbeit leben konnte, war eben das Schicksal der Armen. Es gab aber schon damals bei euch auch die andere Art von Arbeit, die die Menschen freiwillig und mit Freuden leisteten. Das war die Arbeit, deren Ziel und Zweck nicht der Gelderwerb ist, sondern die Hervorbringung eines bestimmten Produktes oder einer bestimmten Leistung. Alle Menschen haben Freude an produktiver Tätigkeit. Jeder noch so anspruchslose Gegenstand, den wir mit eigener Hand gemacht haben, hat für uns einen Wert, der viel größer und von ganz anderer Art ist als der reine Gebrauchswert. Gekaufte Geschenke erfreuen den Beschenkten viel weniger als Gegenstände, die der Schenker selbst nach seinen eigenen Ideen geschaffen hat. Mit welcher Ausdauer und mit welchem Eifer und auch mit wieviel Erfindungskraft bauen und arbeiten die Menschen an einer Sommerlaube und in einem kleinen Schrebergärtchen, überhaupt bei der Betätigung der verschiedensten Hobbys, von feinmechanischen Arbeiten mit den kompliziertesten Werkzeugen bis zur autodidaktischen künstlerischen Betätigung als Maler, Bildhauer, Holzschnitzer, Keramiker oder auch als Musiker, der seinen Freunden zum Tanz aufspielt, Lieder zur Gitarre singt oder das Schifferklavier spielt. Alle diese Betätigungen sind eine Art Arbeit. Sie erfordern Kraft und Zeit, ihr Ergebnis sind sichtbare oder auch hörbare Leistungen, bei Leuten, die gern gut kochen, auch schmeckbare.«

»Ja, alles zugegeben, aber kann denn ein großes und noch dazu mit hochqualifizierter Technik arbeitendes Gemeinwesen ohne die Gefahr ernster Störungen funktionieren, wenn es für die vielen und oft sehr hohe Qualifikation erfordernden Arbeiten auf die Leute angewiesen ist, die gerade an diesen Arbeiten Spaß haben? Es könnte ja auch geschehen, daß die Zahl der für bestimmte wichtige Arbeiten gebrauchten Menschen aus irgendeinem Grund stark abnimmt, etwa weil das Interesse an dieser Art Arbeit eben immer geringer wird, sagen wir, weil diese Arbeit nichts Neues mehr bringt und deshalb einfach den meisten zu langweilig ist?

»Ihr habt vollkommen recht, Arbeit, die nichts Neues mehr bringt, verliert an Interesse!« »Aber was sind denn das für Arbeiten?« »Seht«, übernahm Anna jetzt das Wort, »langweilig ist, was sich nicht mehr verändert, nicht mehr weiterentwickelt. Im Bereich der lebenswichtigen Produktion kann das ein Zweig sein, der technologisch seinen vorläufig optimalen Abschluß gefunden hat. Diese Prozesse oder auch Teilprozesse sind dann total automatisiert. Die Mitwirkung von Menschen erfordern sie nicht. Die Betätigung von Menschen ist nur da erforderlich, wo die Prozesse und ihre Technologie in ihrer Entwicklung noch nicht abgeschlossen sind. Wo noch dauernd neue Erfahrungen gemacht, ausgewertet und in Anwendung gebracht werden. Das sind die interessanten Arbeiten. Sie werden von großen Gruppen von Spezialisten der verschiedensten Fachrichtungen geleistet. Den Begriff des Teamworks kannte man ja schon zu euren Zeiten. Im Team arbeiten die Menschen mit Begeisterung, oft ohne jede Rücksicht auf ihre körperliche Belastung.«

Wir sahen ein und mußten es unseren Freunden ja auch erst einmal glauben, daß es viele Menschen und für den Betrieb des Gesellschaftslebens auch genug Menschen gibt, die ohne jede Anwendung von äußerem Zwang freiwillig und noch dazu mit Freude und Begeisterung arbeiten. Aber da war immer noch eine Frage. Wenn die Industrie und auch die Landwirtschaft so weitgehend automatisiert sind und sich die »notwendige Arbeit« auf wissenschaftlich-technische Fortsetzungs- und Entwicklungsarbeit reduziert hat, dann muß doch jedenfalls die Zahl der Arbeiter, die man überhaupt noch braucht, auf einen winzigen Bruchteil verglichen mit unseren Beschäftigungszahlen abgesunken sein. Nur mit Verkürzung der Arbeitszeit könnte man diesen Wegfall von womöglich 99% der »Arbeitsplätze« doch bestimmt nicht ausgleichen. Schon in unserer alten Zeit haben wir es ja erlebt, wie der technische Fortschritt die Zahl der Arbeitsplätze reduziert und dadurch Arbeitslosigkeit von Millionen Menschen zur Dauererscheinung machte. Es muß doch in Utopia eine riesige Zahl von Menschen geben, für die einfach keine Arbeit da ist. Was machen diese Menschen? Betätigen sie sich alle als Hobbyisten, als Heimwerker und Laien auf den Gebieten der Kunst und der Wissenschaft? Auf die Dauer müssen sich diese Menschen doch langweilen, und Langeweile kann leicht auf schlechte Gedanken bringen.

»Bei uns gibt es kaum Menschen, die sich langweilen«, erklärte uns Anna, »und die wenigen, die dieses Unglück haben, sind Menschen, die durch körperliche oder psychische Leiden, durch Unfälle oder Krankheiten daran gehindert sind, sich zu betätigen. Und Faulenzer und Nichtstuer, wie es sie bei euch in der Klasse der Reichen gab, kennen wir in Utopia überhaupt nicht. Bei uns ist nämlich ein wichtiges Feld der menschlichen Tätigkeit, das für das Leben und die Kultur entscheidend ist und das ihr sträflich vernachlässigt habt, man kann schon sagen zum Hauptberuf für einen großen Teil unserer Bevölkerung geworden: Der Beruf des Lehrers und Erziehers. Ich übe diesen Beruf auch aus, seit vielen Jahren. Er macht mich glücklich.«

»Die Tätigkeit der Lehrer und Erzieher schafft überhaupt erst die Grundlagen der utopischen Kultur. Psychologie und Pädagogik sind bei uns hochentwickelte Wissenschaften geworden. Wir halten sie für wichtiger als Physik und Chemie, jedenfalls sind sie viel reicher an schwierigen Problemen. Bei uns beginnt die wissenschaftlich begründete Erziehung schon mit den ersten Lebensjahren jedes Menschen. Und im Grund hören Lehre und Erziehung, Lernen, Forschen und Lehren im Leben der Utopier nie auf. Jeder Mensch ist von früher Jugend bis ins hohe Alter Schüler und Lehrer zugleich. Wenn wir das große Kinderdorf besuchen, wo ich arbeite, werde ich euch in unser Leben mit den Kindern und Jugendlichen einführen. Vielleicht werdet ihr da auch ein bißchen Schüler und Lehrer zugleich sein, ob ihr wollt oder nicht. Unsere Kinder werden nicht nur erzogen, sie erziehen sogar uns Lehrer und sich selbst natürlich. Aber jetzt denke ich, ist es Zeit sich schlafen zu legen.«

Ulrikes Einraumwohnung verwandelte sich in ein riesiges Bett. Die großen Schaumstoffmatratzen, die, in mehreren Schichten aufeinanderliegend, die weichen Liegen gebildet hatten, auf denen wir den ganzen Abend gesessen und gelegen hatten, wurden im Zimmer ausgebreitet und bedeckten fast die ganze Fläche des Bodens. Ulrike verteilte leichte und großflächig gemusterte Nachthemden und steckte unsere Tageskleidung in einen großen Wasserzuber, der auf der Terrasse stand. »Da sind sie morgen wieder ganz sauber!« »Ja, aber auch trocken?« »Das Trocknen unserer Kleidung dauert an der Luft weniger als eine halbe Stunde und pures Wasser genügt völlig, sie zu reinigen«, bekam Katja zur Antwort. »Braucht ihr denn gar keine Waschmaschinen und Waschmittel?« »Für unsere tägliche Kleidung nicht. Das liegt an den neuen synthetischen Fasern, die wir entwickelt haben. Sie sind praktisch unverwüstlich und haben eine Oberfläche, auf der sich nur wasserlösliche Stoffe festhalten können. Das hängt irgendwie mit der Oberflächenspannung und auch mit elektrischen Eigenschaften der Oberfläche zusammmen. Das kann euch Bertram besser erklären, weil er daran wissenschaftlich gearbeitet hat. Meine Kleider, Hemden und Hosen, besitze ich größtenteils schon seit mehr als 15 Jahren. Sehen sie nicht schön und ganz sauber aus? Eure Nachthemden sind schon 30 Jahre alt und ich kann nicht mehr zählen, wieviel Leute darin schon geschlafen haben. Die einzige Schwierigkeit, die wir anfänglich mit diesen neuen Textilien hatten, war, daß sie nicht in der bisher üblichen Weise gefärbt werden konnten. Jetzt stellen wir Fasern her, die in der Masse gefärbt sind. Aber auch da gab es viele Probleme, bis wir heraushatten, wie man auch ganz leuchtend gefärbte Fasern erzeugen kann. Aber ich liebe die zarten Pastellfarben, die unsere Stoffe noch vor hundert Jahren hatten, sehr. Ich habe noch ein Kleid aus dieser Zeit und trage es oft.«

Vor dem Einschlafen hörten wir noch Musik, Klänge mit wechselnden Rhythmen, erzeugt von einem uns unbekannten, wohl elektronischen Instrument, mit großen Variationen der Art und des Zeitverlaufs der Töne und Akkorde. Ihre Stimmung war schwermütig, dunkel, ohne jede Grellheit, endlos dahinlaufend in immer neuen Passagen, wie in Musik verwandelte Arabesken. Es war Ulrike. Sie spielte auf einem kleinen elektronischen Tasteninstrument, das sie vor sich auf den Knien hatte, ihre eigene Musik wie sie ihr gerade in den Sinn kam. Wir lagen zufrieden und wie eingehüllt von diesen Klängen, tranken noch Wein, umarmten uns und schliefen, bis die Morgensonne uns weckte.

Nach dem Frühstück wurde der Jeep geholt, wir fuhren alle zusammen zuerst zum Industrie-Institut, wo Ulrike uns vier Erwachsenen absetzte, um dann mit Franzi und Felix zu ihren Gewächshäusern weiterzufahren.

Im Institut hatte man uns schon erwartet. Bertram, der viele der Wissenschaftler noch aus der Zeit seiner früheren Mitarbeit kannte, hatte uns angekündigt. Wir wurden von einer kleinen Gruppe begrüßt, zwei Frauen und ein junger Mann von knapp zwanzig Jahren, die uns gleich in einen großen Saal führten, ein Vortragsraum mit großer Projektionswand und einer breiten, nur wenig erhöhten Bühne davor, auf der großflächige Tische standen. Das Auditorium war mit bequemen gepolsterten Sesseln in halbrunden Bögen ausgerüstet, vor denen sich kleine Tischflächen befanden, für Schriftstücke und anderes Material der Zuhörer. Platz war für hundert Teilnehmer.

Unsere freundlichen Gastgeber teilten uns zunächst ihr Bedauern darüber mit, daß wir – wir wußten es ja schon – leider nicht durch den arbeitenden Betrieb geführt werden konnten. Aber wir würden von ihnen trotzdem jede gewünschte Auskunft über die Fabrikation bekommen und eigentlich das Wesentliche viel besser zu sehen bekommen, als es bei einer endlosen und ermüdenden Betriebsbesichtigung möglich gewesen wäre. Außerdem wolle man uns das Institut zeigen und versuchen, die wichtigsten im Gange befindlichen Arbeiten zu erklären.

Die unterirdischen Produktionsanlagen von Slavonice – so hatte ein kleines Dorf geheißen, das hier vor langer Zeit einmal existierte – bedeckten eine Gesamtfläche von über 25 Quadratkilometern, etwa in der Form eines leicht geschwungenen Rechtecks von zwei km Breite und 12,5 km Länge. Das Werk ist durch eine unterirdische Transportstraße mit einem kleinen Hafen an der Küste verbunden. Von dort werden die für die Produktion benötigten Rohstoffe zugeführt und die Fertigprodukte und Abfälle abtransportiert. Die Transportstraße verläuft an der südlichen Längsseite der Werksanlagen. Sie ist durch kurze Abzweigungen mit den einzelnen Produktionsabteilungen verbunden. Gegenwärtig sind 21 von den insgesamt 25 Anlagen in Betrieb. Vier sind abgeschaltet, drei davon, weil die Abteilungen überholt werden, was auch vollautomatisch vor sich geht, an einer wird unter der Leitung des Instituts gearbeitet. Man will eine neue Technologie erproben. Die Arbeiten, im wesentlichen die Installation von neuen Maschinen, die dem Werk geliefert worden sind, werden von einem Spezialteam durchgeführt. Auch diese Arbeit kann von uns leider nicht an Ort und Stelle besichtigt werden. Aber wir bekommen sie doch zu sehen, über die Bildschirme der audiovisuellen Anlage, deren Kameras, Mikrofone und Meßwertgeber im ganzen Werk zu Tausenden verteilt sind.

Unsere Gastgeber berichten uns mehrere Stunden lang über die erstaunlichen Leistungen ihres Werks. Es stellt etwa die Hälfte aller in Utopia gebrauchten mikroelektronischen Bauteile her. Außer Slavonice gibt es noch zwei Werke mit ähnlichem Produktionsprogramm, eins bei Bangalore in Südindien und ein kleines älteres in Denver in Nordamerika. In Slavonice werden außer mikroelektronischen Elementen (es ist inzwischen die sogenannte sechste Generation dieser winzigen Wunder erreicht) auch einige spezielle Fertigprodukte hergestellt, die in größeren Stückzahlen gebraucht werden. Besonders stolz sind die Leute von Slavonice auf ihre kleinen Telefonzentralen. Eine komplette Selbstwählzentrale für 50000 Teilnehmer, allerdings ohne die Mikrowellen-Sendeanlage, die von einem anderen Werk produziert wird, ist in einem Volumen von knapp drei Litern untergebracht, könnte also in jeder normalen Aktentasche transportiert werden. Das Institut arbeitet seit mehreren Jahren daran, die gleiche Leistung auf noch viel kleinerem Raum unterzubringen, wenn erst einmal die siebte mikroelektronische Generation herangereift sein wird, die vorläufig nur in winzigen Experimentalserien der Labors existiert.

»Dabei sind wir immer noch weit hinter dem zurück, was die Natur in dem Zentralnervensystem selbst niederer Tiere leistet«, erklärt uns Boris, der junge Mann unseres Empfangsteams. »Wir haben also noch einen weiten Weg vor uns und brauchen nicht zu fürchten, uns langweilen zu müssen, weil es nichts mehr zu tun gibt!«

Nachdem wir die geographische Lage der beiden Tochterwerke von Slavonice erfahren haben, wird uns zum ersten Mal richtig klar, was es bedeutet, daß in diesen drei Werken die Weltproduktion an mikroelektronischen Bauelementen geleistet wird. Wir hatten die Tatsache, daß Utopia die ganze Welt umfaßt und sich nicht auf eine kleine Insel im Meer der Unmenschlichkeit beschränkt, schon wieder fast ganz aus dem Bewußtsein verloren. Aber das mußte bedeuten, daß diese Werke enorme Mengen ihrer Produkte herstellen. »Nein«, wurde uns erklärt, »der mengenmäßige Umfang unserer Produktion wie überhaupt aller Produktion in Utopia beträgt nur einen sehr kleinen Bruchteil von dem, was – rein quantitativ – zu eurer Zeit von der kapitalistischen Industrie produziert wurde. Außerdem nimmt in dem Maße, wie sich Wissenschaft und daraus abgeleitete Technologie weiter entwickeln, die Menge der produzierten Güter dauernd ab. Der entscheidende Grund hierfür liegt einfach darin, daß wir die Lebensdauer der Produkte immer weiter verlängern. Das gilt für unsere Mikroelektronik ebenso wie für die Textilfasern, aus denen wir unsere Bekleidung herstellen. Die Lebensdauer unserer Kleidung beträgt heute schon weit mehr als die normale Dauer eines Menschenlebens. Dabei hat sich das Lebensalter der Menschen gegenüber euren Zeiten fast verdoppelt. Zu eurer Zeit waren alte Menschen Leute, die schon mit siebzig oder achtzig Jahren durch Krankheiten, Entbehrungen und psychische Belastungen schwer geschädigt waren. Erst in unserer Zeit erlebt die Menschheit das große Wunder des wirklichen Altwerdens der Menschen!«

Gegen Mittag wurden wir von Ulrike, Felix und Franzi wieder abgeholt, zum Mittagsmahl in Ulrikes Haus auf dem Berg. Nach allem, was wir gehört hatten, betrachteten wir die Einrichtungs- und Gebrauchsgegenstände in Ulrikes Wohnung mit ganz neuem und neugierigem Interesse. Sie mußte uns von jedem Stück ihres Hausstands sagen, wie alt es ist und woher es stammt. Wir waren so fassungslos, daß unsere drei utopischen Freunde den reinsten Spaß an uns hatten. Es gab nur wenige Gegenstände, die neueren Datums waren. Und das waren alles Dinge, die ganz offensichtlich nicht aus der industriellen Produktion stammten, sondern einzeln von geschickten Händen angefertigt waren, zum Beispiel ein Amulett, geschnitten aus einem aus zwei verschiedenfarbigen Schichten bestehenden Stein, das Ulrike an einer silbernen Halskette trug. Beides, Kette und Amulett hatte Bertram Ulrike geschenkt und mit eigener Hand hergestellt. Eine bunte holzgeschnitzte Maske: Ulrike hatte sie selbst aus weichem Pappelholz nach einer Zeichnung geschnitten, die sie auf einer Reise in Zentralafrika auf dem Zelt eines schwarzen Einsiedlers gesehen hatte. Ein handgetriebenes kupfernes Tablett: Es stammte von einem Freund Bertrams, der auch im Institut gegenüber gearbeitet hatte. Das Kupferblech war ursprünglich für die Verwendung im Labor des Instituts bestimmt gewesen, aber er hatte es aus Liebe zu Ulrike zweckentfremdet, umgeformt und ein großes flammendes Herz eingraviert.

Auch ein ganz gewöhnlicher Gegenstand war unter den Nicht-Industrie-Produkten und demnach wohl auch von geringerem Alter, ein Messer, – das Messer, das Ulrike selbst für sich bei allen Gelegenheiten benutzte. Aber bei diesem Messer irrten wir uns doch, jedenfalls zumindest halb. Ulrike hatte das Messer beim Umgraben in ihrem Garten gefunden. Nur noch der stählerne Teil des Messers war erhalten geblieben und auch gar nicht verrostet. Der Griff des Messers aber war unter ihren Fingern in ein graues Pulver zerbröselt. Sie hatte an diesem alten abgewetzten Messer, das ganz sicher aus der vorutopischen Zeit stammte, Gefallen gefunden. So erneuerte sie den Griff, indem sie zwei flache Halsstücke gehörig zurechtschnitzte, so daß man das Heft des Messers in eine besonders ausgearbeitete Kerbe legen und dann alles, Messer und Holzteile, durch starke Nieten miteinander verbinden konnte. Zum Schluß hatte sie den Holzgriff mit Kupferblech umhüllt, das sie der Form des Holzes durch viele vorsichtige kleine Hammerschläge angepaßt hatte.

Aber alle anderen Gebrauchsgegenstände und Möbel, Geräte, Teppiche, Vorhänge, selbst der Kühlschrank, die Badewanne, ihre Töpfe, Trinkgefäße und Geschirr aller Art, alles waren Industrieprodukte, das meiste aber 50, 80, ja vieles über 150 Jahre alt und dabei unversehrt, fast wie neu, nein schöner als neu, weil die Gegenstände durch ihren ständigen Gebrauch etwas von ihrer ursprünglichen Uniformität verloren, quasi menschliche Züge angenommen hatten. Wenn sie auch Industrieprodukte waren, so sorgte doch die Tatsache, daß sie so hohen und dabei unterschiedlichen Alters waren, dafür, daß sie nicht die Talmi-Eleganz modernen Designs hatten, sondern durch die äußerste Einfachheit ihrer Form, die einen hohen Grad von Vollkommenheit in der Erfüllung ihres Zwecks erkennen ließ, die Schönheit von lebendig gewachsenen Wesen besaßen, wie sie die Natur in Pflanzen und Tieren verwirklicht hat.

Aus allem, was wir nun gehört und erfahren hatten, ergab sich, daß der Konsum von Gebrauchsgegenständen im Sinne ihres *Ver*brauchs in Utopia nur einen kleinen Bruchteil dessen betragen konnte, was in unserer consumer-society als unvermeidlich gegolten hatte. Dadurch, daß Lebensdauer und Gebrauchswert aller produzierten Gegenstände enorm vermehrt worden waren, kam die Gesellschaft ohne jede Einbuße an Lebensstandard mit einem Bruchteil der laufenden Produktion dieser Gegenstände aus. Die Verminderung des Verbrauchs ermöglichte die Verminderung der Produktion. Aber es gab noch eine Reihe weiterer sehr relevanter Änderungen in der ökonomischen Verfassung. Eine ganze Reihe von Produkten des uns gewohnten Konsums gab es in Utopia einfach nicht mehr. Es gab keine Autos und keine Autostraßen, von bestimmten Ausnahmen, wie Ulrikes Jeep, einmal abgesehen. Das hing zuerst einmal damit zusammen, daß in

Utopia keine der Voraussetzungen mehr bestand, die bei uns zur Zusammenballung großer Massen von Menschen in industriellen und administrativen Zentren geführt haben. Die Menschen leben direkt bei ihrer Arbeit. Niemand mußte jeden Morgen eine Stunde und länger in überfüllten Vorort- und S-Bahn-Zügen 20, 30 oder mehr Kilometer Weg zur Arbeitsstelle zurücklegen. Die Utopier lebten höchstens einen Fußweg von einer Viertelstunde von ihrem Arbeitsplatz entfernt, oder – wie es bei vielen Berufen ganz natürlich war – sie lebten einfach direkt am Ort ihrer gesellschaftlichen Tätigkeit. Autos, U- und S-Bahnen wurden einfach nicht gebraucht. Also auch keine Straßen und Autobahnen. Man bedenke, welche Mengen an Arbeit den Utopiern allein dadurch erspart blieben.

Auch den Flugverkehr, wie wir ihn kennen, gab es nicht mehr. Wenn man sich klar macht, welchen Zwecken der Flugverkehr in unseren vergangenen Zeiten gedient hat, wird sofort verständlich, warum es in Utopia das alles nicht mehr gab. In unseren Flugzeugen saßen hauptsächlich zwei Sorten von Passagieren: 1. Manager und Handelsvertreter und deren staatliches Pendant, die politischen Funktionäre und Regierungsbeamten. 2. Touristen. Die erste Sorte von Menschen gibt es in Utopia nicht mehr. Und den Tourismus unserer Tage gibt es auch nicht mehr. Niemand in Utopia hat es nötig, in wenigen Stunden halb um die Welt zu rasen, um dann 14 Tage oder drei Wochen irgendwo an einem von Menschen übervölkerten Strand zu liegen, der von den Abwässern aus den Kloaken der Wolkenkratzerhotels verunreinigt ist, die noch häßlicher sind als die Hochhäuser der Stadt, aus der er auf diese untaugliche Weise versucht hat zu fliehen. Niemand in Utopia reist, weil er vor irgend etwas fliehen will, sondern weil er die Welt kennenlernen will. Und für eine solche Reise nimmt er sich Zeit. Wer sich mit dem Flugzeug womöglich mit Überschallgeschwindigkeit von Kontinent zu Kontinent schleudern läßt, der reist im Grunde gar nicht. Er lernt nicht die Welt, ihre Landschaften und Menschen kennen, sondern wechselt nur den einen eng begrenzten Ort seiner Existenz aus gegen einen anderen, von meist kaum verschiedener Art, der in allen seinen Aspekten gleich armselig und gleich brutal ist. Die Utopier haben Zeit. Sie reisen langsam. Sie lieben den Weg nicht weniger als das Ziel und oft ist der Weg überhaupt das einzige Ziel ihrer Reise. Tourismus mit Flugzeugen gibt es darum in Utopia nicht mehr. Es gibt noch Flugzeuge, kleine Spezialflugzeuge, Hubschrauber, Hilfsflugzeuge zur Rettung von Menschen aus Notsituationen, für wissenschaftliche Expeditionen und noch manches andere mehr. Aber eine Flugzeugindustrie und weltweiten Düsenflugverkehr haben die Utopier einfach nicht nötig.

Auch der Personenverkehr mit der Eisenbahn existiert nicht mehr. Es gibt noch Eisenbahnen, Schienenbahnen, auf denen bestimmte Rohstoffe, Erze und andere Materialien transportiert werden, wenn dies aus technischen Gründen notwendig ist. Die meisten Güter werden auf dem Seeweg befördert. Von den Häfen führen besondere, in der Regel unterirdische, Transporteinrichtungen, die es in unseren Zeiten kaum gab, zu den großen und von da bis zu den kleinsten Verteilungszentren, den Supermärkten Utopias, wo man alles erhalten kann, was der Mensch an industriellen Produkten für sein Leben benötigt. In diesen großen, übersichtlich geordneten Vorratslagern gibt es weder Verkaufspersonal – es wird ja nichts verkauft, sondern jeder kann sich nehmen, was er braucht – noch irgendwelches Überwachungs- oder Kontrollpersonal. Auch die ständige Ergänzung der Lagerbestände erfolgt selbsttätig durch Abruf bei den vorgeordneten Verteilungszentren. Allerdings werden auch diese Anlagen in regelmäßigen Abständen von einigen Jahren durch ein Kontrollteam überprüft und eingetretene Mängel beseitigt.

Man muß auch bedenken, daß in diesen Supermärkten Utopias niemals ein größerer Andrang war. Man sah dort immer nur wenige Menschen. Das hatte einmal seinen Grund in der enormen Lebensdauer aller Gebrauchsgegenstände. Es gab nur selten etwas im Haushalt zu ergänzen oder zu erneuern. Außerdem war die Zahl der angebotenen Artikel viel kleiner als zu unseren Zeiten. Viele Gegenstände, die bei uns zum täglichen Bedarf gehörten, gab es ja gar nicht mehr, einmal ganz abgesehen von den unzähligen Artikeln, die uns immer wieder von geschäftstüchtigen Leuten in einer Flut immer neuerer Neuheiten aufgeschwätzt werden, damit man sie nach meist nur kurzem Gebrauch wieder wegwirft. Und von den Gegenständen, die im Gebrauch waren, gab es nicht hunderte verschiedene Ausführungen wie bei uns, mit denen die kapitalistischen Produzenten auf dem Markt konkurrierten, sondern meist nur eine einzige sehr hochwertige Ausführung. Anstelle unserer Radio-, Fernseh- und Tonbandgeräte und Plattenspieler hatten die Utopier nur ein einziges, den großen flachen Bildschirm an der Wand mit den verdeckt installierten Lautsprechern, den wir schon im Sommerhäuschen von Anna und Bertram am ersten Tag kennengelernt hatten.

Anna zeigte uns auch eine wunderbare winzige Fotokamera. Man konnte sie mit verschiedenen Kassetten laden, von kleinen mit zehn Bildern bis zu Kassetten, die 100 und mehr Bilder aufnehmen konnten. Zu dem Apparat gehörte ein kombinierter Entwicklungs- und Vergrößerungsapparat, in den man die belichtete Kassette einlegte. Nach wenigen Minuten begann der Apparat die farbigen oder auch schwarzweißen Bilder in einem vorher eingestellten Format »auszuspucken«. Diese wunderbaren Geräte waren niemals Privatbesitz einzelner. Man lieh sie sich aus, wenn man eine Reise machen wollte oder auch, um zu Besuch gekommene Freunde zu fotografieren. Die Anlässe waren wohl sehr ähnlich wie bei uns, die Motive allerdings nicht immer.

Nach dem Mittagessen saßen wir unter großen Sonnenschirmen auf der Terrasse vor Ulrikes Haus. Von See her wehte ein leichter kühler Wind, der durch die über dem von der Sonne erhitzten Festland aufsteigende Luft angesogen wurde. Abends trat um die Zeit des Sonnenuntergangs zuerst eine Windstille und danach ein Umschlag der Windrichtung ein. Nun wehte der Wind seewärts, weil sich das Land schneller abkühlte als die See. So entstand ein sehr angenehmer Ausgleich der Temperaturen und die Temperatur sank auch nachts niemals unter 20 Grad. Im Winter konnte es allerdings auch hier empfindlich kalt werden. Oft gab es auch Schnee, langdauernde Regenfälle und orkanartige Stürme. Dann schloß Ulrike die große freie Öffnung ihres Hauses, die den Innenraum mit der Terrasse verband, durch ein großes durchgehendes Fenster ab. Wir hatten von seiner Existenz nichts bemerkt, weil es in den Boden eingelassen war. Es konnte mittels einer Handkurbel nach oben bewegt werden. Wir sahen diese Konstruktion in Utopia später noch öfter in kleinen Häusern, die neueren davon waren mit Motorantrieb. Man brauchte nur auf einen Knopf zu drücken.

Am frühen Nachmittag brachte uns Ulrike zurück zu unseren Eseln. Wir fanden dort an die 25 Leute, Frauen wie Männer, versammelt. »Ich muß euch doch mit meinen Mitarbeitern bekannt machen! Am ersten Tag, als ihr kamt, waren sie alle fort. Sie machten eine Wanderung an der Adria und badeten dort im Meer. Wegen unseres Arbeitsplans konnten sie den Ausflug nicht verschieben. Ich wollte natürlich auch mitkommen, aber als Bertram euch ankündigte, war es doch sehr günstig, daß ich nun Zeit hatte, mich euch ausführlich zu widmen. Doch eins möchte ich euch fragen: Warum habt ihr mich niemals nach meinen Mitarbeitern gefragt? Dachtet ihr, daß der Betrieb dieses riesigen agronomischen Zentrums von einem einzigen Menschen in Gang gehalten werden kann?«

»Warum eigentlich nicht?«, wendete ich ein. »Schließlich ist doch das automatische Pflanzen, Pflegen und Abernten ein viel weniger komplizierter Prozeß als die Produktion in den Industriebetrieben, die darunter in der Erde liegen und die auch ohne jede Mitwirkung menschlicher Arbeitskräfte auskommen.«

»Aber das große Forschungsinstitut gehört auch zu diesen Produktionsanlagen und bei uns ist das ganz analog. Wir sind auch im Grunde hauptsächlich ein Forschungsteam. Eine kleinere Gruppe beschäftigt sich mit der Bekämpfung von Pflanzenschädlingen durch Ausbreitung von Seuchen unter den Schädlingen. Bei diesen Methoden vermeidet man chemische Schutzmittel, die die Produkte verunreinigen oder sogar vergiften können. Eine andere Gruppe arbeitet an der Verbesserung unserer Maschinen, in enger Zusammenarbeit mit den Konstrukteuren und Herstellern dieser Maschinen. Schließlich haben wir noch eine Gruppe von Studenten hier. Sie machen hier ihr Praktikum und lernen die moderne landwirtschaftliche Technologie in der Praxis kennen.« Wir waren ziemlich betroffen, daß wir uns für die Arbeit unserer so liebenswürdigen Gastgeberin so wenig interessiert hatten. Aber sie beruhigte uns und meinte, daß ihre Arbeit doch sehr speziell sei und darum weniger von allgemeinem Interesse. »Viel interessanter für euch wird sein zu erfahren, wie und auf welchem Wege das, was wir hier und anderswo erzeugen, schließlich in die Mägen der Utopier gelangt. Ich denke, darüber kann euch auf eurer bevorstehenden weiten Reise Bertram alles Wissenswerte erzählen.« Mit diesen Worten eröffnete Ulrike die Zeremonie des Abschiednehmens. Sie war kurz und herzlich. Bertram und Ulrike küßten sich besonders liebevoll und zärtlich. Dann kam noch eine Überraschung für uns, ein kleiner gummibereifter Wagen, vor den unsere Esel gespannt werden konnten. Er bot uns allen bequem Platz, war ganz niedrig und schmal, doch mit ziemlich großen Rädern. Ulrikes Mitarbeiter hatten ihn im Laufe des Vormittags aus Ersatzteilen für landwirtschaftliche Maschinen zusammengebaut. Er erwies sich als ein geradezu ideales

Fahrzeug auf den sonst für Fahrzeuge nicht gerade idealen Wegen Utopias. Die Utopier sind eben auch im hohen Alter sehr rüstige Leute, die gerne zu Fuß wandern. Viele Habe schleppt sowieso niemand mit, wenn er reist, und zu Fuß ist man der Erde und den Menschen, die darauf wohnen, viel näher. Daß so junge Leute wie ich schon Schwierigkeiten mit dem Atmen haben und es sehr schön finden, bequem gefahren zu werden, konnten unsere utopischen Freunde kaum recht verstehen. Aber sie dachten doch daran und bastelten uns den Wagen.

Unser Weg führte zunächst über eine weite, leicht gewellte Hochebene, dann ein allmählich enger werdendes Tal hinauf, in dessen Sohle sich ein blau schimmernder Fluß schlängelte. Erstaunlich war, daß der Fluß ständig sein Aussehen änderte. Eben noch ein reißend dahinjagendes Gebirgswasser, dann wieder fast unbewegt und spiegelglatt in viele kleinere und größere Arme zergliedert inmitten weißer, glatter, gewölbter Sandbänke, dann wieder zum kräftigen breiten Strom anschwellend, danach sich in eine seeartige Erweiterung ergießend, aus der nur ein kleines Rinnsal fließend alles war, was vom ungestümen Fluß geblieben, um schließlich sich doch zu besinnen und wieder mächtig anzuschwellen, bis alles rauschend und gurgelnd in einer riesigen Schlucht und dort zuletzt in einem gewaltigen Felsentor verschwand, um wer weiß wo anders und wer weiß wie wieder zu Tage zu treten. Dieser ständige Wechsel von oberirdischem und unterirdischem Lauf war das Geheimnis unseres Flusses. Wenn tief im Bauche des Berges die Wasser in reißendem Strom sich durch Spalten und Höhlen zwängten, spielte unser oberirdisches Gewässer den Friedlichen und Sanften. Und wenn er uns oberirdisch in aller Kraft dahinjagend zu imponieren suchte, dann war es still in der Tiefe des Berges. Ich muß an diesen wunderbaren Fluß oft denken, wie an ein menschliches Wesen.

Felix, Franzi und ich saßen schon lange im Wägelchen. Bertram führte die Esel am Halfter, denn er kannte den Weg gut. Die Frauen folgten und ich hatte die Muße und das Vergnügen, mich an ihren schönen Gestalten und Bewegungen zu erfreuen. Gegen Abend wurde es kühler. Das Tal war enger geworden und hohe Berge umschlossen uns. Wir gelangten noch vor dem Dunkelwerden zu einer geräumigen Holzhütte, die Bertram für die Übernachtung ausersehen hatte. Da wir alle sehr müde waren, sanken wir, kaum angekommen, so wie wir waren, in tiefen Schlaf. Am Morgen fanden wir neben unserer Hütte eine in Stein gefaßte sprudelnde Quelle. Nachdem wir uns dort gewaschen und sehr wohltuend und vergnüglich erfrischt hatten, nahmen wir ein ausgiebiges Frühstück, wofür uns Ulrike mit vielen leckeren Speisen versorgt hatte. Bertram berichtete nun, daß nicht weit von hier sich eins der modernsten elektrischen Kraftwerke Utopias befindet, und machte den Vorschlag, dorthin einen Abstecher zu machen. »Ich habe selbst ein solches Kraftwerk noch nicht gesehen und weiß also gar nicht, ob es da viel zu sehen gibt. Es ist eins der kleinsten Thermofusionskraftwerke, die wir jetzt entwickelt haben und im Laufe des Jahrhunderts allgemein einführen wollen.«

Mir fiel ein, daß ich schon lange danach fragen wollte, aus welchen Quellen und auf welche Weise in Utopia Energie gewonnen wird. Bertram berichtete, noch bevor wir zu unserem Besuch des Kraftwerks aufbrachen: »Im ersten Jahrhundert nach dem Ende eurer Zeit benutzten wir noch weitgehend die bisher üblichen Energieträger, also Kohle und Erdöl, daneben natürlich Wasserkraft und, besonders für Heizzwecke, die Erdwärme. Die Kernkraftwerke eurer Zeit haben wir alle stillgelegt. Weniger wegen der Gefahr von Havarien, die bei vernünftiger Konstruktion und Betriebsweise fast gleich Null sein kann. Entscheidend war, daß das Problem der Entsorgung, d. h. die sichere Unterbringung des radioaktiven Mülls, sich bei einer zeitlich längeren Perspektive einfach nicht lösen ließ. Im Laufe einiger Jahrtausende hätte sich eine so große Menge dieser Spaltprodukte angehäuft, daß man schließlich doch keine Lösung für ihre Unterbringung auf der Erde hätte finden können. Wir konnten die Kernkraftwerke auch ohne Bedenken schon deshalb stillegen, weil schon in wenigen Jahren nach Beginn des utopischen Zeitalters der Energiebedarf rapide gesunken war. Allein die Einstellung der Rüstungsindustrie und der ganzen militärischen Anlagen senkte den Energiebedarf schlagartig um fast 50%. Mit der weiteren Durchführung unserer ökonomischen Reformen verminderte er sich und sank auf knapp 10% des Bedarfs, ohne den ihr in den letzten Jahren eures Daseins nicht mehr auskommen zu können glaubtet. Mit dieser enormen Verminderung der Energieerzeugung und durch den nun beginnenden Wegfall des Verbrauchs von Erdöl infolge der gänzlichen Abschaffung des Auto- und Flugzeugverkehrs waren erst einmal die Hauptquellen der gefährlichen Umweltverschmutzung eurer Tage beseitigt. Es dauerte dann noch ziemlich lange bis wir den ersten, technisch brauchbaren Fusionsreaktor auf die Beine stellten. Er war, verglichen mit den heutigen, ein Gigant. Und das war auch seine Schwäche. Bevor wir ihn zünden konnten, mußten wir erst einmal umfangreiche Vorkehrungen treffen, um die gewaltige Menge Energie, wie gesagt Elektroenergie, die er lieferte, auch sofort loszuwerden. Zahlreiche in Betrieb befindliche Kraftwerke mußten stillgelegt werden. Ein großes Gebiet war für mehrere Tage ohne Stromversorgung. Außerdem mußten wir zahlreiche Speicherwerke der verschiedensten Art errichten, weil der große Reaktor noch sehr unelastisch war und seine Leistung dem Bedarf fast gar nicht anpassen konnte. Wenn auch der Bedarf bei uns schon damals weit geringeren Schwankungen unterworfen war als zu euren Zeiten, so mußten wir doch auf jeden Fall in der Lage sein, einen plötzlichen Abfall der Energieaufnahme im Netz auffangen zu können. Der Fusionsreaktor ist heute der Hauptproduzent aller Energie. Eine gewisse Rolle spielt dabei noch die Erdwärme, die an manchen Stellen der Erdoberfläche leicht zugänglich ist und sich als ideal für Heizzwekke erwiesen hat. Im Laufe der Zeit haben wir gelernt, immer kleinere Fusionsreaktoren zu bauen, wodurch es möglich ist, die Energieerzeugung weitgehend zu dezentralisieren, womit sich auch die Kosten für die Verteilung in den Stromnetzen sehr vermindern. Wir haben heute überhaupt keine Hochspannungs-Überlandleitungen mehr, weder als Freileitungen noch als Kabel. Wir sind in der Lage, die Energie jederzeit an jedem beliebigen Ort, wo sie gebraucht wird, zu erzeugen. Der Energierohstoff, das Wasser, d. h. genau genommen der im Wasser enthaltene Wasserstoff, ist ja überall vorhanden und braucht nicht herangeschafft zu werden, wobei noch hinzukommt, daß ja wegen des enormen Energiegehalts des Wasserstoffs der Wasserverbrauch im Fusionsreaktor verschwindend gering ist.«

Bertram berichtete uns noch Details der Konstruktion und Wirkungsweise des Fusionsreaktors. Sie arbeiten alle nach dem gleichen Prinzip: »Eine im Plasmazustand befindliche Gaskugel wird in einem hochevakuierten Raum durch Magnetfelder zusammengehalten. Im Betriebszustand beträgt die Temperatur im Zentrum des Plasmas über 100 Millionen Grad. Trotz der sehr geringen Dichte des Gases ist wegen der hohen Temperatur der Druck sehr groß.

Aus diesem hocherhitzten Plasma wird durch ein kleines Loch in der magnetischen Wand ein Plasmastrahl herausgelassen, der durch ein Rohr schießt. Dort wird der Strahl, in dem die Materie bis auf die Atomkerne herunter total ionisiert ist, durch ein starkes äußeres Magnetfeld in zwei Strahlen zerlegt, in einen der aus Elektronen und einen zweiten der aus positiv geladenen Helium- und Wasserstoffkernen besteht. Die beiden Strahlen laden zwei Elektroden auf, von denen direkt hochgespannter Gleichstrom entnommen werden kann. Die Zündung des Reaktors war ursprünglich das schier unlösbare Problem. Die Vorbereitung der Zündung ist auch heute noch eine aufregende Sache, fast wie zu eurer Zeit der Start einer Weltraumrakete. Sie erfolgt durch einen Laserblitz ganz extremer Energiedichte. In dem kleinen Reaktor, den wir uns nachher ansehen wollen, ist der Durchmesser der aktiven Plasmakugel kleiner als ein Millimeter. Sie befindet sich in einem gekühlten kugelförmigen Gefäß von einem Meter Durchmesser. Der erzeugte hochgespannte Gleichstrom wird durch einen Wechselrichter in Wechselstrom umgewandelt und auf 5000 Volt heruntertransformiert. Mit dieser Spannung wird der Strom durch Erdkabel zu den Verteilerstellen geleitet, wo seine Spannung wiederum herabgesetzt wird auf die übliche Spannung unserer Netze.«

»Wie werden denn die Magnetfelder erzeugt, die das Plasma zusammenhalten?«, wollte ich wissen.

»Durch Solenoide, also Drahtspulen, die aus einer Spezialllegierung bestehen, die bereits bei 35° K, also 35 Grad über dem absoluten Nullpunkt der Temperatur supraleitend wird. In den Solenoiden fließen Ströme von mehreren Millionen Ampères. Das reicht für die Erzeugung der erforderlichen magnetischen Feldstärken.«

Nach dem Frühstück wanderten wir zu dem Kraftwerk, ohne Anna, die mit den Kindern zurückblieb. Wir konnten ziemlich nahe an das Werk herankommen. Zu sehen war sehr wenig und hineingelassen wurden wir nicht. Bertram erklärte mir die Funktion der einzelnen Gebäude, d. h. der darin befindlichen Teile der Gesamtanlage. Verglichen mit einem Kraftwerk, wie wir es gewohnt sind, war es wirklich winzig, im Ganzen nicht größer als ein mittleres Kino. Es konnte eine elektrische Leistung von 25 Megawatt abgeben, d. h. 5000 Haushalte mit einer Anschlußleistung von fünf Kilowatt versorgen. Da Strom in Utopia kaum noch zu Heizzwecken verwendet wurde und außerdem alle kleinen Kraftwerke im Verbund arbeiteten, war das mehr als reichlich.

Bevor wir uns wieder auf den Weg machten, nahmen wir noch ein kräftiges zweites Frühstück zu uns. Wir durchwanderten ein Gebiet mit vielen kleinen Häusern, die sich um ein einzelnes größeres Gebäude gruppierten. Es handelte sich um ein Sanatorium für ältere Leute, meist weit über 100 Jahre alte, die aus irgendwelchen Gründen vorzeitig gealtert waren und hier nun wieder verjüngt werden sollten. Man wendete dabei verschiedene therapeutische Methoden an, darunter auch Methoden der Psychotherapie. Bei vielen Patienten beruhte die körperliche Schwäche in erster Linie auf psychischen Störungen.

Eigentlich wunderte es uns, daß es in Utopia Menschen mit exogenen psychischen Störungen überhaupt noch geben konnte. Alle sozialen Erscheinungen, die in unserer Zeit die Ursache psychischer Defekte gewesen waren, gab es ja hier nicht mehr. Die Kinder wuchsen praktisch von Geburt an in der Obhut fachlich hervorragend geschulter Lehrer und Erzieher heran. Auch die Eltern waren mit den modernen Methoden der Pädagogik vertraut. Niemand hatte Veranlassung, aufgestaute Aggressionen an seinen Kindern auszulassen, denn die soziale Quelle dieser Aggression war versiegt. Unmenschlichkeit und Willkür von Vorgesetzten und Behörden, denen so viele Menschen zu unserer Zeit hilflos ausgeliefert waren, waren mitsamt ihren Vollstreckern, die es nicht mehr gab, von der sozialen Bildfläche verschwunden.

Anna belustigte es, wie grenzenlos unsere Bewunderung Utopias geworden war: »Ihr denkt, weil die schlimmsten Übel eurer Zeit bei uns überwunden sind, sind nun ein für allemal überhaupt alle Widersprüche des menschlichen Lebens ausgeräumt. Die Beziehungen der Menschen untereinander und die Beziehungen zwischen Individuum und Gesellschaft haben sich in eine ewige und selige Harmonie verwandelt, so meint ihr. Aber ich hoffe, ihr werdet noch sehen, daß es diese Harmonie, die keine Schmerzen und keine Tragödien, kein Traurigsein und keine Verzweiflung kennt, auch in Utopia nicht gibt und auch wohl überhaupt nie geben wird, solange Menschen und menschliche Kultur existieren. Eure unmenschlichen und in vielem, wie wir meinen, barbarischen Zustände haben nur zur Folge gehabt, daß auch eure Tragödien und auch eure Leidenschaften letzten Endes durch das niedrige Niveau eurer Gesellschaftsverhältnisse geprägt waren. Ich denke, die Tragödien der Leidenschaften unserer Zeit haben eine höhere Stufe erreicht. Sie kommen aus größeren Tiefen der menschlichen Seele.«

Vergeblich versuchten wir, Anna zu bewegen, uns mehr von den Tragödien des utopischen Zeitalters zu berichten. Bertram meinte, wir sollten nicht zu sehr in sie dringen, bevor wir nicht mit ihnen einige Tage wenigstens im großen Dorf der Kinder verbracht hatten, wo Anna arbeitete.

Wir brauchten fast eine Woche, bis wir anlangten. Unser Weg führte durch kleine Siedlungen, auch lange Strecken durch unbewohntes Gebiet, wo wir nur selten einzelne Anwesen fanden. Die Häuser waren sehr einfach in ihrer Bauweise, aber äußerst mannigfaltig in Aussehen und Stil. Sie waren aus vorgefertigten Bauteilen zusammengesetzt, deren Formen und Abmessungen eine scheinbar unerschöpfliche Anzahl von Variationen bei ihrer Kombination zu Bauwerken ermöglichte. Überall fanden wir Gärten, in denen Gemüse und Obst angebaut war, natürlich auch Blumen und phantastische Ziersträucher und exotische Bäume. Nicht wenige betrieben auch sehr respektable Gewächshäuser. Wir sahen sogar regelrechte Bauernhöfe, die in vielem den unsrigen sehr ähnlich waren. Dort wurden auch Tiere gehalten von Hühnern und aller Art anderem Geflügel bis zu Schweinen, Kühen und Pferden.

Zuletzt wanderten wir durch einen tiefen Wald mit uralten hohen Laubbäumen, Eichen, Rotbuchen, Ulmen und Birken. Als er sich zu lichten begann, durchquerten wir noch einen breiten Waldstreifen mit Edelkastanien und alten Linden. Dann lag das große Kinderdorf zu unseren Füßen. In einer leicht abfallenden Talsenke lagen hunderte Häuser und Häuschen der verschiedensten Art und Größe inmitten einer parkartigen Landschaft, in die ein fast kreisrunder See eingebettet war. Die Farbe dieses Sees war unbeschreiblich, ein helles Blau von großer Leuchtkraft. Genau in der Mitte des Sees lag eine Insel, auch kreisrund, und um sie wie als Einfassung ein schmaler schneeweißer Uferstreifen, danach waren auf der Insel selbst eine Reihe konzentrischer farbiger Ringe von leuchtendem Grün in Orange und Dunkelbraun übergehend mit einem leuchtend roten Punkt in der Mitte. Auch das den See umgebende Ufer war schneeweiß und bestand aus bizarren Kalksteinfelsen, auf denen wir nun zahllose Badende, Kinder und Erwachsene bemerkten, die von den Felsen ins Wasser sprangen oder auch nur in der Sonne herumtobten, sich balgten und spielten.

Unser kleiner Wagen mit den zwei Eseln davor erregte großes Aufsehen. Wir hatten Mühe, in dem Trubel um uns voranzukommen. Als wir endlich am Haus anlangten, das Anna bewohnte, wurden wir von Annas Kindern stürmisch begrüßt. Es waren zwei Jungen und drei Mädchen: Juliane drei, Betti neun und Christiane 15 Jahre, und die Jungen: Peter zehn und Bernd 17 Jahre alt. Außerdem begrüßte uns auch ein Erwachsener, ein männlicher Kollege Annas, der mit Anna und den Kindern zusammen in dem kleinen, aber geräumigen, Häuschen wohnte, Bernhard. Wir schätzten sein Alter auf 40, erfuhren aber zu unserem Erstaunen, daß er fast doppelt so alt war. Er sah schön und gesund aus, und es war zu sehen, daß die Kinder ihn nicht weniger liebten als Anna. Das Haus bestand aus einem geräumigen Wohnraum, in den man direkt durch die breite Eingangstür gelangte. Rechts und links von diesem Raum lagen mehrere Zimmer, die Schlafzimmer der Kinder und der »Eltern«. Anna und Bernhard waren die Eltern ihrer Kinder, nicht biologisch, von Felix abgesehen, der von Anna geboren worden und dessen biologischer Vater Bertram war.

Das Kinderdorf bedeckte mit seinen Häusern, Gärten und Parks eine Gesamtfläche von fast drei Quadratkilometern und beherbergte rund fünfeinhalb Tausend Menschen, davon über dreieinhalb Tausend Kinder aller Altersstufen vom einjährigen Kleinkind bis zu den 18jährigen. Die Zahl der »Eltern«, die ja die Lehrer und Erzieher der Kinder waren, betrug 1200. Ein Elternpaar hatte also durchschnittlich sechs Kinder im Haus. Dann gab es noch weitere 500 Erwachsene, von denen ein Teil als Lehrer, andere mit der technischen Verwaltung, in der Küche und als Gehilfen in den wissenschaftlich-technischen Abteilungen und Magazinen tätig waren.

Bertram und Anna informierten uns über den enormen Umfang, den die Arbeit in den Kinderdörfern in Utopia angenommen hatte: »Bei einer Gesamtbevölkerung von etwa sechs Milliarden Menschen auf der ganzen Erde haben wir rund 750 Millionen Kinder unter 18 Jahren. Das sind knapp 13% der Gesamtbevölkerung. Dieser Anteil an Kindern ist bei uns viel geringer als zu euren Zeiten. Das liegt aber an dem vollständig veränderten Altersaufbau der Bevölkerung. Bis zum Alter von 100 Jahren haben wir nur eine sehr geringe Sterbequote, etwa 5%. Das heißt, 95% der Geborenen werden älter als 100 Jahre. Erst nach Überschreitung dieser Grenze steigt die Quote langsam an, so daß von den 100jährigen nur etwa 85% über 120 Jahre alt werden. Dann nimmt die Sterblichkeit schnell zu. Nur relativ wenige werden älter als 150 bis 160 Jahre. Bei diesem Altersaufbau, der nur in seiner obersten Spitze die zu eurer Zeit schon unten beginnende Pyramidenform hat, ist der Anteil der Unter-20-Jährigen an der Gesamtbevölkerung etwa ebenso groß wie der Anteil der Altersklassen der Über-120-Jährigen. Etwa 20% der Bevölkerung sind im Alter von 20 bis 50 Jahren. Der Rest von fast 55% ist von den Jahrgängen der 50- bis 120Jährigen besetzt. Diese erstaunliche Veränderung des Altersaufbaus hat sich erst im Laufe langer Zeit ergeben. Es war nicht leicht, die schrecklichen Folgen von Krieg, Massenelend und Seuchen zu überwinden, die ihr schon fast alle – rein materiell und technisch gesehen – mit Erfolg hattet bekämpfen können. Eine sehr entscheidende Wirkung schließlich hatte die Ausrottung der gefährlichsten Seuche, nämlich des Krebses, die uns schon im ersten Jahrhundert gelungen ist.«

Die Gesamtzahl der Kinderdörfer oder ähnlicher Einrichtungen für jeweils 3 bis 4000 Kinder beträgt in Utopia demnach rund 220000. Wenn, wie hier, im Schnitt 1 700 Erwachsene in jedem Dorf beschäftigt sind, so sind das insgesamt fast 400 Millionen Menschen, also ein Drittel der 1,2 Milliarden Menschen im Alter von 20 bis 50 Jahren. Die meisten Lehrer und Erzieher gehören dieser Altersklasse an. Aber nur ein Teil dieser Menschen ist während dieses ganzen 30jährigen Abschnitts ihres Lebens in den Kinderdörfern tätig. Die meisten bringen es auf zehn oder höchstens 15 Jahre. So ergibt sich, daß weit mehr als zwei Drittel der Altersklasse zwischen 20 und 50 als Kindererzieher tätig wird. Sehr viele dieser Menschen bleiben außerdem in diesem Abschnitt ihres noch jungen Lebens selbst Schüler, die an den vielen Hochschulen, Akademien und Forschungsinstituten Künste und Wissenschaften studieren, wo wiederum die meisten Lehrer sich aus den oberen Altersklassen von 50 bis weit über 100 rekrutieren. Da die Bevölkerungszahl in Utopia seit langer Zeit fast konstant ist, bedeutet dies, daß im Durchschnitt jede Frau im Leben zwei Kinder zur Welt bringt. Die meisten Frauen gebären ihre Kinder zwischen 20 und 40 und praktisch alle diese Frauen trennen sich nicht von ihren

Kindern, sondern bleiben in den Kinderdörfern bei ihnen, bis die Kinder 10 bis 15 Jahre alt geworden sind. Fast in jedem Haus des Kinderdorfes war die Erzieherin auch die leibliche Mutter von ein oder zwei Kindern der »Familie«, vorzugsweise der kleineren Kinder unter zehn Jahren. Auch viele der biologischen Väter dieser Kinder lebten im Dorf, teils mit den zu ihren Kindern gehörenden Müttern, teils mit anderen.

Es ergibt sich, daß in Utopia Erziehung, Unterricht und Studium die Hauptbeschäftigung der Menschen geworden war, wobei jeder fast sein ganzes Leben abwechselnd und auch gleichzeitig Lehrer und Schüler war. Erst im höheren Alter nehmen andere Interessen im Leben der Menschen einen größeren Raum ein.

Wir fragten Anna, wie denn die Beschränkung auf durchschnittlich zwei Kinder im Leben jeder Frau ohne empfängnisverhütende Mittel wie die Pille überhaupt möglich ist.

Anna erinnerte uns an unser erstes Gespräch über diese Frage: »Die Frauen eurer vergangenen Zeit hatten weniger Angst vor der Schwangerschaft. Denn Schwangerschaft ist im Leben einer Frau ein großes und wunderbares Erlebnis. Und erst die Geburt und die Mutterschaft, das Glücksgefühl, wenn das Baby trinkt, zu sehen, wie das kleine neue Leben, das einem da aus dem Bauch gekommen ist, sich entwickelt und die Welt entdeckt. Das war zu allen Zeiten, auch zu euren, nichts als Glück. Daß die Frauen trotzdem davor Angst hatten, lag einfach daran, daß in sehr vielen Fällen die Geburt eines Kindes der Beginn einer Zeit großer Not und der schwersten Enttäuschungen war. Was die Frauen nicht haben wollten, weil sie einfach nicht wußten, wie sie es rein materiell schaffen würden, das war eben das Kind. Bei uns bedeutet Schwangerschaft nicht, daß die Frau das Kind auch bei sich behalten muß. Die meisten tun es. Aber es gibt auch Frauen, die aus Gründen, die jeder Kritik standhalten, ihr Kind nicht behalten wollen und auch nicht behalten können, ohne aus der Bahn ihres Lebens geworfen zu werden. Wir haben auch solche Kinder hier, nicht einmal wenige. Sie leben hier ebenso glücklich wie alle anderen Kinder und haben ja auch uns hier als ihre Eltern, ihre großen Brüder und Schwestern. Also, diese Motivation für die Pille, weil sie der Frau die Angst nimmt, fällt weg. Diese Angst hat ja viele Frauen damals zu sexuellen Krüppeln gemacht. Es gibt Berichte aus eurer Zeit, daß die Frauen nur selten, manche fast niemals das Glück des

Orgasmus erlebten. Weil die Männer damit kaum Schwierigkeiten hatten, erlebten sich die Frauen in der Liebe nur als passive Lustobjekte des Mannes, – und sie waren es ja auch objektiv; aber keineswegs, wie viele eurer Feministinnen behaupteten, weil der Mann von Natur gefühllos, brutal und aggressiv war, weil etwa schon durch die Funktion und den Bau des männlichen Gliedes die Liebe für den Mann eine nach außen gerichtete Aktivität seines Körpers ist, bei der etwas aus seinem Inneren nach außen, nach außerhalb gebracht wird, während die Frau die empfangende, passive ist, bei der alles innerlich und rezeptiv ist, im Vorgang der physischen Vereinigung wie auch im Fühlen und Erleben der eigenen Rolle.«

Nicht diese natürliche Verschiedenheit der sexuellen Funktionen ist die Ursache der Rollenverteilung zwischen Mann und Frau, bei der die Frau in jeder Weise die Unterlegene war. Die Ursache liegt nicht in der Natur des Menschen, sondern in der sozialen Struktur seiner Gesellschaftsform.

»Alle Regeln und alle moralischen Wertungen, alle Tabus und Gebote, sogar fast alle Formen des sexuellen Lebens einschließlich der unmenschlichen Perversionen, der Sadismen und Masochismen haben ihren Inhalt aus der sozialen Sphäre erhalten, waren also zu eurer Zeit grundlegend geprägt durch die mit dem Beginn der Ausbeutung der Menschen durch den Menschen errichtete Herrschaft des Mannes über die Frau. Weil der herrschende Mann sich seiner Vaterschaft sicher sein wollte, sperrte er sein Weib im Haus ein, ließ, wenn er weggehen mußte, vor den Fenstern die Jalousien herunter, ein Wort, das nicht zufällig im Englischen und Französischen inzwischen Eifersucht bedeutet. ›Du sollst nicht begehren Deines nächsten Weib, Knecht, Magd und Vieh oder alles, was sein ist‹, heißt ein biblisches Gebot. Es heißt nicht: ›Du sollst nicht begehren Deines Nächsten Mann!‹ Für diesen Fall war ein anderes Gebot vorgesehen: ›Du sollst nicht ehebrechen.‹ Das war selbstredend an die Ehefrauen gerichtet. Ein Mann konnte seine eigene Ehe gar nicht brechen, höchstens die eines anderen. Und in diesem Fall war auch nicht er, sondern die Frau des anderen die eigentliche Ehebrecherin. Mit der Errichtung der Männerherrschaft begann ein Niedergang der Liebe. Liebe und Sinnenlust klafften immer weiter auseinander. Das späte Christentum, nicht das ursprüngliche, hat die Frau und mit ihr die Sexualität erniedrigt. Keine Frau hatte bis in eure Tage das Recht, in der katholischen Kirche Priesterin zu werden. Und den Geistlichen war das Zölibat auferlegt, das Verbot, eine Ehe zu schließen. Fleischeslust war nach diesen Lehren Teufelswerk und alle Sinnlichkeit Sünde. Jede ungewollte Schwangerschaft war nach diesem barbarischen Moralkodex eine Strafe für die sündhaft genossenen Liebesfreuden. Dann kam die Pille und damit die Straffreiheit. Viele Frauen warfen sich ungehemmt jedem Mann in die Arme und fühlten sich zum ersten Mal frei – frei von Angst und frei in ihren Entscheidungen, unabhängig zu leben wie die bis dahin von ihnen beneideten Männer. Man nannte das die ›Sex-Revolution‹ und manche glaubten, sie wäre sogar der Motor der wirklichen großen Umwälzung der Gesellschaft. Heute wissen wir, daß diese Emanzipation der Frau in Wirklichkeit weder eine Umwälzung der Gesellschaft noch eine wirkliche Befreiung der Frau aus ihrer sozialen Abhängigkeit vom Mann gebracht hat und es auch gar nicht konnte. Das eigentliche Grundübel bestand vor der Pille und ebenso danach, nur dann tatsächlich in noch verschärfter Form, darin, daß die Menschen in den Jahrtausenden der Männerherrschaft eine der wunderbarsten Möglichkeiten und Fähigkeiten, das Menschsein als Einheit von Natur- und Gesellschaftswesen zu erleben, verloren und verschüttet hatten: die Fähigkeit zur Liebe.«

»Ich bin, liebe Anna, wieder und wieder erstaunt«, sagte nach dieser langen Rede Katja und legte einen Arm liebevoll um Annas Schultern, »wieviel du über die Probleme unserer Zeit weißt. Robert und ich haben über alle diese Fragen oft gesprochen. Viele der Ansichten und Urteile, zu denen du gelangt bist, sind ganz in Einklang mit dem, was wir dachten. Aber zu unserer Zeit war vieles nur Hoffnung, wie es heißt: von des Gedankens Blässe angekränkelt, und in unserem eigenen Leben hatten wir uns selbst Schmerzen und Enttäuschungen bereitet, über deren tiefere Ursache wir uns eigentlich längst ziemlich klar waren und ihnen trotzdem erlagen.«

Und sie fuhr nach einer Pause fort: »Es ist eben nicht möglich, sich mit noch soviel Verstand und theoretischer Erkenntnis privat, als einzelne, aus den Klammern der Gesellschaft zu befreien, gewissermaßen sich aus ihr davonzustehlen in eine kleine eigene utopische Zukunftswelt. Man muß zu denen gehören, die den ganzen sich auflösenden und unser Leben bedrohenden Gesellschaftskoloß umwerfen, und wenn man dabei selbst schmerzhaft verwundet und mit Füßen getreten wird.«

»Gerade das denken wir auch«, stimmte Anna zu, »wir haben es heute leicht, das zu sagen, doch nicht ganz so leicht, wie ihr vielleicht denkt. Vieles aus der Vergangenheit, die eure Gegenwart war, lebt in tausend Formen, oft ganz versteckt bis in unsere Tage in uns fort. Dazu kommen die neuen Widersprüche unseres Lebens. Ohne uns gründlich mit eurer Zeit zu beschäftigen und ohne sie wirklich zu verstehen, hätten wir sie nie überwinden können und wären heute nicht hier in Utopia, sondern in einer grausamen Barbarei.«

Ich muß noch berichten, daß dies Gespräch im Garten von Annas Haus stattfand. Wir saßen um einen großen niedrigen runden Tisch und tranken utopische Erfrischungsgetränke. Die 15jährige Christiane und der 17jährige Bernd waren bei uns, die anderen Kinder waren mit Franzi und Felix zum Baden gegangen. Gegen Abend kamen sie heim zum Abendessen, das wir gemeinsam um den runden Tisch versammelt einnahmen. Die kleineren Kinder und ganz besonders Franzi und Felix waren sehr müde. Sie wurden in einem der Schlafzimmer untergebracht, wo sie in einem großen Bett gemeinsam schliefen. Wir Großen gingen auch ins Haus und setzten unsere Gespräche vom Nachmittag bis spät in die Nacht fort. Anna kredenzte uns einen leichten Wein, der eine angenehm anregende Wirkung hatte. Es schien uns, daß er die Gedanken beflügelte, ohne zu berauschen oder die kritische Kontrolle zu beeinträchtigen, ohne die wir nicht imstande sind, uns verständlich und vernünftig auszudrücken.

Unsere von der Reise staubige Kleidung hatten wir schon bald nach unserer Ankunft gegen weite, bis zu den Knien reichende farbige Hemden ausgetauscht. Sitzgelegenheiten aller Art und weiche Liegen waren reichlich vorhanden. In diesem Raum traf ja Annas achtköpfige Familie täglich zusammen und wenn Besuch kam, wie wir sechs heute, mußte schon Platz sein für wenigstens 15 bis 20 Menschen.

Zuerst gaben uns Anna und Bernhard weitere Informationen über das Leben im Kinderdorf: Das Essen für die beiden Hauptmahlzeiten, zu Mittag und am Abend, wurde in einer großen hochautomatisierten Küche teils aus frischen Gemüsen und frischem Fleisch, teils auch aus vorgefertigten Speisen und Konserven zubereitet. Es wurde in Einzelportionen in durchsichtige Behälter abgepackt, die in thermisch isolierten Containern zu zwanzig verschiedenen Verteilungsstellen durch eine unterirdische Transportanlage gelangten. Dort holten sich die Familien ihr Essen mit kleinen Wägelchen ab, mit denen sie auch die leeren und gereinigten Behälter beim Abholen der Speisen zurückbrachten. Es gab immer ein breites Angebot der verschiedensten Speisen und Gerichte. Viele ernährten sich fast nur vegetarisch. Der Fleischkonsum war relativ niedrig.

Mit dem ersten schulartigen Unterricht wurde schon im vierten Lebensjahr begonnen. Er fand bei den »Eltern« zu Hause statt und war für lange Zeit die Hauptaufgabe eines der beiden Eltern. Die älteren Kinder besuchten verschiedene Unterrichtskurse, wobei die Möglichkeit bestand, sich die Kurse und auch die Lehrer auszusuchen. Mit jedem neuen Jahr erweiterte sich die Zahl der verschiedenen Kurse, unter denen die Kinder wählen konnten. Der Bildungs- und Wissensstand, der bis zum Verlassen des Kinderdorfs im 18. bis 20. Lebensjahr erreicht wurde, war sehr hoch, in vieler Hinsicht wahrscheinlich weit höher als bei uns nach mehrjährigem Universitätsstudium. Er war weder quantitativ noch qualitativ mit unseren Bildungszielen vergleichbar. Einen breiten Raum nahm die künstlerische Ausbildung ein. Malen, Zeichnen, Bildhauern, Töpfern, Musizieren und Komponieren, Tanzen und Pantomime, Singen, Theaterspielen, Filmen, Dichten, selbst erste Versuche, kleine Geschichten, Märchen und Romane zu erfinden, wurden in Kursen und kleinen Zirkeln gelehrt und geübt. Es gab Unterricht in verschiedenen Sprachen und natürlich in der internationalen Weltsprache. Die große Literatur der Weltgeschichte wurde studiert und stand in einer reichlich ausgestatteten Bibliothek zur Verfügung. Geschichte und besonders die Kulturgeschichte gehörten zu den wichtigsten Fächern. Aber auch Mathematik und Naturwissenschaften wurden auf hohem Niveau gelernt, wofür auch reich ausgestattete Laboratorien und Werkstätten eingerichtet waren.

Um den Unterschied zu unseren Lehr- und Lernmethoden zu erklären, möchte ich sagen, daß das Ziel nicht die Anhäufung von Wissen ist. Es fanden auch keinerlei Prüfungen und Abfragungen statt und niemand erteilte Noten. Es gab ja auch keine Zeugnisse noch irgendwelche Diplome. In Utopia gibt es überhaupt keine Titel mehr, auch nicht für ältere noch so hoch qualifizierte Spezialisten. Das Ziel allen Unterrichts und der Erziehung war nicht Wissen, sondern Bildung. Also in erster Linie die Heranbildung von Menschen, die mit den kulturellen Werten der Menschheitsgeschichte, den großen Kunstwerken, Dichtungen und Weisheiten vertraut waren und sich mit ihnen ernsthaft und kritisch auseinandergesetzt hatten. Auf dem Gebiet der Naturwissenschaften war natürlich das Kennenlernen der Welt und des Kosmos, wie er uns umgibt und wie er geworden ist und was ihn im Innersten zusammenhält, ein wichtiger Gegenstand des Unterrichts. Aber auch hier, wie auch in allen theoretischen Grundfächern der Naturwissenschaften, wurde neben den großen Grundlinien nicht nach der Methode des Nürnberger Trichters gelernt mit dem Ziel, den Inhalt von Lehrbüchern auswendig lernen zu lassen, sondern es wurde das Lernen gelehrt, d. h. wie man und mit welchen Hilfsmitteln man sich über jede konkrete Frage die zuständigen Informationen beschafft, um sich sowohl konkret sachlich als auch mit den theoretischen Methoden bekannt und vertraut zu machen. Es zeigte sich nämlich, daß der Zugang zum Verständnis der speziellen Informationen um so leichter und zuverlässiger ist, je besser und höher das allgemeine theoretische Niveau eines Menschen ist und je weniger sein Gehirn mit einem Wust lexikalen Wissens belastet ist.

Anna war vor acht Jahren im Alter von 23, nach Beendigung ihrer Ausbildung, in das Kinderdorf gekommen. Die heute neunjährige Betti war damals ein Jahr alt, Peter zwei und Christiane sieben. Die heute dreijährige Juliane kam erst vor zwei Jahren zur Familie und Felix, Annas Sohn, lebte von seiner Geburt an mit in Annas Familie. Christiane hatte in einer anderen Familie gelebt, wo sie Schwierigkeiten mit der Mutter gehabt hatte. Bernhard lebte schon seit 30 Jahren in Kinderdörfern, dies war sein fünftes. Wir erfuhren, daß die »Familien« nicht die ganze Zeit ihrer Existenz im gleichen Dorf lebten. Schon um die Welt kennenzulernen, andere Sprachen als Umgangssprache zu lernen und die Kulturdenkmäler fremder Länder zu sehen, wechselten die Familien nach einigen Jahren ihren Aufenthaltsort. Anna hatte noch nie gewechselt. Aber sie wollte es jetzt bald unternehmen. Die ganze Familie war schon voller Erwartung. In der großen Sommerpause wollten sie viele hundert Kilometer weit wandern, unterwegs viele Kinderdörfer besuchen und schließlich bleiben, wo es ihnen gefiel. »Und Bertram?«, war unsere Frage. »Ganz einfach, Bertram kommt mit, er übernimmt die Aufgabe des Vaters der Familie. Denn Bernhard, einer der wenigen älteren Kinderväter, hatte schon lange die Absicht, diese Arbeit zu beenden. Er wollte, wie viele andere Leute seines Alters, eine jahrelange Wanderung durch die Welt unternehmen, – in Begleitung eines Esels. »Ja, gibt denn nun Bertram seinen Beruf als technischer Physiker auf? Und nur, um mit Anna zusammenleben zu können?«

»Was heißt *nur*?« Anna und Bertram riefen es wie aus einem Munde. Und dann lachten sie. »Das ist kein NUR, wenn wir zusammen leben, das ist das schönste und größte Glück des Lebens!«

»Außerdem«, erklärte uns Anna, »gibt Bertram seinen Beruf nicht auf, wie ihr euch ausdrückt. Wir haben in Utopia keine ›Berufe‹, wir sitzen nicht auf ›Planstellen‹. Für einen Utopier wäre es beschämend, wenn er sein ganzes Leben lang nur zu einer Art von Tätigkeit befähigt wäre. Wir sagten euch schon früher einmal, in dieser neuen besseren Welt sind die Menschen nicht zu Berufskrüppeln verstümmelt, die womöglich wie die Arbeiter in euren Fabriken schließlich nur noch einen stereotypen Handgriff tun können. Bei uns gibt es, wie schon Vater Marx prophezeit hat, keine Maler, keine Dichter, – auch keine technischen Physiker, aber es gibt Menschen, die malen, die dichten und die als technische Physiker tätig sind und dabei nicht nur eine dieser Tätigkeiten ausüben, sondern womöglich die allerverschiedensten zugleich. Mit einem Wort, bei uns gibt es *Menschen*!«

»Und darum gibt es noch etwas sehr wichtiges. Es ist vielleicht das Wichtigste im Leben des Menschen, was ihn erst ganz zum Menschen macht«, begann nun Bertram, und unisone fuhren die beiden fort: »Die Liebe.«

Die Liebe! Wieder waren wir zu diesem unerschöpflichen Thema gelangt. Anna hatte schon vor längerer Zeit, schon in den ersten Tagen unserer Reise, von der Beseitigung oder besser Überwindung der Männerherrschaft gesprochen, von einem neuen Matriarchat, das keine einfache Wiederholung des prähistorischen sei. Das neue Matriarchat war also die Negation der Negation des alten, in den Begriffsformen der Hegelschen Dialektik ausgedrückt, also auf einer höheren Stufe die Wiederherstellung des Ursprünglichen. Engels hat sich mit diesen Fragen ja schon in seiner Schrift »Über den Ursprung der Familie und des Privateigentums« befaßt. Erst als es überhaupt Privateigentum gab – davor gab es nur Gemeineigentum der Gruppe oder des Stammes – erst dann wurde die Frau das erste und wichtigste Privateigentum des Mannes. Im Patriarchat wird also nicht etwa die Herrschaft der Frau über den Mann aufgehoben und durch die Herrschaft des Mannes über die Frau ersetzt. Im Patriarchat tritt das Privateigentum die Macht an. Es überwindet das Gemeineigentum, eignet sich die ersten durch Arbeit geschaffenen Mehrprodukte an, die sich nun in den Händen einer Gruppe von Auserwählten anhäufen. Zu Anfang sind es Häuptlinge, Anführer, die kriegerisch fremde Stämme überfallen, die Männer töten und die Frauen als Beute heimführen.

Dem prähistorischen Matriarchat lag eine natürliche Arbeitsteilung zwischen Mann und Frau zugrunde. Die Frauen waren die Hüterinnen des heimischen Herdes, der Kinder und der wenigen Gerätschaften und Nahrungsvorräte des Stammes. Sie waren das soziale Zentrum. Es gab keine Einehe, sondern die Gruppenehe zwischen allen erwachsenen Gruppenmitgliedern einschließlich der erwachsenen Kinder, also kein Verbot des Inzests. Eine eindeutige Zuordnung der Kinder war unter diesen Bedingungen nur zur Mutter möglich. Wer der Vater war, war ohne Bedeutung. So herrschte die Frau am Herd, im Wigwam, am Lagerfeuer, im Hause, während die Sphäre des Mannes das Draußen war, die Jagd und Beschaffung der Nahrung, aber auch die Sicherung gegen tierische und menschliche Feinde.

Der Übergang vom Matriarchat zum Patriarchat vollzieht sich nicht plötzlich, sondern in vielen einzelnen Stufen. Solche Übergangsformen finden wir heute noch bei vielen Naturvölkern in der Südsee und in Afrika. Es beginnt damit, daß die ersten, die Reichtümer – also Dinge, die man nicht unbedingt braucht – angehäuft hatten, etwa durch Aneignung der Beute von Überfällen, es nun auch verstanden, sich Vorräte an wichtigen lebensnotwendigen Nahrungsmitteln zu verschaffen. Der Reichtum wirkt auf den Armen wie ein dämonischer Fetisch. Bis auf den heutigen Tag in eurer alten Welt kann Reichtum und Macht nicht ohne zur Schau gestellten Protz auskommen. Er ist das Zeichen von Stärke und Sicherheit, das dazu dient, Menschen gefügig zu machen. Die ersten, die auf diese Weise gefügig gemacht wurden, waren Frauen, auch eine Praxis, die sich bis in eure jüngsten Tage erhalten hat. Sie waren auch der erste echte Reichtum; denn Reichtum, der nur der Herrschaft über Sachen dient, hat im Grunde seinen Zweck noch nicht erfüllt, sowenig wie das Geld des Geizigen in der Kiste. Reichtum soll Herrschaft über Menschen schaffen, wobei das Ziel dieser Herrschaft zuerst wie zuletzt nicht nur Ausbeutung und Versklavung anderer Menschen ist, sondern deren Dankbarkeit, Bewunderung und Liebe zu gewinnen. So beginnt die Auflösung des Matriarchats mit der Vielweiberei der Häuptlinge und Stammesväter, nicht mit der Monogamie. Der Harem der Mächtigen und Reichen ist zuerst überhaupt nur die sichtbarste Form des vollkommenen Reichtums, der Herrschaft über Menschen, die in erster Linie dem Reichen als Arbeitskräfte gefügig sein müssen, als Gegenleistung für das Recht, am Leben des großen Gebieters teilnehmen zu dürfen. Das ganz besondere Vorrecht, auch Sexualpartner zu sein, wird nur wenigen dieser Frauen gewährt.

Noch bis in das 20. Jahrhundert gab es in Afrika diese in Auflösung befindlichen Formen des Matriarchats. Daß es noch kein Patriarchat war, geht einfach daraus hervor, daß nach wie vor die Kinder der Mutter zugeordnet sind und alle als Familiennamen den Namen der Mutter tragen. Die Vaterschaft bleibt noch weitgehend ungewiß und ist auch ganz unwichtig. Alle oder jedenfalls die meisten Frauen des Harems gebären Kinder. Wer die Väter waren, interessiert nicht. Das interessiert nur die einzelnen Frauen, aber als ganz privates Wissen und Erleben. Man kann so die uns unmenschlich erscheinende Sitte, einem geehrten Gast die schönste Frau des Harems für die Zeit seines Besuchs als Dienerin und Beischläferin zu übergeben, verstehen. Es ist sicher, daß die erwählte Frau dies nur als eine besondere Auszeichnung empfand, und keineswegs als Entehrung.

Der Übergang zum Patriarchat ist erst vollzogen, wenn alle Frauen Männereigentum und alle Männer Eigentümer von Frauen geworden sind. Weil es aus biologischen Gründen etwa gleich viele Männer und Frauen gibt, ergibt sich daraus die Monogamie, die Einehe. Aus der Herrschaft einiger Männer über einige Frauen ist die Herrschaft aller Männer über alle Frauen geworden. Dieser grundlegende Wandel im sozialen Verhältnis der Geschlechter, das ursprünglich auf sinnvoller Arbeitsteilung beruhende Kooperation ohne Vorherrschaft war, hängt unlösbar mit der Anhäufung von Eigentum in den Händen weniger und ihrer darauf gegründeten sozialen Macht zusammen. Damit die Kontinuität der vom Mann geführten Familie, die nicht mehr eine Familie vieler Mütter, sondern die Familie eines Mannes ist, gesichert ist, damit ihr Besitz und Reichtum über den Tod des Mannes hinaus dieser Familie erhalten bleibt – eine Bedingung, ohne die das System der Ausbeutung des Menschen durch den Menschen nicht gewährleistet ist – bedarf es der strikt gesicherten Einehe und des absoluten Verbots des Ehebruchs durch die Frau. Der elementare Satz: Mater semper certa, pater semper incertus (die Mutter ist immer gewiß, der

Vater ist immer ungewiß) führt zur Einsperrung der Frau durch den Mann, weil nun die Frage nach der Vaterschaft der Kinder, die im Matriarchat ohne jede Bedeutung war, für den herrschenden Mann eine Prestigefrage ersten Ranges geworden ist.

Mit der patriarchalischen Monogamie wird aber nicht nur der Begriff des Ehebruchs geschaffen, der ja zuvor gar nicht existierte. Es werden noch weitere tief in das Leben der Menschen eingreifende sexuelle Tabus errichtet. Das wichtigste ist das Verbot des Inzestes, der als Blutschande verteufelt wird. Sexuelle Beziehungen selbst der harmlosesten Art sind zwischen »nahen Blutsverwandten«, zwischen Eltern und Kindern und den Kindern untereinander verboten, sind schlimme Sünde und sogar »widernatürlich«. Wie viele folgenschwere Enttäuschungen kindlicher Zärtlichkeitsbedürfnisse besonders in den ersten Lebensjahren hat dieses unmenschliche Tabu in den Jahrtausenden der Männerherrschaft zur Folge gehabt! Es hat dadurch in hohem Maße dazu beigetragen, die wunderbarste Befähigung des Menschen immer wieder zu verschütten und sogar moralisch zu diskreditieren: das Lieben. Heute wissen wir, daß es überhaupt keine Beziehungen zwischen Menschen gibt, die frei von sexuellen Komponenten sind. Selbst negative Beziehungen, Abneigungen und Aversionen sind davon keineswegs frei. Wenn man von einem Menschen sagt: ich kann ihn nicht riechen, oder wenn man ein Gefühl des Ekels bei körperlicher Berührung durch ihn empfindet, so ist dies eine rein sexuelle Reaktion, zu der man nur fähig ist, weil man zu dem betreffenden Menschen keine sachliche, sondern eine emotionale Beziehung hat. Und wie oft ist diese emotionale Aversion nur die durch bestimmte Erlebnisse herbeigeführte Perversion ursprünglicher, sehr positiver Beziehungen zu diesem Menschen oder auch zu einem anderen, an dessen Stelle man ihn wegen oft nebensächlicher Identitäten gesetzt hat, etwa weil er einen bestimmten Namen trägt.

Ein weiteres Tabu, das mit der Männerherrschaft zusammenhängt, ist die moralische Diskreditierung der Homosexualität, wobei das gesellschaftliche Vorurteil auch noch in sehr bemerkenswerter Weise eine qualitative Differenzierung zwischen der männlichen und der weiblichen Form vollzieht. Die Liebe unter Frauen wird negativer beurteilt als die unter Männern. Ganz allgemein herrscht die Meinung, daß Homosexualität eine Abnormität ist, die auf einer angeborenen Fehlorientierung des Geschlechtstriebs beruhe. Diese falsche

Ansicht entspricht einer allgemeinen Tendenz in der Ideologie der modernen Klassengesellschaft, alle sozialen Erscheinungen auf biologische Gründe zurückzuführen. So wird auch behauptet, die Ausbeutung oder, etwas verschlüsselt ausgedrückt, die hierarchische Struktur der Gesellschaft sei nur das Ergebnis der ungleichen Verteilung der angeborenen Intelligenz der Menschen, die eben biologisch durch die Gene in den Chromosomen determiniert sei. Es gibt Menschen, deren hormonaler Haushalt teils schon vor der Geburt schwer gestört ist, so daß auch die Entwicklung des Körpers und der Geschlechtsorgane stark von der Norm abweicht. Es ist ganz natürlich, daß die sexuellen Erlebnisse und die Liebesgefühle bei diesen Menschen anders sind, als bei den meisten anderen Menschen. Aber in den seltensten Fällen sind diese Menschen Homosexuelle. Die Natur hat ihr Geschlecht nicht eindeutig organisch zur Entwicklung gebracht. Sie wissen nicht, ob sie mehr Mann oder Frau sind, möchten oft beides sein oder entscheiden sich für eine der Möglichkeiten und nehmen dazu die Hilfe von Drogen, von Hormonen, ja sogar die Hilfe von Chirurgen in Anspruch.

Bei der homosexuellen Liebe ist das ganz anders. Sie vollzieht sich im vollen Bewußtsein des naturgegebenen eigenen Geschlechts. So liebt ein Mann ganz bewußt einen anderen Mann und eine Frau eine andere Frau. Dafür, daß die Homosexualität nichts mit der Biologie zu tun hat, sondern daß ihre Tabuisierung der sozialen Sphäre entstammt, sprechen sehr eindeutige Tatsachen. »Wir in Utopia«, erklärte uns Anna in lapidarer Einfachheit, »wissen, daß Liebe zwischen Männern und Liebe zwischen Frauen in keiner Weise etwas Unnatürliches, dafür aber etwas ganz Reines, ganz Menschliches ist und für die Menschen, die sie erleben, das gleiche wunderbare Glück bedeutet, wie die Liebe zwischen Menschen verschiedenen Geschlechts, und daß wir alle, du und ich, zu solcher Liebe fähig sind.« Es war nach diesen Worten ganz offensichtlich, daß in Utopia in der Frage der Homosexualität keine Probleme mehr bestanden. Aber wir wollten doch etwas hören über die Tatsachen, die den sozialen Charakter der Tabuisierung der Homosexualität erkennen lassen.

»Es handelt sich um Tatsachen aus der Vergangenheit«, übernahm nun Bertram das Wort, »ihr wißt doch, daß in eurer Zeit, als es noch Militär und als es noch Gefängnisse und als es noch keine Koedukation gab, unter Soldaten und unter Strafgefangenen und auch an den

Knaben- und den Mädchenschulen, überall also, wo Menschen des gleichen Geschlechts auf Gedeih und Verderb und meist auch gegen ihren Willen zusammengepfercht waren, die Homosexualität massenhaft in Erscheinung trat. Sie war oft die einzig mögliche Form des Protestes und auch der inneren Befreiung aus dem Zwang der staatlichen Knebelung des Individuums. Aber, wie man auch darüber urteilen mag, eins ist sicher: Es waren alles – wie man so dumm sagt – lauter ›normale‹ Menschen, die sich da so widernatürlich verhielten. Vielleicht war, wie wir meinen, ihr Verhalten gar nicht widernatürlich, sondern einfach menschlich, wenn auch sicher nicht in einer sie wirklich erfüllenden Weise. Widernatürlich, das heißt in diesem Falle eigentlich barbarisch und unmenschlich, waren aber die Verhältnisse, unter denen diese Menschen lebten und aus denen sie verzweifelt einen versteckten Ausweg suchten. Doch es gibt noch ein sehr bemerkenswertes, ganz anderes Beispiel. Ihr wißt, daß in der griechischen Antike, als Sokrates und sein Schüler Platon lebten, die männliche Homosexualität die einzige Form der Liebe war, die in der hochkultivierten Oberschicht des Landes überhaupt unter dem Begriff der Liebe verstanden und anerkannt wurde. Alles was Platon in seinen unvergeßlichen Berichten seinen bewunderten und geliebten Lehrer Sokrates über die Liebe sagen läßt, darunter sehr vieles, was wir heute uneingeschränkt bejahen, bezieht sich ausschließlich auf die homosexuelle Liebe zwischen Männern. Von der Liebe zu Frauen ist niemals die Rede. Kann denn irgendein vernünftiger Mensch glauben, daß diese hochkultivierten Menschen der griechischen Antike alle eine biologisch verursachte Anomalität an sich hatten? Wie zu euren Zeiten die Verteufelung war eben zu jenen Zeiten die Verherrlichung der Homosexualität auch ein Ergebnis sozialer Verhältnisse und daraus sich ergebender menschlicher Beziehungen. Voraussetzung war offensichtlich die Herrschaft einer sehr breiten Oberschicht, der freien Griechen Athens, denen eine ganz von ihnen verschiedene und einem anderen Volksstamm angehörige Bevölkerung, die Heloten, als Sklaven diente. Die griechische Oberschicht war beinahe gar nicht hierarchisch gegliedert, sondern schuf als eine Gesellschaft von Gleichen und Freien in der Polis die ersten wirklichen Demokratien fast im modernen Sinne. Aber in einer Beziehung war diese Gesellschaft von uns aus gesehen total rückständig: Die Frau war ein Mensch zweiter Klasse, der Mann der absolute Alleinherrscher in der Gesellschaft, der einzig wirklich Freie, Schöpfer aller Kunst, Kultur und Philosophie, der Mittelpunkt des Lebens. In dieser Gesellschaft konnte es Liebe nur unter Gleichberechtigten geben, das heißt unter den Männern. Die Liebe zu Frauen war ein Spiel, rein sexuelle Vergnügung, für die die Götter das Weib dem Manne geschaffen hatten. Aber die wahre, menschlich reine Liebe, das war die homosexuelle Liebe, bei der das Sexuelle zwar vorhanden, aber ganz sekundär war.«

»Die Liebe zwischen Frauen, ich mag die Bezeichnung ›lesbisch‹ nicht, ich sage lieber ›Frauenliebe‹«, begann nun Katja, die wohl mit Recht fand, daß über diese Liebe zu wenig gesprochen worden war, »spielt ja in unserer Zeit eine bedeutende politische Rolle, nämlich in der Frauenbewegung und bei den verschiedenen organisierten und spontanen Emanzipationsströmungen bis zur militanten, die Männer verachtenden Feministenbewegung. Die männliche Homosexualität hat nie derartiges hervorgebracht, was in einer Männergesellschaft ja auch sehr merkwürdig gewesen wäre.«

»Ich stimme dir zu«, gab Bertram zur Antwort. Er meinte aber, daß man die Vorherrschaft der männlichen Homosexualität, ihre allgemeine Anerkennung als einzige reine Form der Liebe in der antiken Polis auch als eine politische Institution ansehen müsse.

»Der wesentliche Unterschied aber«, erwiderte Katja, »besteht darin, daß die männliche Homosexualität es auch in diesem singulären Fall nur fertig brachte, sich zur herrschenden Liebesmoral der die Gesellschaft beherrschenden Männer aufzuschwingen. Die Frauenliebe bewegt sich in unserer vergangenen Zeit aber nur in der Opposition gegen diese Herrschaft. Sehr aktive Gruppen verstehen sich sogar als die wahren Revolutionäre unserer Zeit. Sie wollen eine Frauenherrschaft anstelle der Männerherrschaft begründen, weil sie meinen, daß die Frau von Natur friedfertiger, ausdauernder, vernünftiger sei und ich weiß nicht was noch alles für Eigenschaften habe, in denen sie den Männern, die bisher nur Unheil angerichtet haben, turmhoch überlegen sei. Laßt mal die Frauen regieren, und es wird keine Kriege mehr geben, ist ein Wort, das man viel zu hören bekommt. Der politische Irrtum, der diesen Bestrebungen zugrunde liegt, besteht nach unserer Meinung darin, daß die Ungerechtigkeiten und Unmenschlichkeiten der Männergesellschaft aus angeblich natürlichen Charaktereigenschaften der Männer hergeleitet werden. Sie denken deshalb, es genüge die Herrschaft der Männer zu brechen, und alle Widersprüche unseres Lebens heben sich wie von selbst auf. Sie haben nicht begriffen, daß alles Unrecht, alle Unmenschlichkeit, der immer neue Krieg innerhalb der Gesellschaft wie auch die immer neuen und immer furchtbareren Kriege zwischen den Staaten aus einer einzigen Quelle hervorgehen, aus der Ausbeutung des Menschen durch den Menschen. Ohne sie zu überwinden kann man weder mit der Männerherrschaft noch mit irgendeiner anderen Unmenschlichkeit unserer Zeit fertig werden.«

»Weibliche Liebespaare waren in eurer Zeit unter diesen Umständen wohl eine ziemliche Seltenheit?«, fragte Anna. »Außer in den Kreisen von Künstlern und Intellektuellen. Aber auch da galten sie als eine Abnormität, die man zwar großzügig tolerierte, schon um sich von der herrschenden Kleinbürgermoral zu distanzieren und die eigenen Gewohnheiten auf dem Gebiet der Sexualität nicht rechtfertigen zu müssen. Selbst in diesen Kreisen war es eben sehr schwer, wenn nicht unmöglich, sich von den moralischen Wertungen und Abwertungen frei zu machen, die von der herrschenden Ideologie etabliert sind. Frauenliebe entsprang darum immer einem Protest gegen sie, überhaupt einem tieferen Mißtrauen gegenüber den nur scheinbar so evidenten Ideen der Herrschenden. Oft waren schwere Enttäuschungen in der Kindheit, Spannungen und Feindseligkeiten zwischen den Eltern, Schockerlebnisse in der Pubertät, auch unglückliche Erfahrungen in der heterosexuellen Liebe die Gründe dafür, daß entgegen dem gesellschaftlichen Zwang die Lösung der inneren Konflikte in der Frauenliebe gesucht und auch oft gefunden wurde.«

»Wenn ich die Berichte aus eurer Zeit höre, und es fällt mir schwer, mir das wirklich vorzustellen, was ich da höre, – dann wird mir erst richtig klar, wie glücklich wir Menschen Utopias leben. Wir vergessen das nur allzu leicht, halten so vieles für selbstverständlich, wovon ihr nicht einmal wagen konntet, zu träumen. Bei uns gibt es überhaupt keine sexuellen Tabus, selbstverständlich auch nicht in der physischen Liebe. Wir betrachten sie nicht als Triebbefriedigung, sondern als eine Form der Kunst, als Feld der Erfindung, nicht des biologisch programmierten Instinkts, als höchste Form des Selbsterlebnisses durch das Erlebnis der Identität mit dem Partner. Und daß ihr beiden lieben Menschen auch etwas von diesem großen Glück erfahren und erfassen sollt, darauf wollen wir unsere Gläser, die frisch gefüllten, bis auf den Grund leeren. Gan-Be für Katja und Robert!«, womit Anna aufstand, zuerst Katja und dann mich umarmte und küßte. Wie lange hatte ich die chinesischen Worte Gan-Be nicht mehr gehört, die wörtlich bedeuten: das Glas trocken machen. Und wie oft hatte ich sie damals im Jahre 1951 gehört, als ich als Vertreter der erst zwei Jahre jungen DDR für einige Wochen in der auch erst zwei Jahre jungen Volksrepublik China war, um an der Unterzeichnung eines Kulturabkommens zwischen dem großen China und der kleinen DDR mitzuwirken. Mit Trauer dachte ich an den unglückseligen Streit, der später folgte und der so schreckliche Verwirrung in die Welt brachte zu einer Zeit, wo wir nichts mehr brauchten als Klarheit und Einverständnis.

Wir ließen uns gleich ein zweites Glas einschenken und fühlten fast körperlich, wie ein berauschendes Glücksgefühl uns erfaßte. Es war keine Trunkenheit, kein Verlust der Selbstkontrolle, doch die Aufhebung jeder Selbstreflektion, darum eine schrankenlose Annäherung an alle Menschen, alle Anwesenden und in ihnen und durch ihre Vermittlung das Gefühl des Einssein mit allen menschlichen Wesen.

Nun wollten wir aber doch noch etwas mehr über das neue Matriarchat in Utopia hören. Alles bisher Gesagte war doch nur Vorrede gewesen.

»Und wie haltet ihr Utopier des neuen Matriarchats es mit der Liebe?«, wollte ich wissen. »Wie haltet ihr es mit der Treue? Wie leicht, wie schwer, wie oft wechselt ihr eure Partner? Liebt ihr euch nur zu zweit oder auch zu dritt, zu viert, zu vielen? Kennt ihr noch die Eifersucht, den Haß aus verschmähter Liebe und das Unglück des gebrochenen Herzens? Gibt es nur Liebespaare oder auch langdauernde Liebesverbindungen von drei oder auch mehr Menschen? Ihr sprecht schon einmal davon, daß es auch in Utopia unter den Menschen tragische Konflikte gibt. Wo sind die gesellschaftlichen Widersprüche, aus denen sie hervorgehen? Ihr sagtet, die utopische Tragödie erfaßt tiefere Schichten unserer Seele? Erfassen Liebestragödien, wie wir sie kennen und in unseren Dichtungen besungen haben, nur äußere, oberflächliche Schichten der menschlichen Seele?«

Das waren viele Fragen, die sich nach allem, was wir gehört hatten, vor uns auftürmten.

Unsere fünf utopischen Freunde beantworteten sie, wobei man ihnen anmerkte, welches Vergnügen sie daran hatten. Es war, als entdeckten sie bei der Beantwortung unserer Fragen selbst erst das Neue ihres Lebens, als käme ihnen, was sie schon wußten, doch erst dadurch eigentlich wahrhaftig zum Bewußtsein, daß sie es aussprachen, uns mitteilten und dabei es sich auch selbst mitteilten, indem sie es nun auf wunderbare Weise mit uns teilten. Alle fünf sprachen, denn Christiane und Bernd nahmen rege am Gespräch teil.

»Lieber Robert«, eröffnete Anna das große Beantworten, »ich rede zuerst hauptsächlich dich an, denn ich bin sicher, wir werden noch Fragen von Katja hören, die du vergessen hast, – wie ich mich einmal freundschaftlich ausdrücken will. Du fragst, wie wir es mit der Liebe und der Treue halten. Wir betrachten die Liebe als das größte Glück, das Menschen miteinander haben und sich gegenseitig bereiten können. Bei uns gibt es euren Begriff der Treue nicht, weil es bei uns auch den Begriff der Untreue nicht gibt. Menschen, die das große unwiederbringliche Glück der Liebe haben, was könnte sie bewegen, insgeheim, hinter dem Rücken des geliebten Menschen andere Liebesbeziehungen einzugehen? Und wenn ein Liebender oder eine Liebende sehr großes Gefallen an einem anderen Menschen findet, so braucht dadurch doch die Liebe zu seinem Partner nicht zu zerbrechen. Es kann natürlich aus einer Freundschaft, die ja immer sexuelle Komponenten hat – darüber sprachen wir doch – eine immer engere und intimere Beziehung werden. Es kann dann zur Auflösung der alten Liebe kommen. Es kann aber auch eine Liebesgemeinschaft zu dritt daraus werden. Dann kann es geschehen, daß sie sich auch zu dritt physisch lieben. Warum nicht? Wenn sich alle drei richtig lieben, was wäre dann an solcher Liebe nicht gut? Aber die Form der Liebe zu dritt und das was ihr in eurer Zeit Gruppensex nanntet, das gibt es bei uns überhaupt nicht mehr.«

»Und zwar nicht deswegen«, setzte nun Bertram Annas Rede fort, »weil wir den Gruppensex und den rein sexuell motivierten Partnertausch moralisch verurteilen, sondern weil in unserer Gesellschaft die Motivationen nicht mehr vorhanden sind, die bei euch diese Erscheinungen hervorriefen. Es liegt daran, daß sich der Charakter menschlicher Beziehungen bei uns von vielem Unrat und Schmutz gereinigt hat, der unter den Bedingungen eurer von Habgier, Besitzstreben, Geltungstrieb und Machthunger vergifteten Gesellschaft alles Menschliche besudelte. Es gibt bei uns die Trennung von Liebe und Sexualität nicht mehr. Wir wissen außerdem, daß auch in eurer Welt die Verselbständigung der Sexualität immer nur eine Form der Prostitution war, nicht nur bei den Dirnen und in den Bordellen, auch in den ›normalen‹ bürgerlichen Ehen. Selbst die Ehefrau, die fremd ging oder die Frauen, die sich darauf einließen, sich von ihren Partnern gegeneinander austauschen zu lassen, waren tatsächlich alles andere als frei, waren Prostituierte der Männer. Sex ohne Liebe bedeutet immer Unterwerfung. Daß sie in eurer Zeit fast die Regel war, hat einen einzigen sehr einfachen Grund: die materielle Abhängigkeit. Es gab so gut wie überhaupt keine Beziehung zwischen den Menschen, die frei war von materieller Abhängigkeit, oft gegenseitiger, bei Beziehungen zwischen Mann und Frau fast immer sehr einseitiger Abhängigkeit der Frau vom Mann. Dieses Grundübel eurer Zeit hat jede aufkeimende Liebe immer wieder zerstört und hat euch alle schließlich unfähig gemacht, zu lieben, hat das Schönste am Menschsein in euch verkrüppelt.«

»Ich werde Christiane immer lieben, für mein ganzes Leben!«, rief unser 17jähriger Bernd aus, kaum sich lösend aus der innigen Umarmung seiner Freundin. Christiane, zwar erst 15, aber als Frau körperlich vollkommen entwickelt, mit dem unerklärlichen Reiz der eben erblühten Blume, lächelte, meinte aber zu den überschwänglichen Worten ihres Liebhabers: »Was wirst du denn sagen, wenn ich mich in einen anderen verliebe?« »Dann werde ich trotzdem nicht aufhören, dich zu lieben.« »Auch wenn ich dich bitte, nicht mehr zu mir zu kommen, weil ich –«, sie zögerte und beendete den Satz nicht. Bernhard fragte sie nach dem Grund: »Heißt es nicht: Alle Menschen sind Geschwister. Und du willst deinem Bruder die Tür weisen?« »Lieber guter Bernhard, ich hab's ja gleich gemerkt. Ich kann mir gar nicht vorstellen, daß ich den Bernd nicht mehr mögen könnte. Und selbst dann würde ich's nicht tun. Aber ich fand, Bernd hat mit dem Wort ›für mein ganzes Leben‹ nicht nur übertrieben, was er gar nicht zu tun brauchte. Er hat auch so eine Art endgültiger Beschlagnahme gegen mich ausgesprochen. Das darf er doch auch nicht?«

Anna nickte dazu, nahm Christianes Hand und sagte: »Was ein Liebender sagt, soll man zwar ganz ernst nehmen, aber nicht mit dem Maßstab der Vernunft messen. Man täte ihm sonst Unrecht. Außerdem hat Bernd beinahe schon eine von Roberts weiteren Fragen beantwortet, die Frage nach der Eifersucht. Daß er nicht aufhören wollte, dich zu lieben, auch wenn du dich einem anderen Liebhaber zuwenden würdest, heißt doch, daß ihm das Gefühl der Eifersucht fremd ist. Daß wir in Utopia die Eifersucht nicht mehr kennen, erklärt sich sehr einfach: weil es keine Männerherrschaft mehr gibt. Eifersucht ist ja im Grunde eine rein männliche Untugend. Sie ist eine Art Strafe dafür, daß die Männer die Frauen zu ihrem persönlichen Eigentum gemacht haben. Weil sie doch wenigstens hin und wieder deswegen ein schlechtes Gewissen haben, daß sie ihre Gewaltherrschaft über die Frauen errichtet haben, indem sie sie in materielle Abhängigkeit versetzt haben, plagt sie der Zweifel, ob diese bittere Medizin den Frauen vielleicht doch nicht schmeckt, so daß sie sich insgeheim hinter ihrem Rücken mit einem Liebhaber dafür schadlos halten. Und so ganz unbegründet war ja das männliche Mißtrauen auch gar nicht und die Kunst der Frauen im Bewahren ihrer Geheimnisse war groß.«

»Wenn es keine Eifersucht mehr gibt, muß ich gestehen, daß sie mich in meinem Leben manchmal ganz schön gepeinigt hat, wobei die Hauptleidtragende ja die Frau ist und nicht der Mann, – wenn es diese unglückliche Leidenschaft nicht mehr gibt, heißt das denn, daß das wohl immer zuerst einseitige Ende einer Liebe mit Gleichmut und ohne Schmerzen von dem Verlierenden hingenommen wird?«, war meine Frage.

»Nein, das Ende einer Liebe ist immer schmerzhaft, für beide. Es ist das Unglück in unserem Leben. Es bedeutet nicht Eifersucht und Haß oder gar Rachsucht. Aber es bedeutet Traurigsein, oft tiefe Verzweiflung. Auch die Tragödien Utopias sind schicksalhafte menschliche Konflikte, hervorgegangen aus dem Werden und Vergehen menschlicher Beziehungen. Bei euch war oft oder wohl immer die soziale Ungleichheit der Menschen und der verzweifelte Widerstand der Liebenden gegen die unmenschlichen Auswirkungen des sozialen Unrechts die Quelle des Konflikts. Bei uns ist alle soziale Ungleichheit aufgehoben. Nun tritt eine neue Ungleichheit auf den Plan. Denn die Aufhebung der sozialen Ungleichheit hat alle uniformierenden Tendenzen, die gerade von der sozialen Ungleichheit geschaffen wurden, ausgeschaltet und dadurch zu einer unerschöpflichen Vielfalt und Mannigfaltigkeit der menschlichen Individuen geführt. Erst in unserem utopischen Zeitalter lernen und erfahren wir, wie weit der Bogen unserer individuellen Variabilität gespannt ist. Diese Freisetzung der Existenzformen des Menschlichen ist der Grund für die neuen Möglichkeiten menschlichen Glücks, aber auch Unglücks.«

»Mich beschäftigt schon seit Tagen eine Frage«, meldete sich nun Katja, »die Frage nach der größeren menschlichen Gemeinschaft. Wir sind hier doch eine sehr kleine Gruppe, uns Besucher ausgenommen, auch Bertram, seid ihr zwei Erwachsene und sechs Kinder, eine Familie, deren Aufgabe es eben ist, den Kindern elterliche Liebe, Zärtlichkeit und Fürsorge zu geben. Das ist eine Funktion. Aber es muß doch auch größere Einheiten menschlicher Gemeinschaft geben, wobei ich nicht nur die durch Gegenstand und Methode bedingte Kooperation komplexer Teams meine, sondern auch frei gebildete Gemeinschaften, die enger oder lockerer miteinander leben und sich des Lebens in der Gemeinschaft erfreuen, die doch ganz andere, reichere Möglichkeiten bietet als der kleine enge Kreis der Familie. Wo sind sie, diese Menschen eurer Nachbarschaft, die ja nicht nur räumlich zu verstehen ist, eben die euch Nahen?«

Die kleine Pause des Schweigens, die auf die Frage folgte, veranlaßte Katja noch zu einer weiteren Frage: »Warum holt ihr eure Mahlzeiten zu euch in die kleinen Häuser und nehmt sie nicht in großer Gemeinschaft ein, in einer Kantine, wie wir das nennen? Das gemeinsame Mahl schafft doch und fördert doch menschliche Gemeinschaft. Man würde jeden Tag die Gelegenheit haben, viele Freunde, Bekannte und auch ganz neue Gesichter zu treffen und sich mit ihnen bekannt zu machen. Und dann noch eine ganz allgemeine Frage: Ich höre mit Freude und Bewunderung, wie vollständig ihr die Herrschaft der Männer überwunden habt und dadurch zu einer freien Gesellschaft gleichberechtigter Wesen geworden seid. Irgendeine Vorherrschaft weder der Männer noch auch der Frauen existiert nicht mehr. Warum also nennt ihr dies noch Matriarchat? Gibt dieses Wort nicht doch den Müttern, also den Frauen ein Übergewicht?«

Bernhard, der so jugendliche alte Familienvater der Anna-Familie antwortete als erster. »Katja, du hast die wichtigste Frage gestellt, die Frage nach dem Leben in der Gemeinschaft. Es wäre wirklich schlimm, wenn wir es nicht hätten. In der Urgesellschaft, die ja auch kommunistisch war, beruhte die enge Lebensgemeinschaft der Menschen auf der Notwendigkeit der gemeinsamen harten Arbeit. Es war eine Gemeinschaft der Not, die alle verband, weil alle sie teilten. Es war die Zeit des Reichs der Notwendigkeit, wie Marx den Ursprung der Gesellschaft nannte. Von diesem Reich der Notwendigkeit führt der Weg des Menschen durch Einsicht in die Notwendigkeit in das Reich der Freiheit. Die vollkommene Freiheit ist zwar etwas ebenso Unerreichbares wie die absolute Wahrheit. Aber eingetreten in dies neue Reich der Freiheit sind wir schon, weil wir eine Gesellschaft geschaffen haben, die die Ausbeutung des Menschen durch den Menschen nicht mehr als Triebkraft ihrer Entwicklung braucht. Unsere Gemeinschaften sind Gemeinschaften der Freiheit. Es sind nicht Gemeinschaften der notwendigen Arbeit, sondern der nicht notwendigen, schöpferischen Betätigung. Und der gemeinsamen Lebensfreude, der Freundschaft und Hilfsbereitschaft. Morgen, so war schon seit Tagen unser Plan, sollt ihr den Kreis unserer Freunde kennenlernen und in ihn aufgenommen werden. Morgen werden wir alle gemeinsam zu Mittag essen und unsere Freunde werden euch viel zeigen und erzählen. Und am Abend werden wir ein Fest feiern!«

»Im Anfang des utopischen Zeitalters«, ergänzte ihn Anna, »hatten wir noch vieles aus eurer Zeit übernommen und versuchten es unseren Möglichkeiten entsprechend umzuformen. Es gelang nicht immer. Wir hatten auch das gemeinsame Essen der Menschen, die in größerer Zahl an einer gemeinsamen Arbeit zusammenwirken. Also das, was du Kantinenessen nanntest. Wir fanden aber, daß es nur eine organisierte Abfütterung war. Jeder war froh, wenn er sie hinter sich hatte. Gelegenheiten zum Kennenlernen gab es kaum, jedenfalls nahm niemand sie wahr. Und die Kultur des Eßgenusses war sehr gering. Das gemeinsame Genießen schöner Speisen und Getränke verlagerte sich immer mehr in die Freundeskreise und die kleineren und größeren Gruppen sich nahe stehender Menschen, die sich hierzu zu besonderen Gelegenheiten zusammenfanden und nicht nur die fertigen Gerichte, sondern immer mehr auch selbst zubereitete Spezialitäten aus selbst kultivierten Gemüsen und Früchten verzehrten.«

»Wir haben hier in unserem Kinderdorf verschiedene Gebäude, die ausschließlich für diese Zusammenkünfte dienen. Aber ihr werdet ja morgen ein solches Haus besichtigen und dort mit unseren Freunden zusammen sein.« Nach einigem Grübeln sagte Bertram dann zögernd: »Da ist noch Katjas letzte Frage. Was ist es mit dem Matriarchat? Ich bin ein Mann, und ich kann gewiß nicht sagen, daß ich mich als Opfer einer Frauenherrschaft oder Mütterherrschaft fühle. Aber ich finde doch, die Frauen haben im utopischen Leben ein größeres

Gewicht als die Männer. Es fällt mir sehr schwer, das zu erklären, obwohl ich immer wieder darüber nachgedacht habe.«

»Es muß daran liegen«, meinte nun Anna, »daß doch noch Reste der alten Männerherrschaft in den Winkeln unseres Bewußtseins modern. Ich meine nicht, daß Bertram auch nur die geringsten Tendenzen oder geheimen Wünsche nach Wiederherstellung der alten Ordnung hat. Auch denke ich nicht, daß diese Reste sich nur in den Schlupfwinkeln der männlichen Gehirne festgesetzt haben. Sie sind einfach noch verborgene Restbestandteile des alten versunkenen und zerfallenen Überbaus.«

Bernhard, der mit einigem Abstand älteste unter uns, hatte den ganzen Abend in einem leichten, bequemen Gartenstuhl, der sich stufenweise in verschiedenen Neigungen verstellen ließ, etwas außerhalb unseres Kreises gesessen. Er stand jetzt auf, setzte sich zwischen Katja und Anna, um jede einen seiner kräftigen Arme schlingend, und, nachdem er Bertram und mich kritisch gemustert und danach Christiane und Bernd freundlich-verschmitzt zugeblinzelt hatte, hob er sein Glas, trank auf aller Wohl, gab noch den Frauen einen laut schmatzenden Kuß, und hub dann an, über die neue Mutterwelt zu reden:

»Wo, liebe Freunde, beginnt unser Leben? Im Leib der Mutter. Dort finden wir die erste Geborgenheit. Sie empfängt uns als erste mit ihrer Liebe, wenn wir aus ihrem Bauch herausgekrochen sind. Sie hört beglückt unsere ersten Schreie, weil sie das Leben bedeuten. Sie nährt uns an ihren Brüsten und fühlt mit Entzücken unsere ersten Liebkosungen, unser Saugen und Lutschen an ihren Brustwarzen. Nicht wahr, Robert, du hattest vor vielen Jahren einmal einen guten Freund, einen Rabbi aus Riga, der dreißig Sprachen beherrschte? Er hat dir erzählt, daß in dem Wort Liebe das L und das B das Entscheidende sind, die Konsonanten, die immer den Kern des Begriffs in den Worten bilden, während die Vokale das von ihnen angeschlagene Thema nur variieren. L und B, um sie zu bilden, braucht man beim L die Zunge, beim B die Lippen. Mit dem Lecken der Zunge und dem Saugen der Lippen beginnt die Liebe in unserem Leben, als die erste innige, ganz freie, ganz auf Vertrauen beruhende Glückseligkeit an der Brust unserer Mutter. Auch im Russischen sind L und B die Konsonanten des Wortes Liebe, im Englischen ist das B in ein V verwandelt, was wir sehr häufig – auch im Deutschen – finden, was keine wesentliche Änderung bedeutet, weil beim V bzw. W die Unterlippe und die oberen Zähne, die der Säugling noch nicht hat, zusammenwirken. Da gäbe es noch viel zu sagen über die Verwandtschaft der L-B-Worte Labe, Lob, Leib und Leben. Aber ich will über das Mütterliche als den Ursprung allen Seins sprechen. Gewiß, der Mann gibt den Samen, ohne den es keine Befruchtung gäbe. Aber die Mutter gibt mehr als die Eizelle, sie gibt uns das Leben. Sie gebärt. Sie ist der Boden, in dem wir wachsen als ein Teil ihres Leibes und zehrend von ihren Kräften unseren eigenen Leib aufbauen. Es ist ein tiefer Sinn darin, wenn wir von der Erde als unserer Mutter sprechen. Sie ist das Dauernde und Bleibende, dem wir vertrauen können. Der Begriff des Vaters findet sich nur in dem Wort Vaterland, wobei man zwangsläufig an Staaten und Grenzen denkt, alles Übel, die in der Zeit der Männerherrschaft entstanden sind. Aber selbst die Sprache, die uns doch alle verbindet und ohne die sich keine menschliche Kultur hätte entwickeln können, die Sprache unseres Volks, nennen wir Muttersprache. Wir haben ja auch die ersten Worte unseres Lebens in ihren Armen gelernt. Weil die unselige Herrschaft der Männer aufgehoben ist, die die Mütter zu Sklavinnen des Mannes machte, weil nun wieder die alte ursprüngliche Freiheit für alle in Kraft ist, in der die Mutter nicht mehr erniedrigt ist, sondern als Ursprung aller menschlichen Vollkommenheit verehrt und begehrt wird, weil wir nun in einer Gesellschaftsform leben, in der die Liebe nicht nur eine Hoffnung ist, die, kaum daß sie aufgekeimt ist, immer wieder grausam erdrosselt wird – und das auch noch durch die Hand der Liebenden selbst –, weil nun die Quelle allen Glücks das Weibliche ist, von dem Goethe sagte: ›Es zieht uns hinan!‹, nennt man die glückliche und zutiefst menschliche Form unseres Zusammenlebens mit Fug und Recht Matriarchat.«

»Du meinst also auch«, sagte Bertram sofort, »daß die Frauen in unserer Gesellschaft ein größeres Gewicht haben als die Männer? Daß sie der ruhende Mittelpunkt des Lebens sind, weil sie das Leben zur Welt bringen, während wir Männer in steter Unruhe sind, angezogen und erregt vom Weiblichen, es ruhelos umkreisen, um darin einzudringen wie die Spermien unseres Samens in die Eizelle.«

»Ich kann dir nicht uneingeschränkt zustimmen«, war Bernhards Antwort, »in deinen Worten klingen wirklich noch Reste der Denkweisen der vergangenen Zeit. Durch den Vergleich mit den Geißelzellen des männlichen Samens hat man schon damals die doppelte Moral der Männergesellschaft zu rechtfertigen gesucht, die es den Männern gestattete, die Frauen wie Blumen zu pflücken, die man am Weg fand, das gleiche aber den Frauen zu verwehren und das, was man ihre Untreue nannte, moralisch zu verurteilen. Die Ansicht, die Männer seien von Natur unstet und schwankend in ihren Bindungen ist sowohl falsch in ihrer Begründung, weil sie ein soziales Verhalten auf eine biologische Determination zurückführt, als auch falsch, wenn mit ihr das Wesen unseres Matriarchats zu erklären versucht wird. Es ist eben nicht richtig, wenn du sagst, daß die Frauen ein größeres Gewicht in unserer Gesellschaft haben. Das hieße, daß sie – wie auch immer – soziale Vorrechte hätten, mehr Entscheidungsfreiheit, weniger Pflichten als die Männer, ich weiß nicht, was es noch sein könnte, was da hinter deinen Worten steckt, denn du weißt doch: die Frauen haben in unserer Gesellschaft keine sozialen Vorrechte, weil sie schon aus ökonomischen Gründen niemand hat und niemand haben kann. Aber in einem Punkt stimme ich dir zu, daß das Weibliche der Mittelpunkt unseres Lebens ist, weil aus ihm alles Leben und alle Liebe hervorgeht.« »Ja, du Lieber, ja! Und du hast es ja auch vorhin schon viel besser gesagt als ich!«, war Bertrams Antwort.

»Und was sagt ihr dazu, ihr beiden Mittelpunkte unseres Lebens?«, wandte sich nun Bernhard an die beiden Frauen. Während seiner Hymne auf das Weibliche schien er sie fast vergessen zu haben. Er hatte sich ganz seinem Freunde Bertram zugewandt, manchmal wie beschwörend auf ihn einredend. Aber jetzt nahm er seine beiden schönen Nachbarinnen wieder in die Arme und preßte sie an sich. Katja, indem sie versuchte, sich etwas aus seiner Umarmung zu lösen, fragte sofort: »Habe ich dich nun recht verstanden? Du hast doch gar nicht gesagt, daß wir Frauen der Mittelpunkt des Lebens sind. Sagtest du nicht und zitiertest sogar unseren alten Goethe, es ist das Weibliche, das uns hinanzieht? Was ja meint, das unter dem Weiblichen ein allgemeines Prinzip des menschlichen Seins begriffen wird, nicht aber die Gesamtheit der Menschen weiblichen Geschlechts?«

»Es ist auch schlecht vorstellbar«, setzte Anna etwas spöttisch hinzu, »wie die eine Hälfte der Menschheit den Mittelpunkt der gesamten Menschheit bilden soll.« Bertram versuchte sich noch einmal mit den Worten: »Für mich ist aber die Frau, die ich liebe, der Mittelpunkt. Ich könnte mich selbst nie als Mittelpunkt fühlen.«

»Für mich auch«, stimmte nun der 17jährige Bernd begeistert zu und wollte gleich zum Beweis seiner Worte seine Christiane mit Liebkosungen überschütten. Aber Christiane widersetzte sich mit Entschiedenheit: »Aber hör mal, lieber Bernd, zuerst einmal – wenn schon – dann bist du für mich genau ebenso mein Mittelpunkt wie ich deiner bin. Aber was verstehst du unter Mittelpunkt? Soll das heißen, daß du dich in allem nach mir und meinen Wünschen richten willst? Na, da könntest du mir aber wenig und bestimmt nicht sehr lange gefallen. Außerdem denkst du ja auch gar nicht daran. Also was soll das mit dem Mittelpunkt eigentlich heißen?«

Bertram und Bernd machten ziemlich bekümmerte Gesichter. Sie hatten es so gut gemeint und konnten nun nicht einmal die Frage der 15jährigen Christiane beantworten. Jedenfalls trauten sie es sich nicht mehr zu. Aber Anna half ihnen und uns allen aus dem Dilemma heraus: »Nach allen diesen Reden könnte man fast meinen, es handle sich bei unseren Meinungsverschiedenheiten nur um Mißverständnisse, also nur um einen Streit um Worte. Ich glaube das aber nicht. Bertram und Bernd haben genau und richtig gesagt, wie es in ihrem Innern aussieht. Sie sind Liebende. Das Denken der Liebenden kreist um den geliebten Menschen, ist immer mit ihm beschäftigt, ist immer in Sorge um ihn, wird unaufhörlich zu ihm hingezogen und sucht in jeder Stunde die Gemeinschaft mit ihm. Der geliebte Mensch ist sein Mittelpunkt. Und wenn ich dir, lieber Bertram, wie Christiane ihrem Bernd, sage, daß du ganz ebenso mein Mittelpunkt bist, dann ist das einfach die Erwiderung deiner Liebeserklärung, die mich sehr glücklich gemacht hat. Oder dachtest du, ein Mann könnte nicht der Mittelpunkt im Leben einer Frau sein? Wenn du sagst, du könntest dich nicht als Mittelpunkt fühlen, so ist das etwas ganz anderes. Sein und Sich-Fühlen sind so verschieden voneinander, daß man fast sagen muß, sie schließen sich aus. Wer sich stark fühlt, ist schwach, wer sich klug fühlt, ist dumm, wer sich schön fühlt, ist häßlich, wer sich groß fühlt, ist klein. Und ganz gewiß gilt in der Liebe wie auch in allen guten Beziehungen zwischen Menschen der Satz: Nur wer sich nicht im Mittelpunkt fühlt, kann Mittelpunkt sein. Christiane hat auch darin recht, daß sie nicht will, daß du in der Liebe zu ihr deine Freiheit und Unabhängigkeit aufgibst, die Liebe also in der Form einer Unterwerfung vollziehst. Wenn jemand kommt mit dem Angebot, sich dir zu unterwerfen – aus welchem Grund auch immer, mag es Bewunderung sein oder Liebe – so sei wachsam! In neun von zehn

Fällen plant er nur deine eigene Unterwerfung, die er schneller, als du denkst, als Gegenleistung einfordern wird. Aber Liebe ist kein Geschäft auf Gegenseitigkeit. Liebe muß man schenken und kann sie nicht fordern. Liebe ist die höchste Form des Vertrauens. Sie ist das bedingungslose Sich-Anvertrauen, das jeder Mensch zuerst in seinem Leben bei der Mutter und mit der Mutter erfährt. Darum gilt für sie der alte Spruch, den Lao-tse unter dem Titel ›Reinheit des Wirkens‹ zitiert: Schenkst du kein Vertrauen, so findest du kein Vertrauen. Also auch: Schenkst du keine Liebe, so findest du keine Liebe. Es ist ja eigentlich dasselbe. Ohne Vertrauen keine Freundschaft, ohne Freundschaft keine Liebe.«

»Ich möchte euch auch einige Sätze aus dem Taoteking des Lao-tse zitieren«, meldete ich mich nun. »Ich verehre diesen chinesischen Weisen, der vor Jahrtausenden lebte und aus seiner Heimat vertrieben wurde. Wäre nicht ein Zöllner an der Grenze gewesen, der ihm seine Weisheit abverlangte und ihn zwang, alles niederzuschreiben, wäre die Menschheit heute ärmer. Also: Es heißt da unter dem Titel ›Das Werden der Formen‹: ›Der Geist der Tiefe stirbt nicht. Das ist das Ewig-Weibliche. Des Ewig-Weiblichen Ausgangspforte ist die Wurzel von Himmel und Erde. Endlos drängt sich's und ist doch wie beharrend. In seinem Wirken bleibt es mühelos.‹ Und unter dem Titel: ›Rückkehr zum Ursprung‹ lesen wir: ›Der Anfang des Seins der Welt heißt die Mutter der Welt. Wer seine Mutter findet, um seine Kindschaft zu erkennen, wer seine Kindschaft erkennt, um seine Mutter zu bewahren, der kommt beim Aufhören des Ichs in keine Gefahr.‹ Und noch ein einziges Wort von ihm: ›Wen der Himmel retten will, den schützt er durch die Liebe‹.« Bei diesen letzten Worten fühlte ich von Katjas Hand, die ich hielt, einen leisen Druck.

Es war spät geworden, Schlafenszeit. Anna entschied, wir sollten bei den Kindern schlafen. Franzi und Felix lagen ja schon lange zusammen mit Betti und Peter in tiefem Schlaf. »Ich schlafe mit unserer kleinen Juliane und meinen beiden Männern im anderen Zimmer. Ich muß mich nachts manchmal um Juliane kümmern, so seid ihr weniger gestört.« Aber vorher gingen wir noch alle nach draußen in den Garten und badeten uns unter einer Dusche, mit erfrischendem, aber nicht kaltem Wasser. Anna gab uns Schwämme, mit denen wir uns abreiben sollten. Sie waren ganz leicht rauh, doch ohne die Haut zu verletzen. Seife war auch hier nicht im Gebrauch. Wir waren alle sehr lustig, in angeregter Stimmung. Katja und ich fühlten uns sehr wohl. Wir waren ganz in den Kreis dieser Menschen einbezogen, ohne irgendein Gefühl der Fremdheit. Wir bewegten uns wie sie in der vollkommensten Ungezwungenheit. In keiner unserer Haltungen und Bewegungen war Scheu oder Scham, auch nicht bei körperlichen Berührungen. Alles an uns war offen. Wir rieben uns gegenseitig mit großen weichen Tüchern trocken und gingen ins Haus. Unser Kinderschlafzimmer war jetzt fast ganz mit Schaumstoffmatratzen ausgelegt und bildete so ein einziges riesiges Bett. Wir vier später Gekommenen suchten uns zwischen den schlafenden Kindern vorsichtig, um sie nicht zu wecken, unseren Platz, fanden auch Kopfkissen und leichte Decken und waren nach den vielen Erlebnissen des Tages schnell in den Schlaf gesunken.

Am Morgen gab es ein großes gemeinsames Frühstück im Garten. Nun kamen auch Freunde unserer Gastgeber, um den Zeitplan des heutigen Tages zu besprechen und noch über das geplante Fest zu beraten. Uns wurde eine ganze Palette von Vorschlägen gemacht, vom Besuch einzelner Kurse und Zirkel bis zur Besichtigung der technischen Anlagen. Wir entschieden uns für eine Unterrichtsstunde in Deutsch für Sechs- bis Siebenjährige, einen Bildhauerzirkel für Vierzehn- bis Achtzehnjährige und einen Philosophiekurs für Zehn- bis Vierzehnjährige. Auf eine Besichtigung der technischen Einrichtungen haben wir verzichtet. Sie waren ganz offensichtlich hervorragend und damit war das Wesentliche an ihnen für uns nach einigen Wochen Aufenthalt in Utopia nichts Neues mehr. Wir hätten ja sowieso mit Kenntnissen der technischen Details bei unserer Rückkehr in unsere alte Welt kaum etwas Praktisches bewirken können. Der enorm hohe Stand der utopischen Technik ließ sich zudem gar nicht an unserem alten Stand der Technik messen, weil ja nicht die technischen Lösungen das entscheidend Neue waren, sondern die der Technik gestellten Aufgaben. Aber diese neuen Aufgaben entstammten nicht der naturwissenschaft-technischen Sphäre, sondern ergaben sich aus den völlig neuen Zielsetzungen der utopischen Gesellschaft.

Der Deutschunterricht für die Sechs- bis Siebenjährigen, die also etwa unseren Schulanfängern entsprechen, wurde abwechselnd in zwei Formen durchgeführt: in ganz kleinen Gruppen von drei bis vier Schülern mit einem Lehrer und in gelegentlichen Zusammenfassungen dieser kleinen Gruppen zu größeren mit 20 bis 25 Schülern. Die

Lehrkräfte der kleinen Gruppen wirkten bei diesen Gruppenzusammenfassungen alle mit. Wir nahmen zuerst an der Arbeit in einer kleinen Gruppe teil. Sie fand in einem kleinen hellen Raum statt. Die Lehrerin saß in der Mitte, die Kinder waren, jedes an einem kleinen Tischchen, um sie versammelt. Sie konnten alle bereits fließend neue Texte, die nicht zu schwierige Wörter enthielten, vom Blatt ablesen. Das hatten sie ja schon zu Hause mit fünf Jahren gelernt. Ein Kind las ein Märchen oder eine kleine Geschichte, ein Gedicht oder eine Parabel vor. Dann wurde über den Inhalt und über die Bedeutung aller wichtigen Wörter des gelesenen Textes gesprochen.

Die Lehrerin erklärte den Kindern auch in vielen Fällen, wie sich Wörter der Sprache im Lauf der Zeit sowohl der Form nach wie auch in ihrer Bedeutung entwickelt und verändert haben, z. B. wie aus der Magd die Maid und das Maidele und daraus das Mädchen wurde, wobei doch niemand mehr an die Magd denkt, die ihrem Herren dienen muß. Auch, wie die Wörter der einen Sprache ihre Verwandten in anderen Sprachen haben und dabei oft ihren Sinn stark verändern, z. B. wie das lateinische Wort major, was der größere heißt, sich in das deutsche Wort Meier verwandelt, was einen Mann bezeichnet, der bei den Kühen die Milch melkt, im Englischen und Französischen aber als mayor oder Maire einen Bürgermeister bezeichnet. Dabei wetteiferten die Kinder im näheren Erläutern und Beschreiben der vielfältigen Bedeutungen der Wörter. In den kleinen Gruppen wurde auch das Schreiben geübt und das Lesen handgeschriebener Texte. In der großen Zusammenkunft, an der die Schüler von sechs bis sieben kleinen Gruppen gemeinsam teilnahmen, wurden Gedichte aufgesagt, kleine Szenen gespielt, die sich ein Lehrer gemeinsam mit seiner Gruppe ausgedacht hatte, wurden um die Wette ähnlich einem Quiz Worträtsel gestellt und gelöst und auch sonst auf manche Weise halb im Ernst halb im Scherz ein Spiel mit der Sprache und ihrer vielfältigen Ausdruckskraft getrieben. Es wurden auch völlig selbst erfundene Märchen vorgetragen, die hinterher einer oft erbarmungslosen Kritik durch das Kollektiv unterzogen und schließlich durch derart kollektive schöpferische Arbeit in eine reifere, schönere Form gebracht wurden.

Der Bildhauerzirkel der 14- bis 18jährigen hatte zehn Mitglieder und wurde von zwei Zirkelleitern betreut, einer Frau von etwa 40 Jahren und einem Mann von knapp 30. Sie saßen alle um das Modell herum, einen jungen Mann von 18 Jahren, selbst Mitglied der Gruppe. Jeder, auch die Zirkelleiter, stellten sich im Lauf der Zeit als Modell zur Verfügung. Das Modell saß etwas erhöht auf einem runden, drehbaren Tisch, mit angewinkelten Beinen, die Arme um die Knie geschlungen und den Kopf mit der Stirn zwischen den gespreizten Oberschenkeln, die Füße eng beieinander. Er saß da wie tief in Gedanken versunken, auch von Traurigkeit und Schmerz erfüllt. Der Rücken leicht gekrümmt, von den breiten Schultern herab sich zu den Hüften dreieckig verjüngend, ein schmales Gesäß, schlanke kräftige Arme und Beine, dickes, dunkles, leicht gekräuseltes Haar. Die Zirkelmitglieder formten ihre kleinen Plastiken aus sehr verschiedenen Materialien: Aus Gips, Sandstein, Marmor, Holz, aus einer weißen lockeren schaumartigen Masse, die sonst als Isoliermaterial verwendet wird, aus schwarzem Wachs, Plastilin und farbigen Knetmassen. Sie hatten die Aufgabe, nicht nur die ganze Gestalt abzubilden, sondern auch einzelne Teile, den Kopf, das Gesäß mit den Oberschenkeln als Torso. Sie sollten versuchen, zuerst einmal naturalistische Treue in allen Formen und Proportionen – nicht dem Detail – zu erreichen, erst danach in freier Gestaltung bestimmte Grundlinien und Ideengehalte durch radikale Überbetonung und Umformung bis ins Nichtmehridentifizierbare sich vom gegebenen Modell lösen und ein selbständiges Kunstwerk zu schaffen suchen. Die kleinen Plastiken sollten auch nur Skizzen sein für spätere größere Ausführungen.

Katja war sehr stark von dieser Arbeit beeindruckt. Die Gestaltung kleiner Plastiken hatte sie oft mit den Kindern unserer Nachbarschaft und auch in einem Kinderheim in Grünheide geübt. Dabei verwendeten sie eine Knetmasse, die sich durch Erwärmen auf 100 Grad bis zur Härte gebrannter Keramik verfestigte und auch zu Formen führte, die Keramiken sehr ähnlich sind, weil das Material eine Plastizität sehr ähnlich dem Ton der Bildhauer hatte. Aber auch die holzgeschnitzten und die aus Sandstein gehauenen Arbeiten der Schüler fanden ihr größtes Interesse. Sie dachte dabei wohl auch an ihre jüngere Schwester Eva, die lange nach einem Beruf gesucht hatte, der ihren Neigungen und Fähigkeiten entsprach und die schließlich, auch durch Teilnahme an einem Zirkel, zur Bildhauerei gelangt war. Aber vielleicht dachte sie auch daran, sich selbst diesem Gebiet der künstlerischen Gestaltung ernsthaft zuzuwenden. Im stillen wünschte ich es mir. Ich dachte an den Grübler, den sie mir schuf, der im fernen Grünheide auf dem hohen Bord meines Schreibtisches steht.

Dann kamen wir zu den jungen Philosophen. Ich war voller gespannter Erwartungen. Gab es denn überhaupt eine Philosophie, die in Utopia gelehrt werden konnte? Sollten gar unsere Philosophen, die den dialektischen Materialismus als Philosophie lehrten, sich in die Zukunftswelt Utopias hinübergerettet haben? Sollte das Ende der Philosophie sich in eine Philosophie ohne Ende verwandelt haben? Es grauste mir bei dem Gedanken.

Unser Philosophenzirkel hatte 15 Teilnehmer, acht Mädchen und sieben Jungen. Zu meiner großen Erleichterung erfuhr ich, daß dort keineswegs irgendeine alleinseligmachende philosophische Lehre gepaukt wurde. Der Leiter des Zirkels erklärte uns, daß die erste Hürde, die jeder philosophische Zirkel zu nehmen hatte, darin bestand, überhaupt erst einmal Verständnis dafür zu gewinnen, was unter dem Begriff Philosophie verstanden wurde. Dieser Begriff war den Utopiern längst zur Bezeichnung einer Denkweise geworden, die definitiv der Vergangenheit angehörte. Es war ihnen schwer verständlich, daß seit der ersten Entwicklung der Kultur für viele Jahrtausende die Menschen mit voller Überzeugung und sogar oft mit Fanatismus und Unduldsamkeit gegenüber Andersdenkenden an die phantastischsten Lehren und Geschichten geglaubt hatten und selbst dann noch an ihnen festhielten und sich an sie klammerten, wenn ihre Unvereinbarkeit mit den Erkenntnissen der Wissenschaft ganz offensichtlich geworden war. Um diese scheinbaren Widersinnigkeiten nicht einfach als krankhafte Entartungen des menschlichen Denkens abzutun, was sie ja auch keineswegs waren, begann der Zirkel seine Arbeit damit, die historischen Ursprünge der Philosophie zu untersuchen. Um uns mit der Arbeit des Zirkels und seinen ersten Ergebnissen bekannt zu machen, schlug man uns vor, daß die Teilnehmer selbst uns erklären sollten, was sie über die Ursprünge der Philosophie gelernt hatten.

Ein 14jähriges Mädchen eröffnete die Stunde: »Alles begann damit, daß der Mensch der Urzeit an sich eine Fähigkeit entdeckte, über die er bis dahin nur unbewußt verfügt hatte, das Denken. Die Hauptschwierigkeit beim Denken besteht darin, die Gleichheit des Verschiedenen zu erkennen. Dieser Grundschritt muß getan werden, wenn wir in der unendlichen Vielfalt der Natur das Wiederkehrende vom Vergänglichen, das Dauernde vom Zeitlichen, das Wesentliche vom Zufälligen unterscheiden wollen und dadurch und damit auf den Begriff bringen wollen. Ohne die Erkenntnis der Identität des Verschiedenen können wir nicht nur nichts begreifen, wir können auch anderen Menschen nichts von dem mitteilen, was wir in Erfahrung gebracht haben. Dieser Grundschritt ist also auch die Voraussetzung für die Entstehung der Sprache. Jedes Wort, jeder Begriff ist eine Abstraktion, eine Verallgemeinerung, eine Simplifikation.«

»Alle Bäume sind verschieden, aber jeder Baum ist ein Baum!«, illustrierte ein 10jähriger Knabe diese Ausführungen und fügte noch hinzu, daß auch alle Menschen verschieden sind, alt und jung, groß und klein, männlich und weiblich, weiß und schwarz oder gelb oder braun, und doch alle Menschen sind, keine Tiere und Pflanzen.

»Die Entstehung der Begriffe und damit der Sprache hing eng damit zusammen, daß die Menschen es lernten, in Gruppen zusammenzuarbeiten, zuerst als Jäger, später beim Bau ihrer Hütten, bei der Herstellung von Jagdwaffen, von Werkzeugen, von Kleidung, beim Feuermachen und Kochen und so weiter und weiter bis zu den immer komplizierter werdenden Arbeiten der Neuzeit, die ja alle nur durch Kooperation von Menschen möglich sind. Die Sprache, das Denken und die kollektive Arbeit hängen unlösbar zusammen und sind bei der Verwandlung unserer tierischen Vorfahren in Menschen das bei der Menschwerdung entscheidende Neue.«

»Der Begriff, das Abstrahierte, das Allgemeine erwies sich als die Grundlage des Zusammenhangs der Dinge. Aber die Urmenschen verstanden es noch nicht als etwas Gedachtes, sondern als eine geheimnisvolle Gewalt, schließlich als Gottheit, die, wie der Mensch auch, willkürlich handelt. Die Personifizierung der Naturerscheinungen in den Naturgöttern ist die erste Form der Philosophie. In dieser ersten Form bilden Naturerkenntnis, religiöser Glaube und Philosophie noch eine problemlose kindlich-naive Einheit.«

»Bei der gedanklichen Verarbeitung unvollständiger Informationen spielt das induktive Schließen vom Bekannten auf das Unbekannte eine wichtige Rolle. Mit der reinen Deduktion bleibt man hinter dem zurück, was insgesamt in dem gegebenen Erfahrungsmaterial enthalten ist. Durch Induktion gelangt man über dessen Grenzen hinaus. Andererseits ist Induktion stets weitgehend an ein schon vorhandenes Denkschema gebunden. Es analysiert und wertet in Kategorien eines

Modells. Aber dadurch gelangt es auch zur Entdeckung der Paradoxien des Modells und der daraus folgenden Unvereinbarkeit mit der Wirklichkeit.«

»Die Philosophen haben immer geglaubt, sie könnten nicht nur vom Bekannten auf das Unbekannte, sondern auch vom Erkennbaren auf das Unerkennbare schließen, von Physik auf die Metaphysik, von der Materie auf den Geist, von der Natur auf ihren Schöpfer, vom Menschen auf Gott.«

»In den Systemen der Philosophen wurde immer versucht, ein geschlossenes Bild der Welt, der Natur wie des Menschen, zu geben. Weil diese Systeme den Eindruck erweckten, daß durch sie alle wesentlichen Fragen gelöst seien, waren sie der Entwicklung der Erkenntnis nicht förderlich.«

»Wie Marx in seiner berühmten 11. Feuerbachthese sagt: Die Philosophen haben die Welt nur verschieden interpretiert, es kommt darauf an, sie zu verändern.«

So hörten wir unsere jungen Freunde über eine Stunde in der muntersten Art über die alte, nun längst beerdigte Dame Philosophie reden und lästern, daß es eine Freude war. Der Leiter des Zirkels, ein hochgebildeter Mann, hatte Kulturgeschichte und speziell Geschichte der Philosophie und der Religionen studiert. Im Alter von 30 Jahren war er mit seiner Frau nach der Geburt ihres ersten Kindes in das Kinderdorf gekommen, wo noch ein zweites Kind zur Welt kam und wo sie beide nun schon über zehn Jahre lebten. Wenn ich eben von »seiner Frau« sprach, so heißt das natürlich nicht, daß es in Utopia irgend etwas Ähnliches gab, von der Art der bei uns üblichen Eheschließung mit Papier und Siegel vor der Behörde. Das war schon darum unmöglich, weil es überhaupt keine Behörden gab oder sonst eine Instanz, die sich mit der Verwaltung von Menschen zu beschäftigen hatte. So gab es weder Hochzeit noch Scheidung; aber wenn wir unter Ehe die auf Liebe gegründete Gemeinschaft von Menschen verstehen, so war der Bestand der Ehen in Utopia unvergleichlich dauerhafter als in unseren vergangenen Zeiten.

Wir fragten den Zirkelleiter noch nach dem Schicksal der großen Religionen, des Buddhismus, des Islams und des Christentums.

Die rituellen Formen der religiösen Kulte und die damit verbundene bedingungslose Gläubigkeit ihrer Anhänger sind im Laufe längerer Zeit fast unmerklich eingeschlafen. Wir haben nie irgend etwas dafür oder dagegen getan. »Sie werden das verstehen«, betonte er, »denn es gibt in Utopia eben keine Instanz, die irgendein der Gesamtgesellschaft gegenüberstehendes ›Wir‹ repräsentiert, wie das zu euren Zeiten die Regierung oder die Partei oder das Politbüro war.« Aber mit dem gedanklichen Inhalt der Religionen und natürlich mit ihrer Geschichte befaßte man sich in Utopia sehr intensiv und nicht nur historisch-analytisch oder ideengeschichtlich, sondern auch mit dem Ziel, nach verborgenen Schätzen menschlicher Weisheit und Erkenntnis zu graben. Man hatte bei solchen Forschungen schon erstaunliche Entdeckungen gemacht, die für andere Wissenschaften von erheblicher Bedeutung waren, für die Psychologie, die formale Logik und für die Sprachwissenschaft. Man hatte es längst als engstirnig und unsinnig erkannt, was Generationen von Atheisten früher als ihre wichtigste Aufgabe angesehen hatten, nämlich in den Lehrgebäuden der Religionen wie auch der Philosophen nach dem zu forschen, was darin offenkundig falsch und durch moderne wissenschaftliche Erkenntnis einwandfrei widerlegt ist, um daraus dann auf die Verfehltheit des Ganzen zu schließen. Diese Versuche sind nicht nur fruchtlos, denn sie liefern überhaupt keine neue Erkenntnis, sie werden auch schon deshalb dem Gegenstand nicht gerecht, weil ja gerade das Wörtlichnehmen dieser noch in bildhaften Gleichnissen ausgedrückten Gedanken und Erkenntnisse nur zu vollkommenen Mißverständnissen führen muß.

Die Zeit des Mittagessens war gekommen. Als wir zu Hause ankamen, fanden wir dort schon viele der erwarteten Freunde, alle gemeinsam mit vielen Kindern damit beschäftigt, eine lange aus vielen Tischen zusammengestellte Mittagstafel anzurichten, für die Erwachsenen, zu denen auch die älteren Kinder gerechnet wurden. Die kleinen, es waren nur acht, saßen an einer Extratafel mit zwei Erwachsenen, die sich um sie kümmerten. Im ganzen wurden 30 bis 35 Gäste erwartet, es kamen sogar mehr, denn mit den acht kleinen waren wir schließlich 42 Personen. Wir tafelten fast drei Stunden lang und verzehrten sehr viele verschiedene Gerichte, immer nur kleine Portionen. Alle Gerichte waren selbstgemacht nach eigenen Rezepten und waren von den Gästen mitgebracht worden. Anna, Bernhard und Bertram waren von dieser Arbeit befreit worden, weil sie ja an unseren vormittäglichen Besuchen im Kinderdorf teilgenommen hatten.

Wie immer gab es leichte Weine und nach Aufhebung der Tafel Tee und Kaffee. Dann gingen wir zu einer Art Klubhaus, einem flachen Gebäude mit einer breiten Terrasse, wo die verschiedensten Stühle, Hocker, Sessel, Liegestühle und Liegen sich fanden. Man ließ sich nieder, wir wurden von unseren Freunden bald diesem, bald jenem der kleinen Kreise zugeführt, die sich zwanglos gebildet hatten, auch ertönte Musik und viele begannen zu tanzen. Ich habe selten so viele schöne Frauen gesehen, wie an diesem Tag im Kinderdorf, an dem wir ja nun auch Abschied feierten, noch nicht von Utopia, aber doch von unseren lieben Freunden Anna und Bertram. Auch die Männer waren schön, ergänzt in diesem Augenblick Katja meinen Bericht, und ich bestreite es nicht. Die Bekleidung war ohne jede Uniformität, im wesentlichen aber einfach und angenehm zu tragen. Es war alles selbstgeschneidert, zum Unterschied von den gewöhnlichen Tageskleidern. Ganz leichte Stoffe, in allen Farben, leuchtende und gebrochene, gemusterte und einfarbige, metallisch glänzende und irisierend glitzernde, elastisch um den Leib geschlungene Saris, lockere Blusen, tief ausgeschnittene, eng anliegende Kleider und locker wallende togaartige Hemden – und was mir sehr bemerkenswert erschien, kein Kleidungsstück, das in irgendeiner Hinsicht geschlechtsbezogene Merkmale hatte, so daß man das Geschlecht des Trägers daran hätte erkennen können.

Kurz vor Einbruch der Dämmerung gingen wir in das Innere des Hauses, wo wir, ähnlich wie auf der Terrasse, reichlich bequeme Sitz- und Liegegelegenheiten vorfanden. An den Raum grenzte auch eine Art Bühne, die durch einen breiten Vorhang vom übrigen Raum getrennt war. Als dieser Vorhang beiseite gezogen wurde, erschien ein Bildschirm von der Größe der Projektionsfläche eines Kinos. Auf dem Bildschirm sah man, farbig, ein sehr helles und gestochen scharfes Bild eines größeren, saalartigen Raums mit einer Anzahl von Menschen, die sich bequem auf Sesseln und Liegen niedergelassen hatten. Alle lachten laut und winkten uns zu, hoben ihre Gläser – ja, dann erst begriff ich, daß der Saal und die Leute auf dem Bildschirm nur wir selber waren, aufgenommen von einer Video-Kamera, die sich über dem Bildschirm befand.

Das Bild auf dem Bildschirm erlosch, während die allgemeine Beleuchtung sich um mehrere Stufen verdunkelte. Der ganze große Bildschirm wurde nun an unsichtbaren Seilen in die Höhe gehoben und verschwand in einer Art Schnürboden. Mehrere Scheinwerfer leuchteten auf, die ihr Licht in scharfen Kegeln auf das Zentrum der Bühne konzentrierten. Dort stand ein phantastischer Harlekin, mit hohem spitzem Hut, blauweiß kariert und mit roten Troddeln, einem hellgelben Hosenkleid mit bauschig geblähten Ärmeln und Hosenbeinen und langen roten Schnabelschuhen. Gesicht und Hände waren schneeweiß grundiert und mit blauen und roten Linien bemalt, die im Gesicht strahlenförmig von der Nase als Mittelpunkt ausgingen und an den Händen vom Handrücken bis in die Fingerspitzen verliefen. Er hatte einen Taktstock in der Hand, den er nun erhob – und im gleichen Augenblick, als er anfing, mit ihm zu dirigieren, ertönte die Musik eines großen unsichtbaren Orchesters, eine merkwürdige Musik, mit leisen einschmeichelnden Klängen beginnend, dann aber immer lauter werdend mit schrillen Tönen und wilden, sich immer mehr beschleunigenden Rhythmen. Der Harlekin hopste und sprang, in wilder Ekstase sein unsichtbares Orchester zu immer schnellerem Spiel anfeuernd. Gleichzeitig erschienen nun, noch im Dunkel außerhalb der Lichtkegel, mehr und mehr kostümierte Gestalten, die den leidenschaftlich gestikulierenden Harlekin von allen Seiten umringten, bis dieser plötzlich mitten in der wildesten Bewegung stoppte wie ein im Lauf angehaltener Film, während zugleich ebenso schlagartig die Musik verstummte. Die Scheinwerfer verbreiterten jetzt ihre Kegel und bewegten ihre Strahlen in ständigem Wechsel über die ganze Bühne. Nun sahen wir alle die farbigen und wunderlich kostümierten Gestalten. Der Harlekin schritt gemächlich und gravitätisch von seinem bisherigen Platz im Zentrum der Bühne zu einem Podest im Hintergrund und setzte sich dort auf einen rotgepolsterten goldenen Thronsessel. Auf einen Wink seiner Hand ließen sich alle anderen Mitspieler zu seinen Füßen auf dem Rand des Podests nieder.

Dann riefen sie, halb sangen sie im Chor: »Weiser Pro-Ku-Ha, wir grüßen dich. Laß uns teilhaben an deiner Erleuchtung!«

Harlekin Pro-Ku-Ha lächelte süßlich mild und begann in salbungsvollem Ton: »Wieder seid ihr Vielgestaltigen zu mir gekommen, ihr Bunten, in allen Farben Schillernden. Ihr wißt doch, wie sehr ich dies launische individualistische Spiel verdamme! Keiner von euch ist mehr wie der andere. Darum sage ich das erste Gebot: Werdet gleich!«

Jede der Masken zog sofort einen aufklappbaren Rahmen hervor, der mit durchscheinendem grauen Stoff bespannt einen Schild von der

Form der Silhouette des menschlichen Oberkörpers bildete, an den unten, einen Rock vortäuschend, ein Stück in Falten gelegter Stoff befestigt war. Alle hielten ihre Schilder hoch, ihre Körper damit in Richtung auf Pro-Ku-Ha bedeckend und nur mit den Köpfen darüber hervorragend, und riefen wieder im Chor: »Pro-Ku-Ha! Wir sind alle gleich. Nur du bist nicht gleich!«

Pro-Ku-Ha erhob sich und sagte mit einer Stimme, die klang wie das Glucksen eines Puters: »Ich bin euch nicht gleich, weil ich gleicher bin, als ihr es sein könnt.«

Alle sprangen auf und umtanzten, ihre grauen Schilde schwingend, den Harlekin. Viele der Masken hatten die Gestalt von Tieren, von merkwürdigen Vögeln, Käfern, Schmetterlingen, Affen, Eseln und Drachen. Auch phantastische menschliche Gestalten waren darunter, mit riesigen Köpfen, langen Schwänzen und ballonartig aufgetriebenen Bäuchen, alles in den buntesten Farben. Pro-Ku-Ha ließ wieder seine Stimme ertönen: »Wir wollen nun zum Schluß zur wichtigsten Weisheit kommen, zu der ich euch immer wieder hinführen muß, zur Grundlage eures ganzen Denkens und Handelns, zum –.«

Er wurde durch den lauten Zwischenruf eines Affen unterbrochen: »Zum Vergessen! Zum Alles Vergessen!« Pro-Ku-Ha entrüstete sich: »Woher hast du diese Kenntnis?« »Ich habe sie nicht vergessen, du selbst –« Pro-Ku-Ha schrie erbost: »– bist ein Affe, der alles nachplappert.« Nach diesem merkwürdigen Dialog überfielen die Masken den Harlekin von allen Seiten, zogen ihm stückweise die Kleider vom Leibe und bekleideten ihn dann mit einem schwarzen Trikot, das ihm über den Kopf gestülpt wurde.

Das Spiel ging nun in eine einzige riesige Gaudi über. Die Darsteller kamen von der Bühne herunter in den Zuschauerraum. Alle fingen an zu tanzen. Es stellte sich heraus, daß die Darsteller Kinder und vier Eltern waren, mit denen wir schon seit dem Mittagessen zusammen gewesen waren. Es wurde viel darüber gerätselt, was mit der ganzen Geschichte wohl gemeint war. Einige sagten, daß Pro-Ku-Ha die Karikatur eines Lehrers sei, weniger eines bestimmten, aber jedenfalls eines Typs, den es gelegentlich noch gibt. Aber die Hauptsache wären doch die schönen Masken und die Tänze und der ganze harmlose Spaß gewesen.

Das Spiel der Masken hatte uns alle sowohl nachdenklich gemacht, wie auch in eine angeregte Fröhlichkeit versetzt. Es gab wieder die köstlichen utopischen Weine, dazu Musik, alle tanzten, einzeln und in Paaren und Gruppen. Auf der Bühne sahen wir spät in der Nacht noch eine Tanzpantomime, Mond und Sonne, ihr Aufgang und Untergang und die Phasen des Mondwechsels wurden von einem tanzenden Paar dargestellt.

Es war lange nach Mitternacht, als wir heimkamen. Wir schliefen fest, wurden aber früh geweckt durch die Kinder. Nach dem Frühstück wollten wir aufbrechen. Unsere beiden Eselchen waren schon da und unser Wägelchen auch. Wir erhielten einige Eßsachen und Decken und Kleidung zum Wechseln eingepackt. Dann kam das Abschiednehmen von Anna, Bertram und Felix und von den anderen Kindern. Unser Führer durch das Wunderland Utopia war nun für die nächsten Wochen der lebenserfahrene Bernhard. »Wir sehen uns wieder!«, rief Anna. Ich hatte mich in den Wagen gesetzt, rückwärts gewandt, und winkte ihnen noch zu und sah, wie ihre Gestalten kleiner und kleiner wurden und sich schließlich im Blau der Ferne auflösten.

Bernhard war ein guter Wanderer. So kamen wir schneller voran, als ich gedacht hatte. Franzi ritt lange Strecken auf einem der Esel oder saß mit mir auf dem Wagen. Wir nahmen unsere Mahlzeiten teils am Wege, teils in einer der kleinen Gaststätten ein, die reichlich mit Vorräten ausgestattet auf Selbstbedienung und auch für Übernachtungen eingerichtet waren. Wir kamen durch weite Ebenen mit riesigen bebauten Feldern mit Getreide, Kartoffeln und Rüben, durch Wälder und Heiden, weit ausgedehnte Wiesen mit Kühen und Schafen. Wir überquerten Flüsse und Bäche, Bergketten und Täler. Überall fanden wir kleine Wohnhäuser, einzeln gelegen und in Gruppen, manchmal auch in größerer Zahl zu kleinen Siedlungen vereinigt. Etwas, das wir Städte hätten nennen können, fanden wir nicht. Ich schätzte, daß wir täglich durchschnittlich an die 40 km zurücklegten. Nach zwei Wochen erreichten wir das Ägäische Meer in der Nähe der Überreste der alten griechischen Hafenstadt Thessaloniki. Zahlreiche kulturhistorisch wertvolle Bauten waren gut erhalten. Sie wurden aber nicht benutzt, so daß sie den Eindruck eines Architekturmuseums machten. Von den Bauten aus der letzten Zeit der Stadt standen noch einige Ruinen von Betonhochhäusern. Man hatte sie wohl absichtlich stehen gelassen, um den Kontrast zwischen der Kultur der

Antike und der Barbarei der Neuzeit den Besuchern deutlich zu machen.

Im Hafen wurden wir von dem Kapitän eines Containerschiffes sehr freundlich aufgenommen, der auf unsere Bitte sofort bereit war, uns auf seine Fahrt ins Schwarze Meer mitzunehmen. Die Be- und Entladung der Containerschiffe war weitgehend automatisiert. Unser Schiff stach schon am nächsten Morgen in See und brachte uns in einer Woche nach Suchumi an der Ostküste des Schwarzen Meeres. Unser Reiseziel war der berühmte Berg Ararat, von dem es heißt, daß in der Zeit der Sintflut Noah mit seiner Arche auf seinem Gipfel landete, der als kleine Insel aus den Fluten herausragte. Der Ararat ist mit einer Höhe von über 5000 m der höchste der vulkanischen Berge dieses wilden Berglandes, das viele Jahrhunderte der Schauplatz erbitterter und mörderischer Kämpfe zwischen Armeniern, Kurden und Türken gewesen war. Wir wollten bis zum Wan-See in 1700 m Höhe kommen, wo drei Freunde Bernhards seit Jahrzehnten wohnten, die er als seine drei Weisen aus dem Morgenland bezeichnete. Er hatte sie vor 20 Jahren kennengelernt, als er durch die Türkei bis nach Persien gewandert war. Der Wan-See liegt inmitten einer steppenartigen Landschaft, das Klima ist ziemlich rauh, aber jetzt im Hochsommer war es sehr heiß. Der See liegt in einer Mulde, in die das Schmelzwasser der Firne und Gletscher der schneebedeckten Gipfelregion des Ararat fließt. Er hat keinen sichtbaren Abfluß, doch es muß unterirdische Abflüsse geben, da der See reines Süßwasser enthält. An seinen Ufern gedeihen auch Obstbäume, weil die Talmulde gegen die Stürme und Unwetter etwas Schutz bietet.

Die drei Weisen lebten seit mehr als 30 Jahren dort oben in einem geräumigen und sehr komfortablen Haus, das sie sich im Laufe der Zeit aus Fertigbauteilen selber aufgebaut hatten. Außer ihrem Haus gab es noch einige ähnliche, aber kleinere Häuser, die aber nur selten Bewohner hatten, da sie gewöhnlich nur während des Sommers dorthin kamen, um von da aus Wanderungen und Bergtouren in die Region des ewigen Eises zu unternehmen. Das Gebiet um den Wan-See war durch ein Kabel mit einer Elektrostation am Fuße des Berges verbunden. Dazu gab es die drahtlose Telefonverbindung, wie wir sie überall in Utopia kennengelernt hatten.

Die drei Weisen waren alte weißhaarige Männer, deren Alter Bernhard auf weit über 120 schätzte. Weil sie nie davon und so gut wie gar nicht über ihre Jugend sprachen, war man auf Schätzungen angewiesen. Ha Wu, der Chinese mit schütterem Haar und dünnem langem Bart an den Backen, dem Kinn und den Lippen, schien der Älteste zu sein. Paradoxos, ein kräftiger Mann mit vollem Haarschopf und kräuseligem Bart, ein Grieche, war ständig in Unruhe und Bewegung, spielte die Rolle der fleißigen und eifrigen Hausfrau, während der viel kleinere und rundliche Dritte, der Araber Suleiman, die Ruhe und Bequemlichkeit noch mehr zu lieben schien als der Chinese Ha Wu. Ich will mich nicht lange mit der Schilderung des Hauses und der vielen interessanten Gegenstände und Merkwürdigkeiten aufhalten, die wir zu sehen bekamen. Ich will nur andeuten, daß sich in der ganzen eigenartigen Atmosphäre dieses Anwesens auf erstaunliche Weise Wesen und individuelle Eigenart seiner Bewohner widerspiegelten und unwiderstehlich in ihren Bann zogen. Ich will mich also in meinem Bericht auf das Wesentliche beschränken und versuchen, den Inhalt unserer Gespräche wiederzugeben.

Nachdem wir gebeten worden waren, selbst zu bestimmen, mit welchen Fragen wir unser Gespräch beginnen wollten, nahm Katja das Wort und eröffnete mit einem Thema, über das wir beide schon zuvor oft gesprochen hatten: »Wir sind nun schon einige Wochen in diesem erstaunlichen Land, in dem es so vieles nicht mehr gibt, wovon die Menschen unserer Zeit glaubten, es werde es geben, solange Menschen eine Gemeinschaft bilden, eben eine Gemeinschaft mit vielen oft grausamen Widersprüchen und furchtbaren Ängstigungen. Aber vielleicht haben wir manches nicht bemerkt, waren zu sehr von dem vielen Neuen geblendet, so daß es uns gar nicht recht zu Bewußtsein gekommen ist. Denn das ganz Hervorragende und uns hauptsächlich Beeindruckende ist die fast widerspruchslose Harmonie in den Beziehungen zwischen den Menschen. Zu unserer Zeit gab es bedeutende Wissenschaftler, die behaupteten, daß die Menschen ohne Aggressionen nicht existieren können, daß Aggressionen vielleicht sogar zu den uns angeborenen Verhaltensweisen gehören, oder daß sie zumindest die Form sind, in der wir die Repressionen und Enttäuschungen unseres Lebens aus ihrer uns schmerzhaften Verinnerlichung freisetzen und deshalb ohne die mannigfaltigsten Formen der Aggressivität nicht existieren können. Ich frage euch also, ist diese unglaubliche Harmonie, die uns hier fast erschreckt, nur eine Täuschung, und wenn sie das sein sollte, müßte es dann nicht auch im

Leben der Utopier entsprechende, vielleicht gewandelte Formen der Aggressivität geben?«

»Die utopische Harmonie«, antwortete als erster Suleiman, »ist tatsächlich phantastisch, wie das ganze Utopia selbst. Ihr fandet hier in der Wirklichkeit, was ihr euch schon in eurer alten Zeit immer gewünscht habt. Utopia war das Land eurer Hoffnungen, in dem – wenn auch nur in euren Gedanken – alle Unmenschlichkeit eurer Zeit aufgehoben ist. Darum nahmt ihr als erstes und übergroß wahr, was in Utopia nicht ist und nicht mehr sein kann. Sehr viel schwerer ist es zu sehen, was in Utopia ist. So entspringt unsere utopische Harmonie eurer gedachten harmonischen Utopie. Bevor Utopia Wirklichkeit werden konnte, mußte es zuerst einmal gedacht werden. So kann man sagen, daß ihr mit zu den Schöpfern Utopias gezählt werden müßt, weil ihr mitgeholfen habt, es zu denken. Der Mensch kann immer nur verwirklichen, was er sich zuvor schon in Gedanken geschaffen hat. Aber wenn er dann ans Werk geht, so ist das entstehende Neue doch auch zugleich anders, nicht einfach ein Abbild seiner Gedanken. Unvermeidlich zeigen sich im Neuen unerwartete Erscheinungen, vom Standpunkt der Planer und Schöpfer oft schwer verständlich, – oft bleiben sie lange versteckt. So kommt es, daß ihr nur die Harmonie in unseren utopischen Verhältnissen wahrnehmt, nicht aber die neuen Disharmonien. Ob ihr sie je entdecken werdet, wage ich zu bezweifeln. Dazu braucht man ein ganzes Leben. Aber ich kann euch sagen, unsere utopischen Disharmonien erzeugen keine Aggressivität, keinen Haß, keine Rachsucht, weil es in Utopia eines nicht mehr gibt, was bei euch Grund und Quelle aller Disharmonie war: das Haben. In eurer Zeit war das ganze Leben der Menschen ein Kampf um das Haben, das Haben von Sachen und das Haben von Menschen. Darin wart ihr unersättlich. Haben ist sich nie genug und will immer mehr. In Utopia ist Nicht-Haben der Reichtum.«

»Bei euch war Nicht-Haben Armut, bedeutete sogar Elend und Unglück«, fügte nun Paradoxos hinzu. »Ihr wart alle von eurem Ich erfüllt. Darum standet ihr euch euer Leben lang selbst im Wege. Vor Jahrtausenden schon lehrte euch aber Lao-tse: ›Der Grund, warum ich große Übel erfahre, ist, daß ich ein Ich habe. Wenn ich kein Ich habe, welches Übel gibt es dann noch.‹«

Nach einer längeren Pause, in der uns Paradoxos neuen Tee eingoß, nahm er den Faden des Gesprächs wieder auf: »Unsere Disharmonien gehen aber auch nicht aus dem Nicht-Haben hervor. Genügsamkeit und Verzicht sind für uns nicht Tugenden, sondern die Voraussetzung aller Lebensfreude. Unsere utopischen Disharmonien entspringen der Vielfalt und Mannigfaltigkeit der individuellen Selbstverwirklichung der Menschen. Jede individuelle Ausformung eines Menschen stellt ja zugleich eine Aufhebung seiner ursprünglichen Omnipotenz dar. Vieles von dem Reichtum an Möglichkeiten, mit denen er zur Welt kam, muß dabei verloren gehen, verkümmern und verformt werden. Das ist immer Gewinn und Verlust zugleich. Die Selbstverwirklichung bringt neue Fremdheiten in unser Leben. Ich zitiere noch einmal Lao-tse, wo er die Grundsätze seiner Gedanken über das Leben formuliert: ›Das hohe Leben ist ohne Handeln und ohne Absicht. Das niedere Leben handelt und hat Absichten. Die Liebe handelt und hat nicht Absichten. Die Gerechtigkeit handelt und hat Absichten.‹ Man sieht, bei Lao-tse steht die Gerechtigkeit auf der niederen Stufe des Lebens. Aber auf der Stufe zwischen dem hohen und dem niederen Leben steht die Liebe. Indem sie handelt, gehört sie dem niederen, indem sie keine Absichten hat, dem hohen Leben an. Weil die Liebe ohne Absichten ist, kann sie die individuellen Fremdheiten überwinden und die Verschmelzung der Liebenden vollziehen. Weil sie aber handeln muß, tritt die individuelle Verschiedenheit und Fremdheit immer wieder hervor. In der Liebe entdecken die Menschen sich selbst, indem sie im anderen Menschen, im Verschiedenen die Gleichheit, im Fremden das Vertraute finden. Aus diesen Widersprüchen des Menschlichen erwachsen unsere utopischen Disharmonien. Ihre Wirkung sind nicht Aggressionen, sondern Leidenschaft, Glück. Verzweiflung, Schmerz und Traurigsein.«

»Katja hat zum Schluß ihrer Frage etwas gesagt, was ich sehr erstaunlich finde«, begann nun der alte Ha Wu, »als sie danach fragte, ob die unglaubliche utopische Harmonie womöglich nur eine Täuschung sei. Sie sagte dabei, daß diese unglaubliche Harmonie sie erschreckt oder fast erschreckt. Zuerst will ich nun sagen, daß Suleiman und eigentlich noch deutlicher Paradoxos die Frage Katjas, ob die utopische Harmonie eine Täuschung sei, bejaht haben. Was euch Menschen der vergangenen Zeit in Utopia als Harmonie erscheint, ist nur das Nicht-Sein eurer vergangenen Disharmonien. Wie Suleiman sagte, ihr habt nur das Nicht-Sein gesehen, nicht das Sein. Nennt man es nicht eine Täuschung, wenn man etwas sieht, was nicht ist? Dies ist kein logisches Spiel, kein Paradoxon. Widerspruchsfreie Harmonie kann es nie geben und nirgends geben, es sei denn, die Zeitgeschichte ist an ihrem Ende angelangt und alles, was getan werden kann, ist getan. Harmonie war und ist immer eine Täuschung. Sie hat auch immer im Leben der menschlichen Gemeinschaft eine entsprechende Rolle gespielt, eben als beabsichtigte Täuschung anderer Menschen, der Ausgebeuteten durch die Ausbeuter, aber auch als Selbsttäuschung zur Beruhigung des Gewissens. Darum hatte Katja allen Grund, über unsere unglaubliche Harmonie erschreckt zu sein.«

»Ich habe noch eine andere Frage«, meldete sich Katja erneut, »die mich beunruhigt. Ich habe mich auch schon öfter mit Robert darüber unterhalten. Die enorme Veränderung der ökonomischen Basis der Gesellschaft verbunden mit weitgehender Automatisierung aller Produktionsprozesse bei gleichzeitiger Verringerung der Mengen der produzierten Güter und noch vieles mehr, – ich will es jetzt alles gar nicht aufzählen, jedenfalls wurden wir durch unsere Freunde über alles Wesentliche gründlich unterrichtet –, also alle diese Veränderungen haben dazu geführt, daß es keine Kooperation großer Massen von Menschen mehr gibt. Zu unseren Zeiten strömten tagtäglich, oft um in drei Schichten den ganzen Tag über die Maschinen zu bedienen, ganze Armeen von Arbeitern zu den Toren der Fabriken. Wegen dieser Kooperation von Hunderttausenden von Menschen lebten sie zu Millionen auf engstem Raum in den großen Städten. Aber diese großen Zusammenballungen von Menschen, die gewiß sehr viele scheußliche und barbarische ›Normalitäten‹ unseres Lebens gezeitigt haben, die zum Beispiel zu einer erschreckenden Verwahrlosung der Jugend führten mit Rauschgiftsucht und Prostitution, hatten doch neben dieser Schattenseite auch eine andere, eine positive Seite. Ich meine die vielen großartigen kulturellen Einrichtungen, die Theater, Konzertsäle, die Museen und Bibliotheken, die großen Sportforen, die Schwimmhallen und Bäder, die herrlichen Kinos, auch die Erholungsstätten in der Umgebung mit ihren Gaststätten, Cafés und Herbergen. Ist nicht Utopia mit der Auflösung der großen Städte – ich sehe ein, daß es keine ökonomische Notwendigkeit mehr für sie gibt – aber ist nicht Utopia doch auch um etwas ärmer geworden, das man doch auf irgendeine Weise sich hätte erhalten müssen. Könnten die Menschen es nicht vielleicht doch schön finden, gerade ohne ökonomischen Zwang, in großen Städten auf einer hohen Stufe der Kultur zu vielen, sehr vielen zusammenzuleben? Hat nicht die Anonymität des einzelnen in der Millionenstadt auch einen eigenartigen Reiz? Dazu kommt, daß wirklich moderne – nach den Maßstäben Utopias gemessen – Schnellverkehrsmittel es ermöglichen würden, sich in kurzer Zeit mit Freunden zu treffen, die weit entfernt wohnen, oder auch schnell ohne Zeitverluste aus der Stadt heraus ins Grüne zu kommen? Und schließlich: Könnte nicht auch in Utopia für bestimmte Aufgaben, sagen wir für große kulturelle Vorhaben, die Kooperation großer Massen von Menschen etwas Gutes sein? Ist nicht das Zusammenwirken vieler Menschen für eine gemeinsame Aufgabe eines der großen positiven Grunderlebnisse der Menschheit, das ihr die Kraft gab, den Weg zu bahnen aus dem Reich der Notwendigkeit in das Reich der Freiheit?«

Es war wieder Suleiman, der als erster antwortete: »Die erste Kooperation großer Massen von Menschen gab es im Zweistromland des Euphrat und Tigris, wo als Macht- und Handelszentrum des babylonischen Reichs die Großstadt Ninive schon 700 Jahre vor Christi Geburt entstand. Dort schufen die Menschen gewaltige Tempelbauten, darunter den berühmten Ischtar-Tempel, und viele andere Kultstätten und Paläste. Die zweite Kooperation großen Stils hatten wir dann in Ägypten beim Bau der großen Pyramiden. In beiden Fällen waren es große kulturelle Vorhaben – wie Katja sich ausdrückte –, die durch die Massenkooperation verwirklicht wurden.«

Die große Fruchtbarkeit dieser Länder ermöglichte es, die Ernährung der Gesamtbevölkerung durch die Arbeit nur eines Teils davon zu gewinnen, wodurch die Arbeitskraft sehr vieler für andere Arbeiten frei verfügbar wurde. Objektiv war es Sklavenarbeit. Aber im Bewußtsein dieser schwer arbeitenden Menschen war ihre Arbeit nicht Arbeit für andere Menschen, sondern kultische Handlung. Sie war Gottesdienst. Diese Arbeit schuf keinen Fortschritt in den Methoden der Produktion der lebensnotwendigen Güter, sondern sie war – umgekehrt – durch die Fortschritte, die man hierbei vorher erreicht hatte, erst ermöglicht worden.

»Darum hat Katja vollkommen recht, wenn sie sagt, daß die enormen Fortschritte, die wir in Utopia bei der Produktion aller lebensnotwendigen Güter erreicht haben, so daß die notwendige Arbeit von sehr wenigen Menschen geleistet wird, in Utopia ebenso wie auch damals in Babylon und im alten Ägypten, die Freisetzung gewaltiger

Massen von Arbeitskräften bedeutet. Es fragt sich nun, liegen diese Arbeitskräfte brach? Geben sich diese Menschen dem seligen Nichtstun hin? Könnten sie nicht auch in Massen zusammenarbeiten und bleibende kulturelle Werte schaffen? Ich glaube, zuerst müssen wir uns eins klar machen, nämlich warum in Babylon und Ägypten diese großen Sklavenmassen zusammen arbeiten mußten und wie sie es taten.«

Die Arbeit dieser Menschen war weit überwiegend reine Muskelarbeit. Weil es keine krafterzeugende Maschinen gab, war man zur Absprengung, Formung und Bewegung der riesigen Felsquader, Säulen und sonstigen Bauelemente auf die menschliche und tierische Muskelkraft angewiesen. Die Notwendigkeit der kollektiven Massenarbeit ergab sich also aus der Rückständigkeit der angewendeten Produktionsmethoden.

»Wenn wir heute Pyramiden oder Tempel oder was weiß ich für gewaltige Kulturbauten errichten wollten, könnten wir das auch ohne die Kooperation von großen Menschenmassen bewerkstelligen. Und wozu sollten wir das tun? Etwa um der Nachwelt ein Zeugnis unserer Kultur zu hinterlassen? An so etwas haben ja nicht einmal die Erbauer der Pyramiden gedacht! Und wenn ihr bedenkt, daß die utopische Zeit erst am Anfang steht und ungezählte Jahrtausende, was sage ich: Jahrhunderttausende! vor uns liegen. Was sollen denn die kommenden Geschlechter noch alles bauen? Wollen wir die Erde in ein riesiges Museum verwandeln, in eine steingewordene Kulturgeschichte der Menschheit? Ich glaube, es ist ganz klar, daß es in Utopia diese Art kollektiver Massenarbeit nicht geben kann. Alle Massenarbeit, die Zusammenarbeit von vielen Menschen in räumlicher Enge erforderte, wie etwa auch die Massenarbeit in der kapitalistischen Industrie, war im Grunde immer Sklaverei. Ein komplizierter Arbeitsprozeß wurde in tausend kleine primitive Handgriffe zerlegt, die Menschen ausführen mußten, nach strikten Anweisungen und ohne oft den Sinn und Zweck ihrer Tätigkeit überhaupt zu verstehen. Das führte im Kapitalismus zur endgültigen und vollständigen Entfremdung des Menschen von den Produkten seiner Arbeit. Es hat die Menschen stumpf und leer gemacht. Es war das Umschlagen von Qualität in Quantität, die Erniedrigung des Menschen durch seine Verwandlung in den Baustein einer ihm fremden und feindseligen Maschinerie. Ich frage euch also: Was sollten die Menschen in einer utopischen Großstadt, wie ihr sie euch denkt, tun, um sich in kollektiver Massenarbeit zu betätigen?«

Da Suleiman seine Rede nicht fortsetzte und uns nur fragend ansah, während Paradoxon und Ha Wu schmunzelten, sagte ich: »Soll ich deine Worte nun so verstehen, daß es in Utopia keine Kooperation großer Kollektive gibt, daß sich die große Mehrheit der Menschen mit allen möglichen privaten Hobbys die Zeit vertreibt, wenn sie nicht einfach nur faulenzt, frißt, säuft und sich liebt, um über die lange Runde ihres Lebens zu kommen?« Wieder beschlich mich der Verdacht, daß die Disharmonien des utopischen Lebens doch einen anderen Charakter haben könnten, als den schönen Reden der drei Weisen zu entnehmen war. Mußte sich nicht eine schreckliche Langeweile ausbreiten, wenn die Menschen keine Aufgaben hatten, keine Arbeit, die ihrem Leben einen Sinn gab? Ich konnte mir nicht vorstellen, daß es da nicht zu Ausbrüchen und Aggressionen kommen mußte.

»Du meinst, daß das Leben der Utopier zwar frei von Sorgen, dafür aber verdammt langweilig ist«, sagte nun Paradoxos, der meine Gedanken erraten haben mußte. »Und da kommt ihr beiden lieben Freunde nun gerade von einem der großen Zentren kollektiver Kooperation!«

»Du meinst das Kinderdorf?« fragte ich etwas unsicher. »Da lebten 4000 Kinder mit 1500 Erwachsenen zusammen, lauter Familien und Schulen, eine Art großes Internat. Wir dachten an größere Zentren der Kooperation.«

»Du kennst das Wort«, begann nun Paradoxos uns zu antworten, »daß manche den Wald nicht vor Bäumen sehen. Ihr habt sogar nur einen Baum gesehen, so daß man euch nun auch den Wald zeigen muß. Hattet ihr nicht schon gehört, daß es insgesamt fast 200000 Kinderdörfer gibt, in denen 750 Millionen Kinder leben und ständig an die 400 Millionen Erwachsene im Alter von 20 bis 50 Jahren als Erzieher, Lehrer, Zirkelleiter und technische Mitarbeiter arbeiten? Diese Kinderdörfer stellen eine kollektive Kooperation von einem Ausmaß dar, wie es keine frühere Zeit kannte. Sie arbeiten nämlich nicht isoliert voneinander, sondern bilden eine große Einheit, auch schon dadurch, daß ja alle Familien im Lauf der 18 bis 20 Jahre ihres Zusammenlebens in einer ganzen Reihe von Kinderdörfern leben und dabei sogar die ganze weite Welt kennenlernen. Die Gesamtzahl der Erwachsenen Utopias, im Alter zwischen 20 und 50 Jahren – das sind unsere jungen Leute – beträgt über eine Milliarde. Fast alle arbeiten in diesem Abschnitt ihres Lebens in Kinderdörfern, manche zehn Jahre, viele 20 Jahre, andere auch 30 Jahre und länger. Auch sie ziehen ja in dieser Zeit mit ihren Kindern, nach einigen Jahren das Kinderdorf wechselnd, weit durch die ganze Welt. Die Erziehung und Bildung unserer Jugend ist die größte kooperative Unternehmung Utopias, an der nahezu alle Menschen im Laufe ihres Lebens für viele Jahre teilnehmen. Hinzu kommt, daß die Eltern der Familien und die Fachlehrkräfte während dieser Zeit selbst pädagogisch ausgebildet und fachlich geschult werden. Das geschieht teils in den Kinderdörfern, teils in besonderen Kursen in zentralen Hochschulen und Universitäten. Während dieser ›Jugendzeit‹ vollzieht sich die individuelle Differenzierung der Menschen, ihre Hinwendung zu bestimmten Gebieten ihres Interesses. In dieser wichtigen Zeit entscheidet sich viel in unserem Leben. Die Zeit des Lernens und Studierens hört ja nie auf. Lernen, Lehren und schöpferische Arbeit bilden eine unlösbare Einheit. Da gibt es viele Unternehmungen, die durch das Zusammenwirken großer Kollektive überhaupt erst ermöglicht werden. Aber die größte und für die Entfaltung unserer Kultur entscheidende Unternehmung ist die Erziehung unserer Kinder. Sie verwirklicht eine Einheit von individuellem Zusammenleben mit der Einbettung in ein umfassendes Kollektiv.«

Nach Paradoxos sprach Ha Wu: »Ihr fragt uns noch, ob mit den großen Städten auch die Theater, Konzertsäle, Museen, Kinos, Sportforen und alle anderen kulturellen Einrichtungen aus dem Leben Utopias verschwunden sind. Man muß diese Frage mit Ja und mit Nein beantworten. Wir haben heute eine Vielzahl von Einrichtungen, die uns den gleichen Dienst tun, aber doch in vieler Hinsicht ganz anders sind.

Die meisten jener kostspieligen Theater, Opernhäuser eurer Zeit wurden doch nur von einer relativ kleinen Minderheit der Menschen besucht und genutzt. Es gab nur ein wirkliches Massenmedium, das Fernsehen. So wie es zu euren Zeiten betrieben wurde, konnte es zur Kultur nur wenig beitragen. Geschmackloser Kitsch und rührselige Lügengeschichten wechselten ab mit der Verherrlichung schießwütiger Cowboys oder der Darstellung von Morden und anderen schrecklichen Verbrechen in den Krimis. Ihr habt inzwischen kennengelernt, wie dieses großartige Medium der Ausbreitung der Kultur Utopias dient. Mit Hilfe des Telefons können wir uns jederzeit jeden bedeutenden Film und jedes Bühnenstück, jede Oper oder Operette auf den Bildschirm rufen. Das steht uns in aller Welt in den großen Audio-Video-Speichern zur Verfügung und wartet nur auf Abruf. Ihr werdet sagen, das sind alles nur Konserven. Aber das ist falsch; das meiste hört man und sieht man auf diese Weise besser, als original im Theater oder im Konzertsaal. Trotzdem haben wir natürlich auch große Theater, Konzertsäle und Filmstudios, wo die Aufnahmen für die Video- und Informationsspeicher gemacht werden. Dort kann man auch jederzeit als Zuschauer teilnehmen. Aber wie ihr auch wißt, haben wir nicht nur diese großen Einrichtungen, um Theater und Musik zu machen. Überall gibt es Menschengruppen, die sich in kleineren oder auch größeren Kollektiven künstlerisch betätigen, Theater spielen, selbst verfaßte Stücke aufführen und Tänze und Pantomimen vorführen, wie es ja auch überall in Utopia Maler, Bildhauer, Sänger gibt, die sich diesen Künsten nicht als Beruf, wie zu euren Zeiten, sondern aus purer Neigung und Vergnügen widmen. Und unter ihnen sind viele, die ganz hervorragende Leistungen vollbringen. Zu euren Zeiten gab es davon viel weniger. In Utopia gibt es nicht einen Caruso, einen Paganini, einen Oistrach, sondern deren Hunderte, ja Tausende überall. In eurer Zeit waren alle schöpferischen Kräfte ständig tödlichen Gefahren ausgesetzt und erlitten tausend Tode und Verstümmelungen. Wie reich die Menschheit wirklich ist, das sehen wir erst jetzt.«

Er hielt inne, fuhr aber nach einer Pause fort: »Ich habe gehört, daß ihr bald nach eurer Ankunft das Spiel einer kleinen Theatergruppe gesehen habt. Eure Freunde Anna und Bertram wirkten dabei mit. Es war der Versuch einer Umkehrung der Ödipussage, die ja hauptsächlich der Tabuisierung des Inzestes diente. Hier wird die Aufhebung dieses Tabus gezeigt, indem der geblendete Sohn durch die leidenschaftliche Vereinigung mit der Mutter wieder sehend wird. Auch tötet er seinen Vater nicht, sondern rettet ihn vor dem Tod, indem er das Gift der Schlange aus seinem Körper heraussaugt und fast selbst dabei stirbt. Mir hat diese Idee der Umkehrung der Ödipustragödie sehr gefallen. Unser utopisches Verhältnis zur Liebe kommt darin zum Ausdruck, nämlich, daß Liebe uns nicht blind, sondern sehend macht.«

Ich brachte dann als letztes Thema noch die Frage nach dem

Schicksal der großen Religionen, des Buddhismus, des Islams und Christentums vor unsere drei Weisen aus dem Morgenland. Wir hatten darüber ja schon mit dem Leiter des Philosophenzirkels im Kinderdorf gesprochen.

Hierzu äußerte sich als erster Ha Wu: »Die Kirchen, Klöster und Tempel, die vielen heiligen Kultstätten, Moscheen und Synagogen wurden noch lange Zeit nach Begründung Utopias von vielen Menschen besucht, die an ihrem religiösen Glauben festhielten. Selbstverständlich wurden ihnen dabei von niemandem irgendwelche Schwierigkeiten bereitet. Aber die Priester und auch die wissenschaftlichen Theologen dieser Religionen mußten im Lauf der Zeit erkennen, daß sich sehr viele der ethischen Forderungen ihrer Lehren in Utopia scheinbar wie von selbst verwirklichten und dabei sogar oft ihren Sinn verloren. Man denke nur an das Gebot ›Du sollst nicht stehlen‹. In Utopia gibt es kein privates Eigentum. Alles gehört allen. Niemand kann sich durch Wegnahme einer Sache den geringsten Vorteil verschaffen. Das Stehlen hat seinen Sinn verloren. Oder das Gebot ›Du sollst nicht töten‹. Warum sollte in Utopia ein Mensch einen anderen töten? Um ihn zu berauben? Das wäre sinnlos wie das Stehlen. Aus Eifersucht? Wir kennen diese schändliche Leidenschaft nicht mehr, weil es auch in den menschlichen Beziehungen das HABEN nicht mehr gibt. ›Du sollst nicht die Ehe brechen‹. Wir kennen nur die Liebe zwischen Menschen. Aber sie kann nur ein Band sein, das freie Menschen verknüpft. Die Ehe als einen Besitzanspruch und Kontrakt kennen wir nicht. Liebe beruht doch gerade darauf, daß die Liebenden zu ihrer Liebe durch nichts verpflichtet oder gezwungen werden als durch die Kraft ihrer Gefühle, also durch freien Entschluß. Der Ehebruch, der zu euren Zeiten ja gang und gäbe war, vollzog sich doch immer erst dann, wenn die Liebe schon längst gestorben war und die Eheleute – meist wegen der materiellen Abhängigkeit der Frau vom Manne und wegen der Vorteile, die der Mann von der Arbeitskraft der Frau hatte – tatsächlich nur noch den Schein einer Gemeinschaft künstlich aufrecht erhielten. Überhaupt kommt man zu einer sehr merkwürdigen Feststellung: Gerade, was durch viele biblische Gebote verurteilt wurde, war tatsächlich nicht nur die tägliche Praxis jener Zeiten, so manches gehörte zu den Grundlagen der Gesellschaft. Ausbeutung des Menschen durch den Menschen – was ist das anderes als Diebstahl? Aber der Diebstahl wurde nur den Ausgebeuteten verboten, nicht den Ausbeutern. Mord und Totschlag waren als kriminelle Delikte zwar häufig. Aber die Anzahl der Menschen, die hierbei den Tod fanden, verblaßt gegenüber den Millionen und Abermillionen, die bis in die letzte vorutopische Zeit in unmenschlichen und sinnlosen Kriegen ermordet wurden, die letzten Endes immer nur sterben mußten, weil die Herrschenden um ihre Macht fürchteten. Keine Macht konnte sich ohne den massenhaften Mord behaupten. Aber das Töten war verboten, – nämlich denen, die getötet werden sollten. Alle diese Gebote haben heute ihren Sinn verloren, weil Moralgesetze nur in einer unmoralischen Gesellschaft gebraucht werden.«

Die sozialen Forderungen, die ja tatsächlich der Aufrechterhaltung der bestehenden unmenschlichen und in diesem Sinne unmoralischen Ordnung dienten, konnten von den Erniedrigten und Ausgebeuteten nicht eingesehen werden, solange sie nicht zur allgemeinen Grundlage der gesellschaftlichen Ordnung erhoben waren. Da aber die Gesellschaft in jenen vergangenen Zeiten sich ohne Ausbeutung und Unterdrückung, ohne Entrechtung und Entwürdigung der Mehrheit der Menschen nicht aus dem Elend der Urzeit erheben konnte, waren diese Geißeln der Menschheit doch gesellschaftliche Notwendigkeit. Sie waren die Form der Notwendigkeit, die nur von der herrschenden Klasse eingesehen werden kann, da sie ja auch deren Freiheit begründet, die aber von den Unterdrückten nur als Verletzung ihrer Menschenwürde erfahren werden konnte. So war es ganz selbstverständlich, daß in einer Welt, die alle Menschenrechte mit Füßen trat, die Forderung nach ihrer Verwirklichung aus dem Diesseits ins Jenseits verlegt wurde, in den Himmel der ausgleichenden Gerechtigkeit, die den Armen alles gibt, den Reichen aber den Zutritt verwehrt und sie in die Hölle verdammt. Die Einsicht in solche Notwendigkeit war dem rationalen Denken nicht möglich. Sie konnte nur mit den irrationalen Lehren und Denkweisen der religiösen Anschauungen und Riten begründet und erzwungen werden. So war die auf diese Weise erzwungene Einsicht in die Notwendigkeit von Unrecht und Unmenschlichkeit im Diesseits zugleich ein unentbehrliches Element des gesellschaftlichen Fortschritts. In den moralischen Forderungen der religiösen Lehren kommt trotz der immer erhobenen Forderungen nach Demut und Unterwerfung doch zugleich der Protest und Widerspruch gegen die herrschende Ordnung zum Ausdruck und bleibt wesentliches Element der Hoffnung auch auf ein besseres Diesseits.

»In der utopischen Gesellschaft gibt es keine gesellschaftlichen Notwendigkeiten mehr, die nicht jeder Mensch einsehen kann, ohne dazu durch irrationale Glaubenssätze gezwungen zu werden. Man kann sehr vereinfachend sagen: Die moralische Gesellschaft bedarf keiner moralischen Gesetze mehr. Das ist der tiefere Grund für das Absterben der Religionen. Christus sagte zu seinen Jüngern: ›Mein Reich ist nicht von dieser Welt‹. Käme der Nazarener in unseren Tagen wieder herab von Gottes Thron zu den Menschen in Utopia, so würde er leben und nicht den Tod am Kreuz erleiden müssen, um die Menschheit von ihren Sünden zu erlösen, weil sie sich selbst und auch nicht ganz ohne seine Hilfe von ihnen erlöst hat. Und er würde sagen können: ›Ja, dies ist mein Reich, es ist von dieser Welt‹.«

Paradoxos fügte noch hinzu: »Da es in Utopia keinen Staat, keine Partei, keine Polizei oder sonst eine Instanz gibt, die sich in das Leben und Denken der Menschen einmischen könnte, hat dieser Prozeß des Einschlafens der religiösen Kulte sehr lange gedauert. Er hatte ja sogar gegen Ende der vorutopischen Zeit schon begonnen. Man kann auch nicht sagen, daß er schon absolut zum Ende gekommen ist. Wir treffen in Utopia immer noch Menschen an, die sich den verschiedensten religiösen Ideen angeschlossen haben. Es sind darunter auch Wissenschaftler, die das Studium der Bibel, des Koran oder der Reden Buddhas ganz in den Bannkreis dieser Welten des Geistes gezogen hat. Da ist es mit den Religionen nicht anders als mit den philosophischen Lehren. Auch sie werden wohl nie gänzlich aussterben, wenn man darunter versteht, daß sie endgültig in Vergessenheit geraten. Und von Ideen, selbst den okkultesten und irrationalsten, geht eine merkwürdige Faszination aus, wohl weil in ihnen uralte Weisheiten verborgen sind.«

»Willst du damit sagen«, wandte ich mich nach diesen Worten an Paradoxos, »daß Ideen in Utopia ganz generell jeden Kurswert verloren haben? Sind nicht alle wissenschaftlichen Theorien auch Ideen in den Köpfen der Menschen? Und auch von ihnen wissen wir doch, daß sie nicht absolut wahr, nicht unbegrenzt allgemeingültig sind, und wir halten doch an ihnen fest.«

»Dasselbe habe ich ja von den alten philosophischen Lehren und den Schriften und Überlieferungen der vergangenen Religionen gesagt«, antwortete Paradoxos. »Wie auch bei unserer kritischen Analyse wissenschaftlicher Theorien müssen wir uns bemühen, in den alten Lehren das Zeitliche vom Dauernden zu scheiden. Wir müssen die Weisheiten, die oft wie ein Vexierbild darin verborgen sind, sichtbar machen und nicht in den Fehler verfallen, wörtlich zu nehmen, was nur bildlich ausgedrückt wurde.«

Wir hatten wohl eine Stunde zusammen gesessen, duftenden grünen chinesischen Tee aus durchscheinend dünnen, weißen Porzellantassen trinkend, als Suleiman sagte: »Wir drei Alten hier oben am Berge Ararat hatten Freude durch euren Besuch. Weil ihr aus der vergangenen Welt zu uns gekommen seid, um Utopia zu sehen und Gewißheit zu erlangen, daß Utopia kein Hirngespinst ist, sondern eure Rettung, haben wir im Gespräch mit euch wieder und neu begriffen, daß unser neues menschliches Sein tiefe Wurzeln hat, die bis in den Urgrund der Weltgeschichte reichen. Darum will ich euch zum Abschied einen Sinnspruch Lao-tses sagen, der schon vor Jahrtausenden Utopia gesehen und den Weg gewiesen hat in das Land, das keinen Ort hat und nirgends liegt. Er sagt im 19. Spruch des Taoteking unter dem Titel ›Rückkehr zur Echtheit‹: ›Gebt auf die Heiligkeit, werft weg das bessere Wissen: Und das Volk wird hundertfach gewinnen. Gebt auf eure Gelehrsamkeit: So werdet ihr frei sein von Sorgen. Gebt auf die Sittlichkeit, werft weg die Pflicht: Und das Volk wird zurückkehren zu Familiensinn und Liebe. Gebt auf den Reichtum, werft weg den Gewinn: Und Diebe und Räuber wird es nicht mehr geben!«« Und er fügt zur Erläuterung dieser utopischen Grundsätze hinzu: »In diesen Stücken ist der schöne Schein nicht ausreichend. So sorgt, daß die Menschen wirklich etwas haben, woran sie sich halten können! Zeigt Einfachheit, haltet fest an der Lauterkeit: so mindert sich die Selbstsucht, so verringern sich die Begierden.«

Wir waren zwei Tage lang bei den Weisen am Wan-See. Dann kehrten wir mit unseren Eselchen und unserem kleinen Wagen mit den großen, elastisch federnden Rädern zum Fuße des Bergmassivs und schließlich zum Schwarzen Meer zurück. Nach einigen Tagen nahm uns wieder ein Container-Schiff an Bord. Von unserem Freund Bernhard nahmen wir Abschied. Er wollte ja weiter wandern durch Persien und Afghanistan nach Indien und Tibet. Mit dem Schiff fuhren wir acht Tage. Es lief mehrere Häfen an, wo es be- und entladen wurde. Unser Reiseziel war in Kroatien. Als wir aus dem Schiff herausgeklettert waren, wurden wir mit großer Freude von Anna und Bertram begrüßt. Wir umarmten und küßten uns mit Glückseligkeit, in die sich aber auch Wehmut mischte, weil wir ja wußten, daß uns der endgültige Abschied von Utopia und unseren lieben utopischen Freunden bald bevorstand. Es folgten noch acht wunderbare Tage, in denen wir uns nahe kamen, wie Brüder und Schwestern, in demselben Häuschen, das uns in unserer ersten utopischen Nacht beherbergt hatte. Franzi und Felix schliefen wieder eng umschlungen in ihrem kleinen Bett. Wir genossen den Abend, tranken den berauschenden Wein, der uns in den Zustand des Schwebens und Gleitens versetzte, hörten Bachsche Musik, die Kunst der Fuge und die Violinsonaten, die Chaconne. Am Morgen stiegen wir mit unseren Eselchen den schmalen Pfad zur Paßhöhe hinauf. Da stand doch wahrhaftig noch unversehrt unser guter grüner Wartburg in der Felsnische. Erst nahmen wir noch alle ein Bad in dem kleinen klaren See, das uns erfrischte und unsere Haut ganz wohlig erwärmte. Dann kam der Abschied. Da geschah etwas Unerklärliches: Ich umarmte Anna und Katja Bertram. Wir beide verspürten bei dieser Umarmung das gleiche, wie Katja mir gleich danach berichtete. Es durchströmte uns ein erregendes Glücksgefühl, das sich mehr und mehr steigerte, bis nahe an die Bewußtlosigkeit, – aber als wir aus diesem Zustand wieder zu uns kamen, bemerkten wir, daß wir beide, Katja und ich, uns selbst in den Armen hielten. Anna, Bertram und Felix waren wie vom Erdboden verschluckt. Nur Franzi hörten wir sagen: »Wollen wir nicht wieder ins Auto gehen. Es wird mir kalt hier oben.«

VII.
Evolution und Revolution

Bevor wir nach dieser Reise in das Land unserer Hoffnungen in unsere Gegenwart zurückkehren, wollen wir noch einmal in diese phantastische Zukunft zurückblicken. Wie jeder Reisebericht notwendig immer einseitig und unvollkommen ist, schon weil ja alles mit den Augen und durch die Brille eines einzelnen und darum höchst subjektiv gesehen ist, wieviel mehr gilt dies von unserem Bericht über das Leben in Utopia. So fehlt gewiß vieles, teils gänzlich, weil wir es nicht zu sehen bekamen, teils mehr als zur Hälfte, weil wir vielleicht das Wesentliche nicht vom Unwesentlichen unterscheiden konnten. Jeder Utopie haftet eben der Mangel an, daß in ihr in Gedanken nur aufgehoben sein kann, was in unserer barbarischen Gegenwart unmenschlich, unrecht und widersinnig ist und Freiheit und Würde des Menschen verletzt. So kann es geschehen, daß sich unsere Kritik und Anklage, so sehr sie im ganzen berechtigt ist und auch den Kern und tieferen Grund ihres Gegenstands erfaßt, doch in manchen Details an der Oberfläche bleibt und statt der eigentlichen Krankheit nur deren Symptome wahrnimmt. Diese Mängel unserer Urteilskraft wie auch der Umstand, daß die Aufhebung unserer gesellschaftlichen Ordnung in der neuen gesellschaftlichen Ordnung der Zukunft mehr sein wird – quantitativ wie qualitativ –, als die nur gedankliche Aufgabe der unsrigen überhaupt zustande bringen kann, haben zur Folge, daß die Wirklichkeit von morgen in vielem anders, auf jeden Fall aber noch weit phantastischer sein wird, als wir es uns heute auch nur träumen lassen.

Trotz dieser Einschränkungen ist es aber wichtig, sich klar zu machen, in welchen wesentlichen Merkmalen unsere Utopie die zukünftige Gesellschaft richtig wiedergibt, oder besser und genauer gesagt:

eine Gesellschaft beschreibt, deren Ordnung und Funktionieren nicht nur wünschenswert, sondern auch möglich ist. Denn unsere Utopie soll mehr leisten, als nur eine, wenn auch schonungslose, Kritik der heute bestehenden Ordnung. Sie soll uns eine Zielvorstellung liefern, durch die jederzeit die Richtung unseres Weges bestimmt werden kann. Sie soll uns ein neues Koordinatensystem zur Bewertung der politischen und ökonomischen Veränderungen und Ereignisse wie auch der verschiedenen »realen« Systeme in die Hand geben. Sie soll helfen, die sich ausbreitende Hoffnungslosigkeit und den Defätismus zu überwinden, die die progressiven Kräfte in aller Welt lähmen. Sie soll die Zersplitterung in hundert Sekten beenden, indem sie ein, wenn auch fernes, aber gemeinsames Ziel sichtbar macht. Sie soll davon überzeugen, daß wir mit der uns drohenden Gefahr der Selbstvernichtung und des Untergangs fertig zu werden imstande sind, und uns dadurch ermutigen, den Kampf dafür aufzunehmen.

Ich will die mir wesentlich erscheinenden Merkmale der entworfenen Utopie, aus denen ihre Realisierbarkeit im Einklang mit unseren heutigen wissenschaftlichen Erkenntnissen hervorgeht, kurz darstellen. Wir können sie in drei Kategorien einteilen: 1. technische, 2. ökonomische und 3. politisch-anthropologische Merkmale.

Das wesentliche Merkmal der utopischen Technik ist die vollständige Automatisierung der Produktion aller der für das Leben *notwendigen* Güter einschließlich der Nahrungsmittel. Soweit dies ein rein technisches Problem ist, das heißt soweit die totale Automation nur eine Frage des technischen Know How ist, sind alle dafür erforderlichen naturwissenschaftlichen Erkenntnisse und bereits sehr viele der anzuwendenden Technologien bekannt und in Anwendung. Allerdings wird der Übergang zur utopischen Ökonomie, die der Technik ganz neue Aufgaben stellen wird, auch die Entwicklung neuer Technologien erforderlich machen. Aber neue, bisher nicht bekannte oder unvorstellbare technische Wunder gehören nicht zu den Voraussetzungen der Realisierbarkeit der utopischen Technik. In der utopischen Technik wird es eine ganze Reihe von Produktionen nicht mehr geben, die heute das ökonomische Rückgrat der Wirtschaft darstellen und riesige Industrien mit Millionen von Arbeitern beschäftigen: Die Rüstungsindustrie, die Flugzeugindustrie und die Automobilindustrie sind die wichtigsten darunter.

Die Gesamtmenge der erzeugten Industrieprodukte wird aber noch aus einem zweiten Grund sehr viel kleiner sein als heute: Die Lebensdauer der Produkte der utopischen Industrie wird die Lebensdauer entsprechender Produkte der gegenwärtigen Produktion um ein Vielfaches übertreffen. Es ist eine ganz einfache Rechnung: Verdoppelt man die Lebensdauer eines Produkts, so kann man den gleichen Bedarf mit der halben Produktion decken. Im Kapitalismus gilt bekanntlich die Umkehrung dieser Rechnung als wichtigstes ökonomisches Prinzip: Halbiere die Lebensdauer, so kannst du die doppelte Menge auf dem Markt loswerden. Das ist der Grund, warum im Kapitalismus kein Unternehmer an der Verlängerung der Lebensdauer seiner Produkte interessiert ist. Und wenn Abnutzung und Verschleiß die Lebensdauer eines Produkts nicht hinreichend begrenzen, wie etwa bei der Kleidung oder auch bei Autos, sorgt der jährliche Wechsel der Mode dafür, daß ein Gegenstand, der noch längst nicht *ver*braucht ist, doch schon nicht mehr *ge*brauchsfähig ist, weil nur das neueste Modell den Hauptzweck erfüllt, nämlich soziales Statussymbol seines Besitzers zu sein. Hinzu kommt noch, daß die kapitalistische Industrie alle Gegenstände des individuellen Konsums in hunderten verschiedener Modelle und Qualitäten herstellt, die untereinander, in Verbindung mit einem gewaltigen Aufwand an Reklame, auf dem Markt konkurrieren. Wenn man bedenkt, daß in Utopia diese ungesunden Begleiterscheinungen der kapitalistischen Wirtschaft völlig wegfallen, wird offenkundig, daß die utopische Industrie mengenmäßig nur einen Bruchteil der heutigen Industrieproduktion zu bewältigen haben wird und damit trotzdem alle lebenswichtigen Bedürfnisse der Utopier vollauf befriedigen kann.

Während die kapitalistische Ökonomie die Optimierung des Mehrwerts zum Ziel hat, ist in der utopischen Ökonomie alles Streben auf die Optimierung des Gebrauchswertes gerichtet, bei gleichzeitiger Senkung des erforderlichen Aufwands an menschlicher Arbeitskraft. Sie ist nicht mehr – wie die kapitalistische – am möglichst schnellen *Ver*brauch, sondern am möglichst langdauernden *Ge*brauch ihrer Produkte interessiert. Diese grundlegende Änderung der ökonomischen Zielsetzung ermöglicht die Lösung der ökologischen Probleme. Der Energiebedarf wie auch der Bedarf an Rohstoffen aller Art wird auf einen Bruchteil des heutigen gesenkt. Bei allen nur in begrenzten Mengen vorhandenen Elementen wird ein verlustloses Recycling gesichert, wobei man gleichzeitig weitgehend auf die technische Verwendung der in praktisch unerschöpflichen Mengen verfügbaren Elemente anstatt der seltenen übergeht. Solange die in unserer Utopie beschriebenen Wasserstoff-Fusions-Reaktoren noch nicht zur Energieerzeugung zur Verfügung stehen, werden andere, bisher ungenügend genutzte Energiequellen die Verwendung von Kohle und Erdöl zur Energieerzeugung größtenteils überflüssig machen. Die wichtigsten sind: Sonnenenergie, Gezeiten, Erdwärme, Wind und Wasserkräfte.

Mit der Abschaffung des Militärs und des Auto- und Luftverkehrs werden bereits die Hauptkonsumenten des Erdöls ausgeschaltet und damit eine der Hauptquellen der Umweltverschmutzung beseitigt. Der Betrieb von Kernkraftwerken der heutigen Art ist dann auch nicht mehr zur Deckung des Energiebedarfs erforderlich. Er wird eingestellt, auch weil die sichere Verwahrung der dabei entstehenden langlebigen radioaktiven Spaltprodukte, die im Laufe weniger Jahrhunderte in riesigen Mengen anfallen würden, einfach nicht gewährleistet werden kann.

Das weitaus wichtigste Ergebnis dieser ökonomischen Umwälzungen ist die Freisetzung von Arbeitskraft in einem Ausmaß, wie wir es uns unter den gegenwärtigen Bedingungen selbst mit viel Phantasie nur sehr schwer vorstellen können. Denn für die lebensnotwendige Produktion in Industrie und Landwirtschaft ist nur noch ein winziger Bruchteil der verfügbaren Arbeitskräfte erforderlich. Wie diese kleine Menge Arbeit auf alle verteilt wird, ist dabei das geringste Problem. Jedenfalls wird kein Mensch mehr tagein tagaus ein und dieselbe Tätigkeit ausüben. Von größerer Bedeutung ist die Frage, was fängt die Menschheit mit der gewonnenen Freizeit an. In Utopia wird dies Problem dadurch gelöst, daß sich die Menschen einzeln wie auch in kleineren und großen Gruppen mit kulturellen Aufgaben, künstlerischen und wissenschaftlichen, produktiven und reproduktiven und ganz besonders mit dem Kennen- und Begreifenlernen der Werke und Zeugnisse der vergangenen Kulturen der Menschheit beschäftigen. Durch diese Befreiung der kulturellen Kräfte wird in Utopia die große Kulturevolution verwirklicht. Damit endet die Vorgeschichte und die erst jetzt wahrhaft menschliche Geschichte beginnt.

Unter allen Tätigkeiten im Leben der Utopier nimmt die Betätigung als Lehrer und Erzieher der Jugend den ersten Rang ein. Lehren und Lernen sind an die Stelle getreten, die heute im Leben die Arbeit für das tägliche Brot einnimmt. Darüberhinaus gibt es natürlich auch viele und oft auch komplizierte Arbeiten in der Industrie und der Landwirtschaft, die eine hochspezialisierte wissenschaftlich-technische Ausbildung erfordern. Aber niemand widmet sich solchen Tätigkeiten, weil auf ihn deswegen ein ökonomischer Zwang ausgeübt wird, sondern jeder Mensch sucht sich das Feld seiner Betätigung allein nach seinen Interessen aus und wechselt es auch jederzeit, wenn es ihm behagt. An die Stelle von Tabak und Alkohol, von den härteren Drogen gar nicht zu reden, sind neue berauschende und andere psychisch wirkende Stoffe getreten, die frei von schädlichen Nebenwirkungen sind und weder Sucht noch Gewöhnung noch Abstinenzerscheinungen hervorrufen.

Die für das individuelle Leben letztlich entscheidende Veränderung ist die Abschaffung des Geldes, des Privateigentums und damit überhaupt des Begriffs »Eigentum«, der Polizei, jeder Art von öffentlicher Verwaltung, also die gänzliche Beseitigung jeder staatlichen Ordnung. An die Stelle der Verwaltung von Menschen durch Menschen ist die Verwaltung von Sachen durch Sachen getreten. Denn alle zur Selbstregelung von Produktion und Verteilung erforderlichen Verwaltungsvorgänge werden von elektronischen Datenverarbeitungszentren erledigt, zu deren kontrollierender Überwachung nur wenige Menschen gebraucht werden. Es gibt weder Pässe noch Grenzen noch Ausweise oder Personalpapiere, es gibt keine Standesämter und auch keine Eheschließungen. Die Menschen, die sich lieben, leben zusammen – eng oder weniger eng – wie sie es aus freiem Willen wollen, ohne jede Art von ökonomischem oder anderem Zwang. Die materielle Abhängigkeit eines Menschen von anderen gibt es nicht mehr. Alle Menschen bestimmen frei und unabhängig über Form und Inhalt ihres Lebens. Alle bestehenden Tabus und Sittenregeln sind außer Kraft.

Im Bericht über unsere Reise nach Utopia steht auch zu lesen, daß die Utopier ein sehr hohes Alter erreichen und die Sterblichkeit bis zum Alter von 120 Jahren unter fünf Prozent liegt. Dies ist aber nicht nur das Ergebnis großer Fortschritte bei der Bekämpfung von Krankheiten, insbesondere durch die Ausrottung des Krebses, sondern auch durch den Wegfall einer Unzahl anderer Todesursachen ermöglicht, die heute noch die Menschheit dezimieren. An der Spitze dieser »unnatürlichen« Todesursachen rangieren die Massenmorde in großen und kleinen Kriegen, in den Polizeiaktionen gegen fremde Völker und auch gegen das eigene Volk. Dazu kommen die Verkehrstoten, die vielen Opfer von Betriebsunfällen, die vielen Menschen, die einfach den physischen und psychischen Belastungen des heutigen Lebens nicht standhalten und durch einen Kreislaufkollaps oder einen Herzinfarkt sterben oder auch infolge der allgemeinen Schwächung einer relativ harmlosen Krankheit keinen Widerstand mehr leisten können.

Es wird gefragt, wie unter diesen Bedingungen – also ohne jede Art von Kontrolle des Einzelmenschen und seiner Lebensführung – eine katastrophale Bevölkerungsexplosion vermieden werden kann. Die Antwort lautet: Die in Utopia bestehenden ökonomischen, sozialen und kulturellen Lebensformen sind nicht nur die einzig menschenwürdigen, sondern sind überhaupt die einzigen, die das verhindern und ausschließen, was man heute unter dem Begriff der Bevölkerungsexplosion versteht. In den großen Wohlstandsländern des Kapitalismus, aber auch in den weniger wohlhabenden sozialistischen Industrieländern ist zwar immer noch eine Instabilität der Bevölkerungszahlen zu beobachten, aber sie beruht keineswegs auf einem zu großen Geburtenüberschuß. Es gab eine Zeitlang eine rückläufige Entwicklung infolge der Einführung der Pille, die aber inzwischen zunehmend ausgeglichen wird. Außerdem gibt es immer noch Bevölkerungszunahmen durch die Abnahme der Zahl der Sterbefälle, durch Fortschritte in der Hygiene und der medizinischen Wissenschaft, wie auch durch Erfolge bei der Bekämpfung von Unfallursachen.

In den »reichen« Ländern ist keine Rede von einer Bevölkerungsexplosion. Wir beobachten sie nur bei den »armen« Ländern. Die Hauptursache ist dort die Herabsetzung der Sterblichkeit der Kinder und Jugendlichen im Alter vor Erreichen der Fortpflanzungsfähigkeit. Weil ein großer Teil der Geborenen dieses Alter früher nicht erreichte, mußten die überlebenden Frauen das Gebären für sie mit übernehmen, das heißt sie mußten sehr viel mehr als zwei Kinder zur Welt bringen, was ohne den massenhaften Tod der Kinder und Jugendlichen völlig ausreicht, die Größe einer Population konstant zu halten, und zwar unabhängig von der Länge der mittleren Lebensdauer der Erwachsenen. Aber bei einer hohen Sterblichkeitsrate der Kinder und Jugendlichen ist die Aufrechterhaltung einer konstanten

Bevölkerungszahl nur bei entsprechend hohen Geburtenziffern möglich. Wenn nun die Sterblichkeit der Kinder und Jugendlichen drastisch gesenkt wird, tritt unvermeidlicherweise eine rapide Vergrößerung der Bevölkerungszahl ein. Hinzu kommt, daß die hygienischen Maßnahmen und alle übrigen medizinischen Errungenschaften auch die Sterblichkeit der Erwachsenen herabsetzen, was ebenfalls eine Zunahme der Bevölkerung bewirkt.

Es dauert erfahrungsgemäß ein bis zwei Generationen, bis sich das Leben eines Volkes den neuen Bedingungen angepaßt hat, wobei dieser Anpassungsvorgang wie jeder Regelvorgang mit verzögertem Feed Back zunächst mit periodischen Schwankungen der Über- und Unterkompensation verläuft, bis sich die endgültige stabile Lage eingependelt hat. Aber ebensowenig wie in den reichen Ländern eine Geburtenkontrolle notwendig ist, ist sie es auch in den armen Ländern. Wenn erst einmal überall die Sterblichkeit der Kinder und Jugendlichen und natürlich auch der für die Fortpflanzung besonders wichtigen jüngeren Frauen auf eine sehr kleine, vielleicht schwer noch zu verringernde Rate gesenkt wird, dann wird auch ohne jeden Eingriff in das Privatleben die durchschnittliche Zahl der Kinder, die eine Frau zur Welt bringt, gerade jenen Wert erreichen, der zur Konstanthaltung der Bevölkerungszahl erforderlich ist, nämlich ein wenig über zwei.

In unserer Utopie wird mit einer Gesamtbevölkerung der Erde von sechs Milliarden Menschen gerechnet. Der bewohnbare und kultivierbare Teil der Festlandsfläche der Erde beträgt rund 100 Millionen km^2, das ist etwa ein Fünftel der Gesamtoberfläche der Erdkugel. Bei einer mittleren Bevölkerungsdichte von 60 Menschen pro Quadratkilometer hätten also sechs Milliarden Menschen Platz. Als die Weltbevölkerung noch knapp zwei Milliarden Menschen zählte, betrug die Bevölkerungsdichte in den bewohnbaren Gebieten Deutschlands über 200 Menschen je Quadratkilometer, in Europa durchschnittlich 59 Menschen. Der Weltdurchschnitt lag damals bei 18,5 Menschen. Aus diesen Zahlen ist zu ersehen, daß auf der Erde nicht nur sechs, sondern auch zwölf und mehr Milliarden Menschen leben könnten, ohne sich gegenseitig auf die Füße zu treten. Selbst bei einer Erdbevölkerung von zehn Milliarden wäre erst die halbe Bevölkerungsdichte Deutschlands im Gesamtdurchschnitt erreicht.

Ich glaube, dieser kurze Rückblick hat gezeigt, daß eine Weltordnung nach dem Muster Utopias sowohl wünschenswert als auch möglich ist. Um so dringender erhebt sich deshalb die Frage, welcher Weg in dies Land unserer Träume führt. Wenn man die heutigen Zustände, politisch wie ökonomisch, vom Menschlichen ganz zu schweigen, mit denen Utopias vergleicht, kann es keinen Zweifel daran geben, daß wir unser Ziel nur durch eine Umwälzung großen Ausmaßes erreichen können. Die Frage nach der Möglichkeit Utopias reduziert sich damit für uns zunächst auf die Frage nach der Möglichkeit einer solchen Revolution.

Lange Zeit wurde in der revolutionären Arbeiterbewegung und ganz besonders von den Bolschewiki die Meinung vertreten, daß die proletarische Revolution nur durch den bewaffneten Aufstand der Arbeitermassen über den bürgerlichen Staat siegen kann. Die russische Oktoberrevolution galt als das Vorbild aller künftigen sozialistischen Revolutionen. Während sich die bürgerliche Klasse, wie auch die Arbeiterklasse, als Klasse bereits im Schoße der feudalen Gesellschaft entwickelte, sich dabei aber auch schon mehr und mehr ökonomische Macht verschaffte, war dies, so hieß es, bei der Entwicklung der Arbeiterklasse im Schoße der kapitalistischen Gesellschaft nicht möglich. Man meinte und versuchte es auch marxistisch-theoretisch zu begründen, die Arbeiterklasse müsse zuerst durch einen revolutionären Umsturz die politische Macht erringen, um sich dann auch in den Besitz der ökonomischen Macht setzen zu können. Diese Theorie entsprach dem Verlauf der Oktoberrevolution. Das Wesentliche an dieser Theorie ist nicht der bewaffnete Aufstand, sondern die These, daß die neue Klasse erst dann ökonomische Macht erringen kann, wenn sie vorher die politische Macht erobert hat.

Während bei der Entwicklung der bürgerlichen Klasse, deren politische Machtergreifung in der bürgerlichen Revolution am Ende einer langen vorrevolutionären Periode steht, während welcher sich die Bourgeoisie bereits alle zukünftigen ökonomischen Machtpositionen schafft und ausbaut, steht nach dieser Theorie die sozialistische Revolution am Anfang und leitet die Umwälzung der ökonomischen Grundlagen der gesellschaftlichen Machtverhältnisse überhaupt erst ein. Damit rechtfertigen die Bolschewiki auch ihre These, daß die sozialistische Revolution in nur einem Lande, und noch dazu in einem sehr rückständigen Lande, den Aufbau der neuen sozialistischen Gesellschaft ermöglichen würde. Denn mit der Aufhebung des Privateigentums an den Produktionsmitteln, mit der Expropriation der Expropriateure wären die Voraussetzungen geschaffen, die zwar nicht sofort, aber doch in relativ kurzer Zeit zum Sozialismus und Kommunismus führen würden. Damit schüfe das erste sozialistische Land der übrigen Welt das weithin sichtbare Vorbild der neuen Gesellschaftsordnung, des Paradieses der Arbeiter und Bauern, das durch seine faszinierende Ausstrahlung die Revolutionäre der übrigen Welt kampfentschlossen und siegreich machen werde.

Heute wissen wir, daß diese Hoffnungen der Bolschewiki gründlich enttäuscht wurden. Gewiß muß man berücksichtigen, daß die junge Sowjetmacht in der kapitalistischen Umkreisung jahrzehntelang einen immer neuen Kampf um ihre Existenz führen mußte, der mit dem Überfall Hitlers seinen Höhepunkt erreichte. Aber seit Ende des Zweiten Weltkrieges sind wieder 35 Jahre vergangen und immer noch kann keine Rede davon sein, daß die politischen und ökonomischen Zustände in der Sowjetunion und in den osteuropäischen Staaten, die nach ihrer Befreiung von der faschistischen Unterdrückung und der Verjagung der Naziarmeen durch die siegreiche rote Armee den gleichen Weg einschlugen, bei den Arbeitern und Bauern in den großen kapitalistischen Zentren Begeisterung und Zustimmung erwecken.

Im Gegenteil, diese Staaten, in denen der Lebensstandard weit niedriger ist als in den westlichen Industrieländern, deren Grenzen hermetisch geschlossen sind und wo die meisten demokratischen Rechte der Bürger außer Kraft gesetzt sind, haben den Sozialismus und Kommunismus weltweit in Mißkredit gebracht. Aber ich will mich an dieser Stelle nicht weiter mit der erneuten Darstellung dieser Tatsachen noch auch mit den Ursachen beschäftigen, auf die sie zurückzuführen sind. Wichtig erscheint mir aber eins, nämlich zu erkennen, daß die allgemeinen Schlußfolgerungen, die die Bolschewiki und nach ihnen noch viele marxistische Theoretiker aus dem Verlauf und dem Sieg der Oktoberrevolution gezogen haben, zumindest für die heutige Situation am Ende des 20. Jahrhunderts nicht mehr gelten können.

Eine fundamentale marxistische These besagt, daß die Revolution erst dann alle erforderliche Kraft erlangt, wenn aufgrund der sich verschärfenden Klassenwidersprüche die bestehenden Produktionsverhältnisse zum entscheidenden Hemmschuh der weiteren Entwicklung der Produktivkräfte geworden sind. Von einer solchen Situation konnte bis in die sechziger und Anfang der siebziger Jahre dieses Jahrhunderts noch in keinem Land der Welt die Rede sein, vom alten vorrevolutionären Rußland ganz zu schweigen. Erst gegen Ende der siebziger und jetzt zu Beginn der achtziger Jahre entwickelt sich eine strukturelle Krise des Kapitalismus, die jene von Marx für das Heranreifen der Revolution postulierten charakteristischen Züge trägt.

Es sind im wesentlichen drei Hauptelemente, die die Struktur dieser Krise bestimmen: 1. Der ökonomische Zwang zum fortgesetzten Wirtschaftswachstum, 2. die daraus resultierende und unvermeidlich zur Katastrophe führende Verschwendung aller natürlichen Rohstoffe und die damit einhergehende Umweltverschmutzung, 3. die mit der sich immer weiter entwickelnden totalen Automatisierung unter Anwendung der Mikroelektronik bewirkte fortwährende Freisetzung von Arbeitskräften, die unter dem Druck der wachsenden Massenarbeitslosigkeit daran gehindert werden, durch Steigerung ihrer Löhne und Herabsetzung ihrer Arbeitszeit an den Früchten des durch ihre Arbeit geschaffenen technischen Fortschritts teilzuhaben.

Alle drei heute die ökonomische Situation des Kapitalismus beherrschenden Erscheinungen gehen aus dem Widerspruch zwischen den kapitalistischen Produktionsverhältnissen und den sich entwickelnden Produktivkräften hervor. Sie haben bereits jetzt zu einer internationalen Wirtschafts- und Währungskrise geführt, deren Wirkungen sich kein Staat der Welt mehr entziehen kann. Es erscheint sogar fast wie umgekehrt, daß nämlich Staaten wie die BRD, die es verstanden haben, ihre eigene Wirtschaft einigermaßen gegen die internationale Krise abzuschirmen, dafür unabsichtlich die Entwicklung der allgemeinen Krise fördern. So verfügt die BRD heute über die größten Währungsreserven der Welt, dicht gefolgt von Saudi-Arabien, während die USA, um deren Dollars es sich dabei größtenteils handelt, mit etwa nur einem Fünftel der in die BRD geströmten Gelder am Ende der Schlange stehen. Die Ansammlung großer Devisenmengen in wenigen Ländern, heute besonders den Ölstaaten, ist immer ein Zeichen für eine schwere Störung des internationalen Handels und der internationalen Arbeitsteilung.

Die unaufhaltsam fortschreitende Verschärfung der ökonomischen Krise ist die Ursache der im Laufe des Jahres 1979 offen zutage getretenen politischen Krise. Für die USA und andere auf große Ölimporte und auch andere Rohstoffimporte angewiesene und dabei reiche und militärisch starke Länder erscheint die durch eine unvernünftige Laune der Natur bewirkte ungleichmäßige Verteilung der lebenswichtigen Rohstoffe als die eigentliche Ursache des Übels. Sie betrachten die ständige Erhöhung der Ölpreise durch die OPEC als eine erpresserische Ausnutzung eines ihnen unverdient zugefallenen Vorteils. Sie fühlen sich durch die Ölscheichs, aber auch durch andere Ölgewaltige in halsabschneiderischer Weise zur Ader gelassen, ein Verhalten, das – wie sie meinen – in krassem Mißverhältnis zur tatsächlichen wirtschaftlichen Bedeutung dieser Länder steht, die jetzt in den guten Dollars schwimmen, die sich die Amerikaner erst sauer verdienen mußten. Wenn man nun noch bedenkt, daß die Staaten der OPEC militärische Zwerge sind, kann es einen nicht wundern, wenn man aus den USA immer lautere Stimmen hört, die eine Sicherung der Ölversorgung unter Anwendung militärischer Mittel fordern. Das einzige Land, das gegenwärtig durch eine Zuspitzung der politischen Situation am persischen Golf Vorteile gewinnen kann, sind die USA, deren Regierung diese Region zu ihrem Interessengebiet erklärt hat und sicher jederzeit bereit ist, die Länder am Golf in ihren »militärischen Schutz« zu nehmen.

Hätten wir noch die guten alten Zeiten des ungeschminkten Imperialismus, wäre die fällige Bereinigung der durch die Laune der Natur herbeigeführten Ungerechtigkeiten der Rohstoffverteilung sicher längst erfolgt. Aber die Zeiten haben sich geändert. Zwei grausame Weltkriege liegen hinter uns, die Atombombe hat uns den dreißigjährigen Frieden des atomaren Patts beschert – oder, so werden manche sagen, aufgezwungen, diesen Frieden, dessen Bedingungen bewirkten, daß die stärkste Militärmacht der Welt sich in Vietnam nicht gegen ein kleines und ungleich schwächer bewaffnetes Volk behaupten konnte. Die Zeit der straflosen militärischen Spaziergänge ist vorüber, und wer es noch mit Kanonenbootpolitik versucht, macht sich lächerlich.

Die politische Krise in den internationalen Beziehungen, die eine seit Beendigung der Intervention der USA in Vietnam eingeleitete Politik der internationalen Verständigung und Zusammenarbeit noch nicht beendet (hoffentlich), wohl aber in große Gefahr gebracht hat, ist ein sehr ernstes Warnsignal. Sie läßt mit aller Deutlichkeit erkennen, daß die weitere Zuspitzung der ökonomischen Krise des Kapitalismus sehr wohl zum Ausbruch eines dritten Weltkriegs führen kann. Es könnte sein, daß eines Tages doch die Hemmungen überwunden werden, die das atomare Patt uns auferlegte. Jedenfalls ist nach wie vor nicht die Vernunft oder gar die Friedensliebe der bestimmende Faktor, sondern nur die nackte Angst vor dem unberechenbaren Inferno des nuklearen Kriegs.

Ich glaube, es bedarf keiner weiteren Argumente, um deutlich zu machen, daß die Krise, die sich jetzt entwickelt hat, von anderer Art und Bedeutung ist als die früheren zyklischen Überproduktionskrisen und die Rezessionen der fünfziger und sechziger Jahre, die ja mit staatlichen Lenkungsmaßnahmen und mit finanztechnischen Mitteln abgefangen werden konnten. Die jetzige Krise, die sich übrigens erst im Anfang ihrer Entwicklung befindet, wird über Sein und Nichtsein entscheiden, wobei es von uns abhängen wird, ob über unser aller Sein entschieden wird oder nur über das Nichtmehrsein des Kapitalismus. Die Entwicklung ist tatsächlich heute da angelangt, wo nach Marx die revolutionäre Umwälzung von den ökonomischen Widersprüchen der Gesellschaft angetrieben keine umgekehrt anachronistische Vorwegnahme mehr ist, sondern durch den gesellschaftlichen Entwicklungsprozeß selbst auf die Tagesordnung der Geschichte gesetzt wird.

Damit aber erlangt die Frage nach dem Wesen der Revolution erstrangige Bedeutung. Wer wird ihre treibende und wer wird ihre führende politische Kraft sein? Wird ihr Sieg zur Errichtung der Diktatur des Proletariats führen? Gibt es in der modernen Industriegesellschaft noch die Arbeiterschaft im Sinne des aufstrebenden Kapitalismus? Wird der Sieg in einem bewaffneten Aufstand der Massen errungen, und wenn ja: gegen wen wird konkret gekämpft werden? Gegen das Militär, gegen die Polizei? Oder ist es denkbar, daß die Revolution durch einen parlamentarischen Mehrheitsbeschluß zustande gebracht wird? Beginnt mit der Revolution die Übernahme der ökonomischen Macht durch die neue Klasse oder bildet die Revolution den Abschluß einer lange fortschreitenden Evolution, in der die neue Klasse sich zuerst formiert und organisiert und dann Schritt um Schritt politische und ökonomische Macht im Schoße der alten Gesellschaft erringt? Mit einem Wort: Eröffnet die Revolution den revolutionären Prozeß oder beendet sie ihn?

Die Pariser Kommune, die Oktoberrevolution in Rußland und

auch die deutsche Novemberrevolution siegten und konnten nur siegen, weil die herrschende Klasse durch eine katastrophale militärische Niederlage geschwächt und verwirrt und die staatlichen Machtmittel desorganisiert und führungslos waren. Die neue Revolution kann aber nicht auf eine militärische Niederlage warten. Sie würde sonst ihre historische Mission total verfehlen, die ja gerade darin besteht, den Ausweg aus der Krise zu finden und damit die tödliche Bedrohung von uns abzuwenden, die der Ausbruch eines militärischen Konflikts unweigerlich herbeiführen muß. Die neue Revolution wird die staatliche Macht nicht im Zustand ihrer Schwächung durch äußere Feinde umwälzen, sie wird nicht das Ergebnis eines Umsturzes oder eines Putsches sein. Sie kann nur siegen, wenn sie von der solidarischen Kraft der breiten Volksmassen bewegt wird, die erkannt haben, daß sie die Errettung aus höchster Gefahr für alle bedeutet.

Die Revolutionstheorie der Bolschewiki, mit der die Oktoberrevolution nicht nur gerechtfertigt und zum Vorbild und Musterbeispiel der kommenden sozialistischen Revolutionen erklärt wird, sondern auch behauptet wird, sie sei der entscheidende historische Wendepunkt gewesen, mit dem der allgemeine Übergang vom Kapitalismus zum Sozialismus und Kommunismus eingeleitet wurde, – diese Theorie hat nach dem Urteil der Geschichte die Prüfung nicht bestanden. Sie ist auch mit wichtigen, allgemeinen Thesen der Marxschen Revolutionstheorie unvereinbar. Bei dieser Feststellung wird mir bewußt, daß wir, die wir nicht nur immer wieder von den »Orthodoxen« (d. h. Rechtgläubigen!) des Revisionismus geziehen werden, sondern auch tatsächlich jederzeit bereit sind, diesen oder jenen »heiligen« Satz der marxistischen Theorie in Zweifel zu ziehen, um ihn, falls notwendig, zu revidieren – wie wäre anders eine Fortentwicklung möglich? –, daß also gerade wir immer wieder in die Lage geraten, den »wahren« Marx gegen seine orthodoxen Verfälscher zu verteidigen. Aber wir tun dies natürlich nicht, weil wir die Thesen, die Marx und Engels ausgearbeitet haben, für wissenschaftliche Beweismittel halten, was sie ja auch nicht sein können. Wir werden uns aber selbstverständlich auf ihn berufen, wenn wir finden, daß sich fundamentale Lehrsätze seiner Theorie noch heute als gültig erweisen.

Marx war nicht der Meinung, daß die Arbeiterklasse vor der revolutionären Machtübernahme weder über nennenswerte politische noch über ökonomische Macht verfüge. Er vertrat die Ansicht, daß sich die Bourgeoisie durch die Vertreibung der besitzlosen Landarbeiter und Tagelöhner vom Land in die Städte mit ihren Manufakturen und späteren Fabriken im Laufe der sogenannten ursprünglichen Akkumulation ihre späteren Totengräber, das Proletariat, selbst geschaffen hat. Schon zu Marx' Zeiten fingen die Arbeiter an, sich politisch zu organisieren und mit der Waffe des Streiks gegen ihre Ausbeuter zu kämpfen. Selbstredend war die politische Macht der Arbeiterklasse damals noch gering, und sie begann überhaupt erst, sich der Möglichkeit bewußt zu werden, auch ökonomische Macht zu erringen. Aber man erinnere sich, daß in der Zweiten Internationale ernsthaft der Plan gefaßt wurde, den Ausbruch des Ersten Weltkrieges durch Streik zu verhindern, ein Vorhaben, das am alles mit sich reißenden Nationalismus kläglich scheiterte. Daß aber eine solche politische Kraftprobe überhaupt ins Auge gefaßt werden konnte, beweist, daß man begonnen hatte, sich der eigenen politischen Macht bewußt zu werden.

Inzwischen sind fast siebzig Jahre vergangen. In allen Industriestaaten haben sich große und mächtige Gewerkschaften gebildet und außer in den USA gibt es dort auch politische Parteien, die aus der klassischen Arbeiterbewegung hervorgegangen sind und sich noch heute als deren politische Vertretung verstehen. Es ist genau das eingetreten, was Marx das Heranwachsen der neuen Klasse im Schoß der alten Gesellschaft genannt hat. Aber nicht nur die neue Klasse hat sich gebildet, ist politisch erstarkt und verfügt über erhebliche ökonomische Macht. Auch viele Elemente der neuen Gesellschaftsformation haben sich im Schoße der alten gebildet, indem die verschiedensten sozialen Einrichtungen und Dienste geschaffen wurden: Sozialversicherung, Gesundheitsdienst, Schulgeldfreiheit, kostenlose Lehrmittel, Altersfürsorge, fortschreitende Verkürzung der Arbeitszeit, Lohnzahlung im Krankheitsfall, Schwangeren- und Mütterbeihilfe, gesetzlicher Schutz für Behinderte, großzügiger Ausbau des Schulwesens, Erprobung neuer Schultypen, die helfen sollen, das soziale Handicap der Arbeiterkinder in der Schule zu beseitigen, Ausbau des Universitäts- und Fachhochschulwesens auch mit dem Ziel, die sozialen Schranken zu überwinden, und vieles mehr. In einigen großen und wichtigen kapitalistischen Staaten sind oder waren zeitweise Regierungen am Ruder, an denen Arbeiterparteien maßgeblich beteiligt waren. In Frankreich, Italien, Spanien und Portugal sind in der kommunalen Verwaltung zahllose Sozialisten und Kommunisten als Bürgermeister, Land- und Stadträte im Amt. Unter dem Druck der Linkskräfte gelang es, mehrere faschistische oder faschistoide Systeme durch parlamentarisch-demokratische zu ersetzen. Nur wer politisch blind ist, weil er sich den Sieg der Revolution nur vorstellen kann, wenn eine bestimmte Partei oder Sekte sich durchsetzt, kann nicht sehen, daß die neue Klasse im Vormarsch ist und schon heute politische und auch ökonomische Macht gewonnen hat.

Lenin hat sich in seiner berühmten Schrift »Was tun?« mit dem Zusammenhang zwischen dem rein gewerkschaftlichen Kampf und dem politischen Kampf beschäftigt. Er kam zu dem Ergebnis, daß der rein gewerkschaftliche Klassenkampf, der reine »Tradeunionismus«, wie er ihn nannte, ein quasi normaler Vorgang innerhalb der bürgerlichen Klassengesellschaft ist, den diese Gesellschaft zu ihrem Funktionieren sogar braucht. Er schloß daraus, daß durch die Verfolgung rein gewerkschaftlicher Ziele politische oder gar revolutionäre Veränderungen nicht erreicht werden können. Der Tradeunionismus wird von Lenin als ein ideologisches Produkt der bürgerlichen Klasse angesehen, das als solches der Entwicklung des proletarischen Klassenbewußtseins entgegenwirkt. Dieses von Lenin postulierte proletarische Klassenbewußtsein kann sich deshalb auch nie von selbst, spontan entwickeln. Um es in den Köpfen der Menschen entstehen zu lassen, bedarf es der wissenschaftlichen Erkenntnisse des Marxismus, mit deren Hilfe der Mensch es lernt, die politischen Erfahrungen seines Lebens und also auch der gewerkschaftlichen Kämpfe objektiv und nicht mehr irregeleitet durch die bürgerliche Ideologie zu analysieren und zu begreifen. Dazu bedarf es nach Lenin der geschulten Berufsrevolutionäre, die mit Hilfe ihrer theoretischen Kenntnisse befähigt sind, jederzeit die richtige Losung für den Kampf der Massen zu finden und das Streben der Massen in die richtige Richtung zu lenken. Dies ist der Kern der Leninschen Theorie von der Partei als Avantgarde des Proletariats.

Nun ist es wohl zweifellos richtig, daß der Marxismus eine ausschlaggebende Bedeutung für die politische Entwicklung der europäischen Arbeiterbewegung besaß und besitzt. Mit den Lehren von Marx und Engels erklimmt die wissenschaftliche Analyse der gesellschaftlichen Zusammenhänge und Vorgänge eine neue Stufe, von der aus gesehen alle vorhergehenden Versuche, geschichtliche Zusammenhänge zu begreifen, als vorwissenschaftlich bezeichnet werden müssen. Das wurde in der Arbeiterbewegung von Anfang an klar erkannt. Auch die großen und jedenfalls in diesem Ausmaß von Marx nicht vorausgesehenen Veränderungen in der kapitalistischen Gesellschaft wie auch die verschiedenen Mängel seiner theoretischen Ansätze können die immer noch hochaktuelle Bedeutung des Marxismus für die Arbeiterbewegung und besonders für die revolutionäre Überwindung des Kapitalismus nicht im geringsten schmälern. Deshalb kann man Lenin uneingeschränkt zustimmen, wenn er die Propaganda der Ideen des Marxismus für eine der Hauptaufgaben der politischen Parteien der Arbeiterbewegung erklärt.

Anders sieht es aber aus mit seiner Einschätzung des Tradeunionismus als eines Produkts der Ideologie der bürgerlichen Klassengesellschaft. Erst hierdurch kommt nämlich der elitäre Grundzug in seine Theorie von der revolutionären Avantgarde. Darum formulierte er treffend und zugleich selbstenthüllend: »Propaganda ist viel für wenige, Agitation ist wenig für viele.« Etwas zynischer hat das gleiche Napoleon ausgedrückt, als er sagte: »Wenn eine Armee aus noch soviel Nullen besteht, kommt es doch nur darauf an, ob eine Eins davor steht.« Es ist zwar richtig, daß die Arbeiter bei ihrem gewerkschaftlichen Kampf um Lohnerhöhungen und Verbesserung der Arbeitsbedingungen nicht gleich an den revolutionären Umsturz und die Beseitigung der Klassenherrschaft denken. Aber sie sind sich sehr wohl bei jedem dieser Kämpfe der Ungerechtigkeit bewußt, durch die der Unternehmer der Eigentümer der Maschinen ist, ohne die sie nicht arbeiten können. Sie sehen sich nur durch die Übermacht des Staates daran gehindert, das Unrecht an der Wurzel zu bekämpfen. Was sie dabei denken und empfinden, kann man nicht als ein Produkt der bürgerlichen Ideologie bezeichnen. Über die Grundfrage, daß die Reichen von der Arbeit der Armen leben und daß ihre Herrschaft auf ihrem Reichtum beruht, der ihnen das Recht gibt, über Sachen und Menschen gleichermaßen frei zu verfügen, darüber waren sich die Armen und Ausgebeuteten schon seit den Tagen des Spartakus klar. Bei allen gewerkschaftlichen Kämpfen ist diese Grunderkenntnis das alle einigende Band, durch das Solidarität und Bewußtsein der Zusammengehörigkeit geschaffen werden.

Die marxistische Theorie kann in diesen Kämpfen die Überzeugung stärken, daß der Kampf nicht nur um eine gerechte Sache geführt wird, sondern auch für ein Ziel, das nicht in Wolkenkuckucksheim liegt, sondern hier auf der Erde ohne Zuhilfenahme eines Wunders erreicht werden kann. Selbstverständlich ist es schon deshalb gut, wenn die Funktionäre, die sich in diesen Kämpfen entwickeln, den Marxismus studieren. Denn er wird ihre Aktivität und ihre Zuversicht stärken. Aber der Marxismus hält keine Antworten auf die vielfältigen und oft komplizierten Fragen des aktuellen gewerkschaftlichen Kampfes bereit (übrigens ebensowenig, wie der dialektische Materialismus dazu befähigt, theoretische Probleme der Wissenschaften zu entscheiden). Diese Antworten müssen immer neu gefunden werden. Dabei kann die bewußte Anwendung der marxistischen Denkmethode sehr hilfreich sein. Aber sie erschafft nicht erst das Klassenbewußtsein, das sich ohne die höhere theoretische Einsicht angeblich nicht entwickeln kann. Es ist umgekehrt: Die praktische Anwendung des Marxismus setzt das Klassenbewußtsein voraus. Denn es setzt das Ziel und bestimmt die Richtung.

Für den Bereich der Gewerkschaftspolitik muß man sagen, daß die Marxisten dort ihrer Aufgabe bislang eher schlecht als recht gerecht worden sind. Die gewerkschaftliche Politik ist aus sich heraus ja nicht bei den berühmten Lohnkämpfen stehen geblieben, sondern hat Formen der Mitbestimmung und Mitwirkung der abhängig Beschäftigten in allen westeuropäischen Gesellschaften durchsetzen können. Diese Formen, von den orthodoxen Hauptbuchhaltern in den Abteilungen für ewige Wahrheiten immer als Verrat an den Zielen der Arbeiterbewegung prinzipiell bekämpft, obwohl ihnen dann in der Tagesarbeit nichts weiter einfiel, als den dort arbeitenden Kollegen und Genossen den Rat zu geben, gerade diese von den Sozialreformern durchgesetzten Beteiligungsrechte der Arbeiterklasse »auszunutzen«. Aber genau beim Vordenken des Zieles, wie die Arbeitsteilung neu zu organisieren ist, wie eine menschengerechte Gestaltung des Arbeitsprozesses auszusehen hat und wie eine Technik eingesetzt werden wird, die den Menschen befreit und nicht unterjocht, bei allen diesen wichtigen Zielfragen, die das ureigenste Gebiet alles schöpferischen Marxismus in der Gewerkschaftspolitik gewesen wären, genau da fehlen bislang die Antworten.

Hier ist auch ein Wort parteikommunistischer Selbstkritik angebracht. Gerade in den Gewerkschaften wirkte sich die Spaltung der Arbeiterbewegung besonders verhängnisvoll aus, weil die kommunistischen Gewerkschaftspolitikplaner die Gewerkschaften nur als zu erobernde Transmissionsriemen der Partei ansahen und die Selbstbestimmung der Gewerkschaftsmitglieder über die Politik ihrer Organisation nicht respektierten. Ihre Auseinandersetzung mit den »sozialdemokratischen Gewerkschaftsbeamten« verwandelte sich in einen personalpolitischen Streit, welcher politischen Führung die Gewerkschaften dienen sollen. Darüber wurde die eigentliche Aufgabe marxistischer Gewerkschaftspolitik, die Tageskämpfe der Arbeiterklasse mit dem Endziel der Abschaffung des Kapitalismus zu verbinden, aus den Augen verloren.

Lenins Konzeption von der Partei als Avantgarde und als Organisation der Berufsrevolutionäre entsprach weitgehend den Bedingungen des revolutionären Kampfes in Rußland um die Jahrhundertwende, am Vorabend der gescheiterten Revolution von 1905. Sie bewährte sich auch noch 1917 in der Oktoberrevolution und war für deren Erfolg von großer Bedeutung. Es ist aber sehr bemerkenswert, daß Lenin jetzt seine Schrift »Staat und Revolution« veröffentlichte, in der er sich zum Absterben des Staates und zur Beendigung seiner Funktion als Mittel zur Unterdrückung von Menschen als das eigentliche Ziel der Revolution bekennt. Aus seinem berühmten Testament, in dem er die Partei vor dem Machthunger Stalins warnt, geht hervor, daß er wohl schon ahnte oder zumindest befürchtete, was dann in der Folgezeit geschah und wovor ihn Rosa Luxemburg so eindringlich gewarnt hatte. Sie schrieb: »Alles, was in Rußland vorgeht, ist begreiflich und eine unvermeidliche Kette von Ursachen und Wirkungen, deren Ausgangspunkte und Schlußsteine sind: Das Versagen des deutschen Proletariats und die Okkupation Rußlands durch den deutschen Imperialismus. Es hieße von Lenin und Genossen Übermenschliches verlangen, wollte man ihnen auch noch zumuten, unter solchen Umständen die schönste Demokratie, die vorbildlichste Diktatur des Proletariats und eine blühende sozialistische Wirtschaft hervorzuzaubern. ... Das Gefährliche beginnt dort, wo sie aus der Not die Tugend machen, ihre von diesen fatalen Bedingungen aufgezwungene Taktik nunmehr theoretisch in allen Stücken fixieren und dem internationalen Proletariat als das Muster der sozialistischen Taktik empfehlen.« Sie »erweisen dem internationalen Sozialismus ... einen schlechten Dienst, wenn sie in seine Rüstkammer als neue Erkenntnisse all die von Not und Zwang in Rußland eingegebenen Schiefheiten eintragen wollen ...« Mit diesen Worten bemüht sich Rosa Luxemburg um Verständnis der Schwierigkeiten, mit denen die Bolschewiki zu kämpfen hatten, und nimmt sogar die Hauptschuld von ihren Schultern, indem sie von diesen »Schiefheiten« sagt, daß sie »letzten Endes nur Ausstrahlungen des Bankrotts des internationalen Sozialismus in diesem Weltkrieg waren«.

Aber ihre Warnungen vor den Gefahren einer Entartung und Erdrosselung des Sozialismus sind gerade darum so schonungslos, weil sie glaubte, daß nur durch rücksichtslose Offenheit der Kritik eine Entwicklung verhindert werden könnte, die sie tatsächlich – wie wir heute wissen – mit erschreckender Deutlichkeit voraussah: »Ohne allgemeine Wahlen, ungehemmte Presse- und Versammlungsfreiheit, freien Meinungskampf erstirbt das Leben in jeder öffentlichen Institution, wird zum Scheinleben, in dem die Bürokratie allein das tätige Element bleibt. Das öffentliche Leben schläft allmählich ein, einige Dutzend Parteiführer von unerschöpflicher Energie und grenzenlosem Idealismus dirigieren und regieren, unter ihnen leitet in Wirklichkeit ein Dutzend hervorragender Köpfe, und eine Elite der Arbeiterschaft wird von Zeit zu Zeit zu Versammlungen aufgeboten, um den Reden der Führer Beifall zu klatschen, vorgelegten Resolutionen einstimmig zuzustimmen, im Grunde also eine Cliquenwirtschaft – eine Diktatur allerdings, aber nicht die Diktatur des Proletariats, sondern die Diktatur einer Handvoll Politiker, d. h. Diktatur im rein bürgerlichen Sinne ...«* Ich zitiere diese Sätze der Mitbegründerin der KPD aus zwei Gründen: 1. Sie zeigen, daß schon kurz nach der Oktoberrevolution die Vorzeichen des herannahenden Stalinismus erkennbar waren. 2. Sie sind ein unwiderlegbares Zeugnis dafür, daß die Forderungen nach allgemeinen Wahlen, Presse- und Versammlungsfreiheit und freiem Meinungskampf nicht erst jetzt aus taktischen Gründen von den eurokommunistischen Parteien zur Tarnung eines geheimen Strebens nach der Diktatur zum Programm erhoben worden sind, um als der Wolf im Schafspelz aufzutreten, sondern daß dies seit eh und je programmatische Forderungen der marxistischen Sozialisten und Kommunisten gewesen sind.

---

* Rosa Luxemburg, Gesammelte Werke, Bd. 4, Berlin 1974, S. 362 u. 364.

Ich will das Ergebnis, zu dem diese Überlegungen führen, kurz zusammenfassen:
1. Die Revolution, das heißt die Aufhebung der kapitalistischen Produktionsverhältnisse und die Umwälzung des Überbaus steht nicht am Anfang eines langwährenden Evolutionsprozesses, sondern an dessen Ende.
2. Im Verlaufe dieses Prozesses organisiert sich die Arbeiterklasse in den Gewerkschaften und Arbeiterparteien und gewinnt in den Arbeitskämpfen und in den Parlamenten, Regierungen und staatlichen Verwaltungen mehr und mehr politische und ökonomische Macht.
3. Im Schoße der alten Gesellschaft entwickelt sich nicht nur die neue Klasse, sondern es bilden sich auch schon viele Elemente der zukünftigen Gesellschaftsformation, die alle unter dem politischen Druck der neuen Klasse geschaffen werden und die zunehmende Befreiung der Arbeiter und aller Lohnabhängigen von materieller Abhängigkeit zum Ziel haben.
4. Die Arbeiterklasse entwirft ein politisches und ökonomisches Programm, das die Zustimmung der großen Mehrheit gewinnt. Wie Marx es formulierte: Die Idee wird zur materiellen Gewalt, wenn sie die Massen ergreift. Unter diesen Bedingungen vollzieht sich die Revolution, ohne daß auch nur ein Tropfen Blut vergossen werden muß.

Ich will zum Schluß dieses Kapitels, in dem allgemeine Aspekte der bevorstehenden Revolution in den großen kapitalistischen Zentren behandelt werden, noch kurz etwas zu dem Begriff der »Diktatur des Proletariats« sagen. Bekanntlich hat die kommunistische Partei Frankreichs vor kurzem beschlossen, diesen Begriff aus ihrem Vokabular zu streichen. Ich nehme an, daß das damit zusammenhängt, daß die KPF lange Zeit eine ausgesprochen stalinistische Partei war, die die Diktatur der Bolschewiki – oder noch präziser gesagt: die Diktatur des Politbüros – nicht nur billigte, sondern dieses Prinzip auch in der eigenen Partei durchgesetzt hatte. Die herrschende Clique, wie Rosa Luxemburg es nannte, behauptete immer, daß ihre Diktatur *die* Form der Diktatur des Proletariats sei, eine Begriffsbildung, die Verwandtschaft mit dem Begriff der repräsentativen Demokratie erkennen läßt: Das Volk herrscht durch seine gewählten Repräsentanten, das Proletariat übt seine Diktatur aus durch seine nicht gewählten

Diktatoren. In jedem Fall handelt es sich um die Machtausübung durch Stellvertreter. Selbstverständlich hatten Marx und Engels, denen wir diesen Begriff verdanken, von der Diktatur des Proletariats eine extrem entgegengesetzte Vorstellung.

Auch diese Marxsche Auffassung stellt Rosa Luxemburg von Lenins und Trotzkis Diktatur einer Clique mit scharfen Worten gegenüber: »Jawohl: Diktatur! Aber diese Diktatur besteht in der Art der *Verwendung* der Demokratie, nicht in ihrer Abschaffung, in energischen, entschlossenen Eingriffen in die wohlerworbenen Rechte und wirtschaftlichen Verhältnisse der bürgerlichen Gesellschaft, ohne welche sich die sozialistische Umwälzung nicht verwirklichen läßt. Aber diese Diktatur muß das Werk der *Klasse* und nicht einer kleinen, führenden Minderheit im Namen der Klasse sein, d. h., sie muß auf Schritt und Tritt aus der aktiven Teilnahme der Klassen hervorgehen, unter ihrer unmittelbaren Beeinflussung stehen, der Kontrolle der gesamten Öffentlichkeit unterstehen, aus der wachsenden politischen Schulung der Massen hervorgehen.« Kurz davor sagt sie: »Es ist die historische Aufgabe des Proletariats, wenn es zur Macht gelangt, anstelle der bürgerlichen Demokratie sozialistische Demokratie zu schaffen, nicht jegliche Demokratie abzuschaffen. Sozialistische Demokratie beginnt aber nicht erst im gelobten Lande, wenn der Unterbau der sozialistischen Wirtschaft geschaffen ist, als fertiges Weihnachtsgeschenk für das brave Volk, das inzwischen treu die Handvoll sozialistischer Diktatoren unterstützt hat. Sozialistische Demokratie beginnt zugleich mit dem Abbau der Klassenherrschaft und dem Aufbau des Sozialismus ... Sie ist nichts anderes als Diktatur des Proletariats.«[*]

Nach dieser Auffassung von dem Begriff der Diktatur des Proletariats kann man sagen, daß sie in Wirklichkeit die vollkommenste Form der Demokratie ist, was ja nichts anderes bedeutet als Volksherrschaft. In der bürgerlichen Demokratie herrscht nicht das Volk, sondern eine Minderheit von Kapitalisten über die Mehrheit der Ausgebeuteten. Das Mittel zur Ausübung dieser Herrschaft und zur Unterdrückung der Mehrheit ist der bürgerliche Staat. Seine wichtigste Aufgabe ist der Schutz des Eigentums; denn auf dem privaten Eigen-

---

[*] Rosa Luxemburg, Gesammelte Werke, a. a. O., S. 363.

tum ist das ganze Gebäude der Gesellschaft errichtet. Es liegt im Wesen der bürgerlichen Gesellschaft, daß alles Eigentum – mag es noch so ungleichmäßig verteilt sein – rechtmäßig erworben sein muß. Hierfür sorgt der Staat mit seinen Justizorganen. Der demokratische bürgerliche Rechtsstaat ist in Wirklichkeit also eine Diktatur, weil in ihm eine Minderheit über die Mehrheit herrscht. Die Diktatur des Proletariats ist in Wirklichkeit eine reine Demokratie, weil in ihr die Mehrheit eine kleine Minderheit unterdrückt, und zwar eine Minderheit, die alle Rechte hat, die alle haben, aber nur nicht mehr das Recht, die Mehrheit zu unterdrücken.

Wenn darüber Klarheit gewonnen ist, was der Marxismus unter dem Begriff der Diktatur des Proletariats versteht und immer verstanden hat, dann bedeutet dies mit gleicher Klarheit, daß die in den sozialistischen Staaten errichtete Regierungsform und Staatsform keine Diktatur des Proletariats, sondern eine Diktatur über das Proletariat ist. Es käme also um so mehr darauf an, den ursprünglichen Inhalt des Begriffes wiederherzustellen und ihn klar von den Herrschaftsformen in jenen Ländern abzugrenzen. Macht man es sich da nicht zu leicht, einfach nur das Wort aus dem Verkehr zu ziehen, weil darin das anrüchige, diskreditierte und gehaßte Wort Diktatur enthalten ist? Ein nicht unwichtiges Argument für die Entscheidung der KPF halte ich aber doch für sehr bedenkenswert: Es kommt oft vor, daß ein Begriff durch fortgesetzten Mißbrauch seinen Sinn bis zur Unkenntlichkeit verändert, so daß der Versuch der Wiederherstellung der ursprünglichen Bedeutung nur zu heilloser sprachlicher Verwirrung führt. In der Tat sprachen ja schon Lenin und Rosa Luxemburg in zwei verschiedenen Sprachen, wenn sie die umstrittene Vokabel gebrauchten. Wieviel mehr gilt dies heute! Und ich fürchte, es wird lange dauern, bis in den Ländern des realen Sozialismus unter der Diktatur des Proletariats wieder das verstanden wird, was Marx und Engels mit diesem Wort zum Ausdruck bringen wollten.

VIII.
Restauration und Revolution in Europa

Der Zweite Weltkrieg verwandelte Europa in einen Trümmerhaufen, nicht nur materiell, sondern auch geistig. Alle großen moralischen Instanzen, die bürgerlichen wie die sozialistischen, hatten in den Verbrechen dieses Krieges ihre Glaubwürdigkeit verloren. Sechzig Millionen Tote, davon allein zwanzig Millionen in der Sowjetunion, die fast vollendete systematische Ausrottung der europäischen Juden, der Tod ungezählter Millionen, die wegen ihres Glaubens und wegen ihrer politischen Überzeugungen in den Konzentrationslagern und Zwangsarbeitslagern der Nazis und des Archipels GULAG sterben mußten, die Politik des Paktierens und der Geheimverhandlungen vom Konkordat des heiligen Stuhls mit der Hitlerregierung bis zu den von allen Seiten unaufrichtigen Verhandlungen und Vertragsabschlüssen, die der »Osten« wie der »Westen« mit dem Hitlerstaat praktizierte, und die – gewollt oder ungewollt – nichts anderes waren als Kriegsvorbereitungen, die militärisch sinnlose und barbarische Vernichtung Dresdens und anderer deutscher Großstädte noch kurz vor Kriegsende, der Abwurf der beiden Atombomben über Hiroshima und Nagasaki, die auf einen Schlag eine halbe Million Menschen töteten und Hunderttausende zu langjährigem Siechtum verurteilten, – nicht nur die Besiegten, die den Wahnsinn dieses Krieges in Gang gesetzt hatten, auch die Sieger hatten – gemessen an den humanistischen Idealen, für die sie gekämpft hatten – Mittel angewendet, die der edelste Zweck nicht heiligen konnte.

Die beiden Hauptsiegermächte, die Sowjetunion und die USA, teilten Europa und soweit möglich auch die ganze übrige Welt unter sich auf. Im fernen Osten führte die Verjagung der Japaner vom Festland zum Sieg Mao Tse-tungs über Tschiang Kaitschek und zum Ende der französischen Kolonialherrschaft in Indochina. Die Inder befreiten sich endgültig von der britischen Kolonialherrschaft. Das britische Empire brach zusammen.

Europa wurde in zwei Teile gerissen, den von den USA beherrschten Westen und den von der Sowjetunion beherrschten Osten. Die Grenze zwischen beiden verlief mitten durch das ehemalige Deutsche Reich. Die »moralische Wiederaufrüstung«, wie man die nun folgende Epoche der Restauration der bürgerlichen Klassenherrschaft im Westen fast selbstkritisch nannte, machte verbunden mit einer schnellen Wiedergesundung der Wirtschaft und schließlich auch mit einer unter Bruch des Potsdamer Abkommens durchgeführten militärischen Wiederaufrüstung in wenigen Jahren rapide Fortschritte. Kaum zehn Jahre nach dem Ende der Hitlerzeit hatten die meisten Deutschen die schrecklichen Verbrechen vergessen, an denen so viele von ihnen im Krieg und auch in den KZs mitgewirkt hatten. Es gab kaum ein Volk in der Welt, das sich so aus innerster Überzeugung für demokratisch hielt und die Spielregeln der parlamentarischen Demokratie so perfekt praktizierte, wie die Deutschen im westlichen Teil Deutschlands. Die Restauration kam in Westeuropa, ganz besonders aber in der Bundesrepublik zu einem vollkommenen Erfolg. Von der Revolution, die die Sowjetunion den Völkern ihres Machtbereiches bescherte, kann man das nicht sagen. Finnland gelang es, sich neutral zu halten und sein fortschrittlich bürgerlich-nationales Regime zu bewahren, die baltischen Staaten blieben Republiken der Sowjetunion, und die mit Hitler vereinbarte Teilung Polens wurde nicht rückgängig gemacht. In dem auf Kosten Deutschlands nach Westen erweiterten Polen, wobei Gebiete mit teilweise starken polnischen Bevölkerungsanteilen an Polen fielen, in Ostdeutschland, der Tschechoslowakei, Ungarn, Rumänien, Jugoslawien und Bulgarien wurden sozialistische Republiken etabliert, die – von unwesentlichen kosmetischen Variationen abgesehen – das in der Sowjetunion praktizierte System zum Vorbild hatten.

So kam die Revolution nach Europa als ein fremdes, von einer fremden Militärmacht den Völkern aufgezwungenes Herrschaftssystem, bei den meisten noch dazu moralisch diskreditiert durch die rücksichtslosen Gebietsabtretungen während des Krieges und nach Kriegsende, die das Nationalgefühl der Völker verletzten. Nur Jugoslawien und Bulgarien waren davon verschont geblieben. Hinzu kam in allen diesen Ländern in den ersten Nachkriegsjahren große wirtschaftliche Not. Mit Neid und daraus erwachsender Ablehnung der Revolution blickten sie auf den wirtschaftlichen Aufschwung in Westeuropa. Ein anwachsender Strom von Flüchtlingen strömte in die Länder des Wirtschaftswunders. Gegen diesen unerträglichen Menschen- und Substanzverlust mußten sich schließlich die Staaten durch den hermetischen Abschluß ihrer Grenzen schützen.

Ich glaube, der Leser wird verstehen, daß ich diese uns allen bekannten Tatsachen hier nicht in dieser noch dazu simplifizierenden Kürze vorbringe, etwa um den Erfolg der Restauration im Westen gegenüber dem Mißerfolg der Revolution im Osten zu preisen. Ich will nur erreichen, indem ich diesen dunklen Hintergrund unserer Situation in Europa beschwöre, daß der Ernst erkennbar wird, mit dem ich mich doch und trotz allem zu dieser Revolution bekenne. Mit der Vernichtung des verbrecherischen Naziregimes, das durch seine Untaten das Ansehen des deutschen Volkes entsetzlich besudelt hat, brachten uns die Soldaten der Roten Armee in Osteuropa und Ostdeutschland die Befreiung von dem Grundübel des Kapitalismus, aus dem alle seine weiteren Übel einschließlich der Möglichkeit der faschistischen Diktatur hervorgehen, die Befreiung vom Prinzip des Habens und Nichthabens, jedenfalls den ersten Schritt dieser Befreiung durch die Aufhebung des Privateigentums an den Produktionsmitteln. Ich muß auch diese Feststellung noch einschränken, indem ich sie präzisiere: Das Privateigentum an den Produktionsmitteln wurde zwar aufgehoben, indem die Rechte der bisherigen Eigentümer außer Kraft gesetzt wurden, aber an ihre Stelle trat ein neuer anonymer Eigentümer, der die schon von den Kapitalisten geübte Praxis der »Société Anonyme«, der GmbH und der Aktiengesellschaften bis hinauf zu den marktbeherrschenden Konzernen nur übernahm: der Staat.

Damit wurden zwar einzelne Privatinteressen und Gruppeninteressen aus der Volkswirtschaft ausgeschaltet und auch das Grundprinzip der kapitalistischen Produktionsverhältnisse, die private Aneignung der gesellschaftlich produzierten Güter, aufgehoben. Aber die neuen Produktionsverhältnisse sind nicht sozialistisch, sondern staatsmonopolistisch. Diese *noch* nicht sozialistischen Produktionsverhältnisse sind das adäquate Gegenstück zur politbürokratischen Diktatur. Aber der Übergang von dieser politbürokratischen Diktatur zu der

Diktatur des Proletariats, wie sie den Ideen von Karl Marx folgend Rosa Luxemburg charakterisiert hat, ist nur noch *ein* Schritt, ein Schritt, der die unvollendete Revolution vollendet. Er ist gewiß schwer zu tun. Aber er ward schon einmal aus eigener Kraft getan: 1968 in der CSSR! Und es ist doch eine alte historische Erfahrung, daß große Umwälzungen ihr Ziel selten in einem einzigen Schritt erreichen. So, denke ich, ist es auch jetzt wieder. Zu diesem entscheidenden zweiten Schritt der Revolution in den osteuropäischen Staaten bedarf es wohl auch der Auslösung durch innere und äußere Erschütterungen und Spannungen, wie 1968, als sich zur gleichen Zeit in Frankreich zuerst die Studenten und schließlich die ganze Arbeiterschaft gegen die Regierung und gegen die Fabrikherren erhoben und der französischen Bourgeoisie einen tödlichen Schrecken einjagten. Aber es wird – wie auch damals in der CSSR – die Einsicht, die rationale Bewältigung der lebensbedrohenden Vorgänge, die revolutionäre Idee also, die die Massen ergreift, die alles entscheidende materielle Gewalt sein.

Ich muß an dieser Stelle mit aller Entschiedenheit hervorheben, daß diese alles entscheidende materielle Gewalt keinesfalls in der Form eines politischen Vulkanausbruchs ans Tageslicht treten muß. Und wenn es doch dazu kommen sollte, wäre dies nur die Folge weiterer schwerer Fehler und unsinniger staatlicher Unterdrückungsmaßnahmen, die die Sicherheit des Staates ja nicht stärken, sondern zu den Hauptursachen wachsender Staatsunsicherheit gehören. Gerade der Verlauf des Prager Frühlings von 1968 hat deutlich gemacht, daß eine zugleich von unten mobilisierte und von oben geleitete Vollendung der sozialistischen Revolution ohne jedes Blutvergießen möglich ist. Das Blut wurde später vergossen, als der Sozialismus mit menschlichem Antlitz mit brutaler Gewalt wieder erstickt wurde.

Wieviel weiter und schwerer ist damit verglichen der Weg zur Revolution in den großen westeuropäischen Industriestaaten! Abgesehen von der Bundesrepublik Deutschland und in gewisser Hinsicht auch England ist auch die politische Arbeiterbewegung in mehrere große Blöcke gespalten, die sich mißtrauisch und oft sogar feindselig gegenüberstehen. Dazu kommt in allen diesen Ländern noch ein Sammelsurium linker Sekten und Splittergruppen, deren Spektrum von bigotten spiritualistischen Heilsvereinen über die traditionellen trotzkistischen, maoistischen und sonstigen K-Gruppen bis zu den radikalen Terrorgruppen vom Schlage der RAF reicht. In jüngster Zeit wird schließlich die Szene noch sehr durch das Auftreten der »Grünen« in Unruhe versetzt, die mit der attraktiven Idee, die Umweltverschmutzung kenne keine Parteien, aber die Parteien seien blind gegenüber der Umweltverschmutzung, ihre alternativen Listen und Bürgerinitiativen gegen Kernkraftwerke in der BRD zu einer Grünen Partei vereinigt haben, die zum Sammelbecken all derer zu werden beginnt, die mit den etablierten Parteien unzufrieden und, von der Aussichtslosigkeit der linken Sekten überzeugt, nun im großen grünen Zusammenschluß den Weg zur Überwindung der Zersplitterung erblicken.

Wenn man bedenkt, daß das Wesen der Sekten darin besteht, daß eine einzelne Erkenntnis oder auch – richtige oder falsche – Idee, sittliche Forderung oder Weissagung, durch deren Besitz sich die Mitglieder der Sekte allen übrigen Menschen voraus wissen, zur alleinigen und entscheidenden Grundlage aller Welterkenntnis oder auch nur aller Möglichkeiten zur praktischen Weltverbesserung erklärt wird, kann man sagen, daß in der Bewegung der Grünen dieses Urprinzip allen Sektierertums zur Vollendung gebracht wurde. Nun endlich wissen wir, wer die Feinde der menschlichen Kultur sind – nicht mehr der Kapitalismus, nicht Unrecht und Unterdrückung, sondern die radioaktiven Ausdünstungen der Kernkraftwerke, die giftigen Schwaden der chemischen Industrie, die Pflanzenschutzmittel und Insektizide, die Ölverpestung, und ich weiß nicht, was noch alles –, was zweifellos ekelhaft ist und menschenfeindlich, aber doch nur nichts anderes ist als die Neben- und Endprodukte des Stoffwechsels eines Ungeheuers, das uns mit dem Inferno des nuklearen Krieges bedroht. In der BRD ist es sogar möglich, daß in der Bundestagswahl 1980 die Grünen die FDP an der Fünfprozenthürde scheitern lassen und damit den Wahlsieg der Bürgerlichen über die Arbeiterpartei herbeiführen.

So zahlenmäßig unbedeutend die linken Sekten auch sind, im ganzen kommt eben in dieser Zersplitterung ein krankhafter Schwächezustand zum Ausdruck, von dem die revolutionären Kräfte in der BRD, aber auch in anderen Ländern befallen sind, wo nicht nur eine große sozialistische Partei, sondern deren mehrere existieren. Auch die italienischen und die französischen Linksparteien leiden unter der Absonderung meist intellektueller Sekten, die sie schwächen und ihnen viele wertvolle Kräfte entziehen. Die Kritik der Sekten an den etablierten Parteien bezieht sich meist auf deren kompromißlerische und opportunistische Politik in den Parlamenten. Sektierer können sich eben nicht von ihrem Radikalismus trennen, den sie zu Unrecht für Radikalität halten, und dessen Wurzel ja auch oft die Bereitschaft hierzu bis zur Selbstaufopferung für die Sache ist. Um die wertvollen und selbstlosen revolutionären Menschen, die sich in Sekten verirrt haben, für die Revolution wiederzugewinnen, muß Klarheit darüber gewonnen werden, wo heute die Fronten des vorrevolutionären Kampfes in der Gesellschaft verlaufen.

Beginnen wir damit, wo sie nicht verlaufen.

Ich glaube, es müßte leicht einzusehen sein, daß sie nicht zwischen den verschiedenen politischen Arbeiterparteien verlaufen. Aber wie erbittert sind gerade hier sehr oft die politischen Auseinandersetzungen. Eine herausragende Rolle spielen hierbei die Feindseligkeiten zwischen den sozialdemokratischen und sozialistischen Parteien auf der einen Seite und den Kommunisten auf der anderen. Für viele gilt die grundsätzliche Distanzierung von den Kommunisten als einziges glaubwürdiges Alibi gegen den Verdacht, die prinzipielle Anerkennung der parlamentarischen Demokratie könnte nur ein taktisches Lippenbekenntnis sein. Der Antikommunismus hat die Funktion des Qualitätsstempels eines Markenartikels, ohne den keine Partei in den Kreis der echten demokratischen Parteien aufgenommen werden kann. Diese totale Verteufelung des Kommunismus, die beispielsweise bisher verhindert hat, daß trotz der nichtendenwollenden Serie von Regierungskrisen in Italien die zweitstärkste Partei des Landes, die PCI, an der Regierung beteiligt wird, hat mehrere Gründe.

Wer sich bereit erklärt, mit den Kommunisten im Parlament zusammenzuarbeiten, wird sofort verdächtigt, daß er sich damit politisch zum Handlanger der sowjetischen Außenpolitik mache oder jedenfalls das Sowjetsystem nicht mehr grundsätzlich ablehne, was die Preisgabe der heiligsten Güter der Menschheit und einen Affront gegen den großen Verbündeten und Menschenfreund, nämlich die USA, bedeute, daß die heiligsten Güter der Menschheit sehr viel mit den Lebensinteressen des Dollars zu tun haben und auch dafür sorgen, daß er stets in die rechten Bahnen gelenkt wird, wurde wohl mit nicht zu überbietender Deutlichkeit aller Welt im Vietnamkrieg vor Augen geführt. Aber da dieser Krieg mit allen seinen furchtbaren Schrecken doch zur Abwehr gegen den Kommunismus geführt wurde, der die Existenz eines angeblichen freien, demokratischen Regimes in Südvietnam bedrohte, war niemand empört, und es gab für die Leiden des vietnamesischen Volkes nur Krokodilstränen. Peinlich war nur, als schließlich alle Welt doch erfuhr, wie frei von jeder Demokratie das von den USA verteidigte korrupte Regime in Saigon gewesen war.

Wenn man den zur Schau getragenen Antikommunismus, von dem man in erster Linie doch hofft, daß die US-Amerikaner ihn ernst nehmen, mit den bittern Klagen vergleicht, die die Parteien über ihre eigene Verteufelung als »Sozialfaschisten« durch die Kommunisten vor der Machtergreifung der deutschen Nazis anstimmten, gewinnt man einen Eindruck davon, wie leicht die Menschen vergessen und wie schwer sie darum aus den Erfahrungen ihrer eigenen Geschichte lernen. Ahnen sie immer noch nicht, daß die Spaltung der Arbeiterbewegung in Sozialdemokraten und Kommunisten, in Menschewiki und Bolschewiki, im alten rückständigen Rußland zwar zum Sieg des bolschewistischen Umsturzes, aber übertragen auf die Industriestaaten des europäischen Westens nur zur Stärkung ihrer Feinde, ja sogar zum Sieg des deutschen Faschismus entscheidend beigetragen hat? Und daß die Fortdauer dieser unseligen Spaltung und Feindschaft auch heute nicht den Arbeitern, sondern nur ihren Klassengegnern dient?

Die Überwindung dieser Spaltung kann natürlich nicht dadurch erreicht werden, daß sich eine Seite der anderen unterwirft oder daß etwa beide in einer Art Handel wechselseitig auf eine Reihe politischer Positionen verzichten, um sich dann auf eine gemeinsame politische Plattform einigen zu können. Die Spaltung kann nur überwunden werden in einer höheren Form der Einheit, die Togliatti die Einheit in der Vielheit genannt hat. In der politisch organisierten Einheit aller Linkskräfte soll wohl die Grundlage für ein einheitliches und planmäßiges politisches Handeln geschaffen werden. Aber dieses einheitliche, organisierte Zusammenwirken – selbstverständlich auch orientiert an gemeinsam beschlossenen aktuellen Programmen – soll unter gleichzeitiger Wahrung der Vielfalt der Meinungen und der Freiheit der innerparteilichen Auseinandersetzungen funktionieren. Pluralismus der Ideen und Polyzentrismus in der politischen Praxis sind grundlegende Voraussetzungen für das Entstehen und das Bestehen der neuen Einheit.

Bei all dem muß auch gesehen werden, daß die seit sechzig Jahren andauernde Spaltung getrennte Funktionärsapparate produziert hat, bei denen die Abgrenzung von den anderen ein Teil ihrer eigenen Identität ist. Ich will diesen Apparateegoismus der Vollständigkeit halber erwähnen, weil er angesichts einer arbeitsplatzorientierten Interessenpolitik der Funktionäre vielfach eine mögliche Einheit verhindert. Der eine Apparat glaubt, daß der andere im Bündnis auf seine Kosten stärker wird. Dieser Apparateegoismus ist genauso wie die Sektiererei ein krankhafter Auswuchs dieser unseligen Spaltung. In seiner Wirkung ist er ebenso lebensbedrohend für die Politik der westeuropäischen Linken.

Eine für das Anwachsen und Erstarken der neuen Arbeitereinheit wichtige und zugleich schwierige Frage ist das Verhältnis zur Sowjetunion und überhaupt zum sogenannten »realen« Sozialismus. In dieser Frage wird es unvermeidlicherweise für lange Zeit keine einheitliche Meinung geben. Dieses Verhältnis wird sich auch – hoffentlich – stark verändern, wenn in den Ländern des realen Sozialismus wieder neue entschiedene Schritte zur Aufhebung der Diktatur der Politbürokratie getan werden. Dabei wird sich zeigen, wie stark sich die revolutionären Entwicklungen hüben und drüben gegenseitig beeinflussen, im Guten wie im Schlechten. Aber auch bevor es soweit ist; denn die neue Einheit kann darauf nicht warten, müssen die Gruppen und Parteien, die bisher einen militanten Antisowjetismus und einen ebenso prinzipienlosen Proamerikanismus verfochten haben, sich von diesem Übel ebenso befreien, wie die immer noch stalinistischen Kommunisten von ihrem nicht weniger prinzipienlosen Prosowjetismus und pauschalen Antiamerikanismus. Das eine wie das andere nützt nicht der revolutionären Arbeitereinheit, sondern ihren Gegnern. Die Fronten des revolutionären Kampfes verlaufen woanders.

Sie verlaufen auch da nicht, wo sich Atheisten und Christen über die Rolle und den Wahrheitsgehalt der Religion streiten. Die sittlichen Forderungen des Jesus von Nazareth und seine unbedingte Parteinahme für die Armen, Entrechteten und Leidenden – wo gäbe es da für Sozialisten, auch marxistische, einen Grund zum Nein-Sagen? Der militante Atheismus, der sich stark fühlt, wenn er – womöglich mit der Staatsmacht im Rücken – die Gefühle gläubiger Menschen verletzt, ist nicht nur primitiv und vulgärmarxistisch, sondern durch und durch falsch und schädlich. Seine Repräsentanten stolzieren daher in einer gefälschten Klassenkämpferpose, während sie in Wirklichkeit scharenweise die besten Menschen zurückstoßen und anwidern, die mit den humanistischen Zielen der sozialistischen Arbeiterbewegung völlig einverstanden sind, nur immer wieder in Zweifel geraten, ob sie auch wirklich ehrlich vertreten werden.

Wir müssen noch einen ganz entschiedenen Schritt weitergehen, um uns darüber klar zu werden, wo die Fronten unseres Kampfes verlaufen und wo nicht. Denn sie verlaufen auch nicht längs der Grenzen zwischen den bürgerlichen und den Arbeiterparteien. Denn das hieße ja, daß der Kampf entschieden wäre, und die Revolution gesiegt hätte, wenn die Arbeiterpartei die parlamentarische Mehrheit errungen hat und Regierungspartei geworden ist. Daß dies keineswegs der Fall ist, geht aus der gesamten Geschichte der parlamentarischen Demokratie der kapitalistischen Staaten hervor. In den Parlamenten geht es um Gesetzesentwürfe und Regierungsprogramme des bestehenden Staates, aber nicht um die Umwälzung der Gesellschaftsordnung. Das ist ja gerade der beständig gegen die Kommunisten erhobene Vorwurf, sie wollten durch eine parlamentarisch-demokratische Mehrheitsentscheidung eben dies Verfahren außer Kraft setzen, das Prinzip der demokratischen Kontrolle also durch seine Anwendung beseitigen, um dann ungestört auch gegen den Willen der Mehrheit schalten und walten zu können. Allerdings sind die politischen Auseinandersetzungen in den Parlamenten auch nicht losgelöst und unabhängig von den vorrevolutionären Veränderungen im Schoße der Gesellschaft. In bestimmten Situationen können sie sogar hervorragenden Anteil daran haben. Aber gerade in diesen Augenblicken zeigt sich, daß die Fronten nicht längs der Parteigrenzen verlaufen, sondern quer durch alle Parteien, manchmal sogar auch die Arbeiterpartei, hindurch.

Keine politische Partei ist homogen. Alle bestehen aus verschiedenen Flügeln und Gruppierungen. Bei den bürgerlichen Parteien sind es meist einzelne wirtschaftliche Interessengruppen, die im Parlament ihre Lobby unterhalten. Einheit in der Vielheit wird da auf bürgerliche Weise seit langem praktiziert. Eins ist in jedem Fall gewiß, daß die primären vorrevolutionären und auch die revolutionären Veränderungen nicht durch parlamentarische Abstimmungen herbeigeführt werden, sondern daß umgekehrt die Veränderungen in der Basis der Gesellschaft, die mit den Mitteln der öffentlichen Auseinandersetzung, der Aufklärung, der wissenschaftlichen Kritik, der Kunst und der Literatur, in aller erster Linie aber mit der Macht der Gewerkschaften vorbereitet und durchgesetzt wurden, in den Parlamenten in der Form von Gesetzen nur endgültig abgesegnet werden. Auch das läuft nicht automatisch und ohne viele Widerstände über die Bühne, so daß die Arbeit der parlamentarischen Gremien und der Parlamentsfraktionen der Arbeiterpartei von nicht geringer Bedeutung ist. Aber die Revolution findet dort nicht statt.

Die Fronten, an denen für sie gekämpft wird, sind in erster Linie die großen Industriebetriebe, wo von den Gewerkschaften fast alles für die Entwicklung der neuen Gesellschaft im Schoße der alten erkämpft wird – danach erst die Foren der Öffentlichkeit, wo der Kampf gegen die Ideologie der noch herrschenden Klasse geführt wird und gegen die Irreführung und Manipulation der öffentlichen Meinung durch private Monopole in bestimmten Bereichen der Massenmedien, wie etwa im Zeitungswesen. Von großer Bedeutung sind auch alle gesellschaftlichen Institutionen, die der Information der Öffentlichkeit über ökonomische, finanztechnische und administrative Veränderungen und der Veröffentlichung wissenschaftlicher Auswertungen dieser Informationen dienen. Es ist für die jetzt erreichte Phase charakteristisch, daß Einrichtungen dieser Art heute nicht nur vom Staat, sondern unabhängig von ihm auch von den Gewerkschaften und vom Unternehmerverband betrieben werden. Diese Institutionen sind wichtige Werkzeuge zur Durchsetzung der demokratischen Kontrolle der Regierung wie auch der Wirtschafts- und Finanzpolitik der großen Unternehmen und Konzerne, die immer noch größtenteils hinter verschlossenen Türen geplant und beschlossen wird. Weitere wichtige Felder des öffentlichen Lebens, in denen unser Kampf geführt wird, sind Kunst und Literatur, Theater, Film – alle Formen der öffentlichen kulturellen Produktion und Reproduktion. Romane, Bühnenstücke und Filme können auf eine Weise das Denken und das Zweifeln an der Allmacht der herrschenden Zustände erregen und anregen, wie es eine sachliche und mit Zahlen belegte Analyse nie zustandebrächte. Alle diese Felder, vom gewerkschaftlichen Kampf in den Betrieben bis zur Durchleuchtung der gesellschaftlichen Realität in einem Film, hängen miteinander zusammen und auch voneinander ab, weil das, worum es geht, überall das gleiche ist, die Frage nämlich in jedem Augenblick neu zu beantworten, wie und auf welchem Wege und mit welchem nächsten Schritt kommen wir unserem großen Ziel näher, das wir erreichen müssen, wenn wir diese Zeit überleben wollen.

Der aus den Gesetzen seiner Ökonomie hervorgehende Zwang zu ständigem wirtschaftlichen Wachstum – bei Wachstumsstillstand würden nach dem Gesetz vom tendenziellen Fall der Profitrate die Profite schnell dahinschwinden und könnten nur durch eine totalitäre Zwangsherrschaft aufrechterhalten werden – hat bewirkt, daß der Kapitalismus alle aus den Gesetzen der Natur sich ergebenden technologischen Möglichkeiten von Stufe zu Stufe steigend entwickelt hat, weil er nur durch ständige Steigerung der Produktivität der Arbeit, also mit Hilfe des technischen Fortschritts, dieses Wachstum realisieren und der ihn ständig verfolgenden Stabilitätskrise gerade noch entgehen konnte. Er ist jetzt bei der letzten wissenschaftlich-technischen Möglichkeit zur Steigerung der Produktivität der Arbeit angelangt, die während ihrer praktischen Einführung den Spitzenreitern noch gewaltige Gewinne verspricht, aber nach ihrer allgemeinen Anwendung die ökonomischen Grundlagen der kapitalistischen Wirtschaft aufhebt. Dieser letzte technologische Fortschritt ist die totale Automatisierung der industriellen und schließlich auch der landwirtschaftlichen Produktion. Dieser letzte Schritt wird mit Hilfe der Mikroelektronik erreicht, womit den produzierenden Maschinen ein ihren Aufgaben genau angemessenes Gehirn eingepflanzt wird, das sie zu Robotern macht, die zuverlässiger und genauer arbeiten als eine Kombination von Maschine und Mensch in der bisherigen Technik.

Das bereits allgemein sichtbare Ergebnis dieser neuen technischen Entwicklung ist die fortschreitende Freisetzung von Arbeitskräften infolge eines technologisch bedingten Schwunds an Arbeitsplätzen. Die Einführung der neuen Technologie erfordert die Investition erheblicher Mengen neuen Kapitals. Sie lohnt sich aber, wenn die Verzinsung und Amortisation dieses Kapitals während der erwarteten Laufzeit der Anlage weniger kostet als die Summe der bei der Produktion nach der bisherigen Technik zu zahlenden Löhne und die Abschreibung der alten Anlage. Da die Löhne ständig steigen, verzinst sich das investierte Kapital gerade dadurch nur um so mehr. Denn die Kosten des Endprodukts werden immer weniger von

Lohnkosten bestimmt, während der auf dem Markt erzielbare Preis der allgemeinen Inflationsrate folgen kann. Außerdem bewirkt die Freisetzung von Arbeitskräften ein wachsendes Angebot auf dem Arbeitsmarkt und dementsprechend eine Dämpfung der tariflichen Forderungen der Gewerkschaften.

Es ist klar, daß dieser letzte große Run auf Extraprofite nur mit der absoluten Verelendung der Arbeiter enden kann, wenn nicht mit allen gewerkschaftlichen Mitteln dagegen gekämpft wird. Außerdem führt die fortschreitende Verelendung der Arbeiter auch längst, bevor sie ihr absolutes Ende erreicht, zu einem finanziellen Ruin des Staates, der die Kosten für die Arbeitslosenunterstützung nicht mehr aufbringen kann, weil den Versicherungsfonds ja die erforderlichen Mittel gar nicht mehr zufließen können. Unweigerlich kommt es damit zu einer katastrophalen Zuspitzung der Krise, womit die Gefahr des Ausweichens in die Zwangswirtschaft des Krieges entsteht, d. h. also der Krieg zur ultima ratio werden kann.

Die ganze Kraft des gewerkschaftlichen Kampfes muß gegen diese Entwicklung gerichtet werden.

Zunächst muß klar gemacht werden, daß die Investition von Kapital, die sich für den Unternehmer nur deshalb lohnt, weil die Kapitalkosten niedriger sind als die Lohnkosten ohne Investition, in Wirklichkeit von der Gesamtheit der Lohn- und Gehaltsempfänger mitfinanziert wird, die mit ihren Beiträgen zur Arbeitslosenversicherung für die Kosten aufkommen müssen, die der gesamten Volkswirtschaft durch die Freisetzung der Arbeitskräfte entstehen. Die von den Unternehmern auf diese Weise erzielten Extraprofite beruhen demnach nicht auf einer Steigerung der ökonomischen Gesamtleistung, sondern stellen eine widerrechtliche Aneignung des Ertrages fremder Leistungen dar. Hieraus folgt auch, daß die Wettbewerbsfähigkeit der Gesamtvolkswirtschaft durch solche Investitionen gar nicht verbessert wird. Dies ist nämlich ein Hauptargument gegen die einzig vernünftige von den Gewerkschaften erhobene Gegenforderung, nämlich die Erhaltung der Gesamtzahl der Arbeitsplätze durch Herabsetzung der Arbeitszeit ohne Senkung des Gesamtlohns. Diese Forderung ist also keineswegs wirtschaftlich unerfüllbar. Sie hilft aber zu verhindern, daß Investitionen zu verschleierten Umverteilungen des Sozialproduktes zugunsten einzelner kapitalstarker Unternehmer mißbraucht werden können.

Da die auf diese Weise investierten Kapitalien gesamtwirtschaftlich zu keiner Leistungssteigerung führen, sind sie Fehlinvestitionen, d. h. Verschwendung von Volksvermögen. Gegen diese Selbstherrlichkeit der Unternehmer, über die Investitionen zu entscheiden, gibt es keine gesetzlichen Schranken. Auch die bisher erreichten Formen der Mitbestimmung, einschließlich der paritätischen, ermöglichen die Verhinderung solcher Praktiken noch nicht. Dazu bedarf es zusätzlicher gesetzlicher Absicherungen.

Die wichtigsten gewerkschaftlichen Programmforderungen in diesem Zusammenhang sind deshalb: 1. Die Herabsetzung der Arbeitszeit ohne Lohnausfall durch Einführung der 35-Stundenwoche und fortschreitend der 30-, 25- und 20-Stundenwoche. 2. Das Verbot der Entlassung von Arbeitskräften, wenn sie sich nur daraus ergibt, daß mit einer neuen Technologie das gleiche mit weniger Arbeitern geleistet werden kann. Falls diese Situation eintritt, muß die Arbeitszeit entsprechend verkürzt werden, damit die Arbeiter am Vorteil der neuen Technologie vollen Anteil haben. 3. Die allgemeine Durchsetzung der paritätischen Mitbestimmung. 4. Das Veto-Recht der Arbeiter in allen Fragen, die die Veränderung der Zahl und der Art der Arbeitsplätze und die Einstellung oder Entlassung von Arbeitskräften betreffen. 5. Die öffentliche Darlegung der gesamten Geschäftstätigkeit des Unternehmens sowie die öffentliche Verteidigung der geplanten Erweiterungen oder sonstigen Veränderungen im Betrieb und in der Wirtschaftsführung des Unternehmens. 6. Die Beteiligung der Belegschaft am Gewinn.

Forderungen dieser Art werden natürlich von den Unternehmern mit allen Mitteln bekämpft, weil die unternehmerische Entscheidungsfreiheit durch ihre Erfüllung mehr und mehr eingeengt wird. Eins der Hauptargumente, mit dem sie sich gegen jede Art gewerkschaftlicher Forderungen immer wieder ins Recht zu setzen versuchen, ist die Behauptung, die wirtschaftliche Ertragslage sei zu schwach, so daß die Gefahr des Zusammenbruchs heraufbeschworen werde. Es ist die alte These, daß doch die Arbeiter und die Unternehmer alle in einem Boot sitzen und daß man die Kuh, die man melkt, nicht schlachten darf. Dabei sind die Unternehmer die einzigen, die die Kuh jederzeit bedenkenlos schlachten, wenn sich daraus ein Vorteil für sie ergibt. Es ist in Wirklichkeit umgekehrt. Die Erfüllung der gewerkschaftlichen Forderungen kann nur eine stabilisierende Wirkung haben und die Gesamtvolkswirtschaft vor Schäden bewahren, die ihr durch Unternehmerwillkür erwachsen.

Die Verkürzung der Arbeitszeit, auf welche Weise dies auch geschehen mag, ist die *einzige* Möglichkeit zur Verminderung und schließlichen Beseitigung der Arbeitslosigkeit. Wichtig ist, wie die Arbeiter die gewonnene Freizeit nutzen. Dafür zu sorgen, daß möglichst viele daran gehen, ihr Wissen und Können auf den Gebieten ihres Interesses zu vermehren, sei es auf künstlerischem oder wissenschaftlichem Gebiet –, und auch neue und bessere Möglichkeiten zu einer sinnvollen und fruchtbaren kulturellen Betätigung zu schaffen; dies alles gehört auch zu den Aufgaben der Gewerkschaften. Hier wächst die Arbeiterklasse aus ihrer sozialen Erniedrigung heraus und gewinnt die Kräfte zur Lösung ihrer zukünftigen Aufgaben.

Ich habe hier zu zeigen versucht, daß der Schwerpunkt des vorrevolutionären Kampfes in den hochentwickelten Industriestaaten in den Betrieben liegt und dort in erster Linie von den Gewerkschaften geführt wird. Die politischen Parteien und Organisationen haben die Aufgabe, diesen Kampf durch politische Massenaufklärung, durch wissenschaftliche Analysen der ökonomischen und politischen Prozesse, durch schnelle und umfassende Information der Öffentlichkeit durch die Massenmedien, aber auch durch die Durchsetzung und Schaffung gesetzlicher Grundlagen, die die erkämpften Rechte der Arbeiter sichern, und durch direkten und indirekten Einfluß auf die Regierung des Landes zu unterstützen und in der breitesten Öffentlichkeit zu rechtfertigen. Hinzu kommt als ihre zweite Hauptaufgabe: Die Verteidigung der demokratischen Rechte und Freiheiten des Individuums gegenüber der Willkür des Staates und der durch Macht und Reichtum privilegierten herrschenden Klasse. Denn solange es private Verfügungsgewalt über die gesellschaftlichen Arbeitsmittel gibt, kann es keine wahre Demokratie geben, und alle erkämpften demokratischen Rechte und Freiheiten bleiben ständig bedroht und müssen immer wieder neu erkämpft werden. Erst der Sozialismus setzt sie endgültig in Kraft.

Von Bebel stammt das Wort »Ohne Sozialismus keine Demokratie, ohne Demokratie kein Sozialismus«. Bedeutet dies nun, daß die parlamentarische Demokratie der bürgerlich-kapitalistischen Staaten gar keine wahre Demokratie ist? Es kommt dabei darauf an, wie wir den Begriff der Demokratie in der Praxis fassen. Die Demokratie, die in der bürgerlichen Revolution geschaffen wurde, bestand in der Abschaffung aller angestammten Vorrechte und Privilegien der feudalen Adelsklasse: Freiheit, Gleichheit, Brüderlichkeit. Diese drei Grundsätze sollten für die Beziehungen zwischen allen Menschen gelten ohne Rücksicht auf Stand und Geburt. Während im Feudalismus die Bauern tributpflichtige Leibeigene ihres Feudalherrn waren, dem sie ohne Gegenleistung als Arbeitskraft zur Verfügung standen, allerdings nur mit einem Teil ihrer gesamten Arbeitszeit – die übrige Zeit stand zu ihrer eigenen Verfügung –, verfügen in der bürgerlichen Gesellschaft alle Menschen frei über ihre gesamte Arbeitszeit und Arbeitskraft. Niemand *muß*, niemand wird durch Gewaltandrohung gezwungen, alle Arbeitsverträge sind freie Vereinbarungen zwischen gleichberechtigten Partnern. Im Feudalismus ist die Ausbeutung des Menschen durch den Menschen noch offensichtlich. Der Bauer leistete Fronarbeit für seinen Herrn. Im Kapitalismus ist die Ausbeutung vollständig verhüllt, ihr Mechanismus ist nicht mehr offenkundig. Ihn sichtbar gemacht zu haben, war eins der Hauptverdienste der Klassiker des Marxismus. Aber sie haben nie bestritten, daß die bürgerliche Demokratie und das parlamentarische System mit »frei« gewählten Abgeordneten doch eine große historische Errungenschaft gegenüber der Willkürherrschaft der Feudalzeit war.

Schließlich war es Friedrich Engels, der 1891 in seiner Kritik des sozialdemokratischen Programmentwurfes (Erfurter Programm der SPD) schrieb: »Wenn etwas feststeht, so ist es dies, daß unsere Partei und die Arbeiterklasse nur zur Herrschaft kommen kann unter der Form der demokratischen Republik.« Und er fährt mit beißendem Hohn über die Ängstlichkeiten sozialdemokratischer Programmschreiber fort, wobei er die preußischen Strafgesetze damals durchaus in Rechnung stellte: »Aber das Faktum, daß man nicht einmal ein offen-republikanisches Parteiprogramm in Deutschland aufstellen dürfe, beweist, wie kolossal die Illusion ist, als könne man dort auf gemütlich-friedlichem Weg die Republik einrichten, und nicht nur die Republik, sondern die kommunistische Gesellschaft. Indessen kann man an der Republik sich allenfalls vorbeidrücken. Was nach meiner Ansicht hineinsollte und hineinkann, das ist die Forderung der *Konzentration aller politischen Macht in den Händen der Volksvertretung*.«

Es liegt im Wesen der von Marx begründeten materialistischen Geschichtsanalyse, daß sie Wert und Unwert gesellschaftlicher Vorgänge, Erscheinungen und Institutionen nicht nach einem absoluten, zeitlosen und objektiv-moralischen Maßstab beurteilt, sondern ihren Wert und ihre Bedeutung nur im Zusammenhang mit den sich vollziehenden historischen Veränderungen und im Rahmen des geschichtlichen Gesamtprozesses der Entwicklung der Menschheit beurteilt. So erweist es sich, daß das, was einmal ein bedeutender Fortschritt war, im Laufe der Entwicklung sich in sein Gegenteil verkehrt. Auch die bürgerliche Demokratie ist diesem Schicksal nicht entgangen. Ich will mich hier nicht ausführlich mit ihrer Entwicklung und dem Grad ihrer Deformation beschäftigen. Aber ich verweise auf die Analyse der parlamentarischen Demokratie in der BRD, die Karl Jaspers in seiner Schrift »Wohin treibt die Bundesrepublik?« gegeben hat. Als Fazit seiner Analyse formuliert er am Schluß seines Buches: »... es bleibt die Gefahr: Der Weg zur stärkeren Herrschaft der Unternehmer, der Parteienoligarchie, am Ende der Weg zur Diktatur und gesteigerte Kriegsgefahr koinzidieren. Doch keineswegs muß es so kommen. Noch ist Zeit. Aber nur eine grundsätzliche Umkehr der Politik kann das Unheil, den Verlust der Freiheit und des Daseins selber verhüten.«*

Angesichts der Tatsache, daß der Kapitalismus seine Endphase erreicht hat und unaufhaltsam sich seiner letzten, nicht mehr heilbaren Krise nähert, ist die fortschreitende Auszehrung der bürgerlichen Demokratie nichts anderes als die Widerspiegelung der immer unlösbarer werdenden Widersprüche in der ökonomischen Basis der Gesellschaft nun auch in ihrem Überbau. Jaspers sieht als ein Philosoph und Denker des Bürgertums nur mit Schrecken die Gefahr einer neuen faschistischen Diktatur: »Wer als Deutscher alt geworden ist, hat es zweimal erlebt (1914 und 1933) und fürchtet, daß es sich zum drittenmal wiederholen könnte.«** Verzweifelt appelliert er an seine Zeitgenossen, auf dem Weg des Unheils umzukehren und die bürgerliche Demokratie zu bewahren. Daß aber nur eine neue Form der Demokratie uns Freiheit und Leben erhalten und endgültig sichern kann, konnte er noch nicht erkennen. Diese Demokratie wird erst in der

---

* Karl Jaspers: Wohin treibt die Bundesrepublik, München 1966, S. 279.
** Karl Jaspers, a. a. O., S. 281.

sozialistischen Revolution geschaffen, und für sie gilt dann das Bebel-Wort ohne jede Einschränkung: Keine Demokratie ohne Sozialismus.

Was aber ergibt sich, wenn wir das Bebel-Wort auf die Staaten des realen Sozialismus anwenden? Kein Sozialismus ohne Demokratie? Bedeutet es, daß dort kein Sozialismus besteht, weil es keine Demokratie, sondern nur die Diktatur der Politbürokratie gibt? Der Fehler, der einer pauschalen Bejahung dieser Frage zu Grunde liegt, beruht auf einer falschen historischen Einschätzung und Einordnung des »realen Sozialismus«. Er wird nämlich zu Unrecht als eine Art selbständiger Gesellschaftsformation bewertet, quasi von ähnlichem *wissenschaftlich-historischen Rang* wie die ganze bürgerliche Gesellschaftsformation. Der wesentliche Unterschied im Entwicklungszustand der beiden liegt darin, daß die bürgerliche Gesellschaft am Ende ihrer Entwicklung angelangt ist und sich *vor einer großen Umwälzung* befindet, während der reale Sozialismus eine Gesellschaft im Verlauf einer noch *im Gange befindlichen*, allerdings gegenwärtig gefährlich stagnierenden *Umwälzung* ist. Die bürgerliche Gesellschaft ist noch kapitalistisch und kaum noch demokratisch. Der reale Sozialismus ist nicht mehr kapitalistisch, aber auch noch nicht sozialistisch und noch nicht demokratisch.

Aber er ist auf dem Weg zu Sozialismus und Demokratie weiter – noch – als die bürgerliche Demokratie. Durch die ungünstigen Umstände, unter denen er 1917 zur Welt kam, durch die großen Bedrohungen und Gefährdungen von außen und von innen, denen er jahrzehntelang ausgesetzt war, und durch den Umstand, daß er erst mit dem Sieg der Roten Armee über Nazideutschland in die anderen Oststaaten gebracht wurde, ist diese Frucht der Oktoberrevolution geformt worden. Ihre Fortentwicklung und die Überwindung der in der Form des Stalinismus entstandenen schweren Störung und Entwicklungshemmung kommt nur langsam und unter größten inneren Schwierigkeiten voran. Dabei wäre ein schnelleres Tempo von größter internationaler politischer Bedeutung. Aber man muß bedenken, daß die Sowjetunion die Fehler und das leichtfertige Vertrauen, das Stalin in die Vertragstreue Hitlers setzte, mit dem Tod von 20 Millionen ihrer Bürger und mit der Verwüstung ihrer wichtigsten Industriegebiete bezahlen mußte. Dies ist ein sehr wichtiger Grund dafür, daß die Innen- wie Außenpolitik der Sowjetregierung in erster Linie von der Sorge um ihre Sicherheit beherrscht wird. Es gibt kaum eine andere Regierung, die so um die Sicherheit ihres Landes besorgt ist, was manche ihrer Entscheidungen überhaupt erst verständlich macht. Bei der realen Lageeinschätzung der Innen- und Außenpolitik ist die Führung der Sowjetunion zudem durch einen Strukturfehler des realen Sozialismus behindert, der darin besteht, daß die Führung allzu oft gefärbte Gefälligkeitsinformationen über die Weltlage bekommt.

Hinzu kommt der unsinnige US-amerikanische horror sowjeticus, der den Amerikanern den »Sowjet-Kommunismus« als Schreckgespenst und Weltfeind Nummer eins an die Wand malt. Man kann sich also nicht wundern, wenn die Russen auf jede Art von wirklicher oder auch nur imaginärer Bedrohung äußerst allergisch reagieren. Die innere Entwicklung in den Ländern des realen Sozialismus wird jedenfalls durch die Zunahme der Spannungen in der internationalen Politik nur gehemmt. In der Sowjetunion dienen äußere Bedrohungen und Spannungen nicht zur Ablenkung von inneren Schwierigkeiten. Es war und ist bis heute immer umgekehrt: Die sehr realen und keineswegs übertriebenen äußeren Gefährdungen und Bedrohungen haben stets die Verschärfung der »Sicherheitsmaßnahmen« im Innern erst herbeigeführt. Umgekehrt wirken Verträge über Entspannung und Rüstungsbegrenzung. Daß das SALT-2-Abkommen vom USA-Senat immer wieder auf die lange Bank geschoben wurde, hat die Sowjetunion sehr beunruhigt. Die Konferenz von Helsinki (KSZE = Konferenz für Sicherheit und Zusammenarbeit in Europa) kam erst nach jahrelangem Betreiben durch die Sowjetunion und gegen den Widerstand der USA zustande. Die – berechtigte – Sorge um ihre Sicherheit begleitet das Leben der Sowjetunion seit dem ersten Tag ihrer Existenz. Wenn diese Sorge endgültig von ihr genommen werden könnte, wäre ihre innere Weiterentwicklung wahrscheinlich von den bisher schwersten Hemmnissen befreit.

Aber auch in den letzten fast fünfundzwanzig Jahren seit dem XX. Parteitag der KPdSU stand dennoch die Entwicklung in den Ländern des realen Sozialismus niemals still. Es gab den großangelegten Versuch der Entstalinisierung unter Chrustschow, es gab schwere Erschütterungen, verbunden mit positiven Entwicklungen in Polen, Ungarn, der ČSSR und auch der DDR. Aber es gab auch schwerwiegende Rückschläge. Doch es gab keinen Stillstand. Die große Frage, die heute viele bewegt, besonders auch außerhalb der Länder des realen Sozialismus, lautet: Was kann getan werden, um die sozialistische Revolution auch in unseren Ländern weiterzutreiben und zu vollenden?

Ich möchte auch in diesem Falle damit beginnen, zu erklären, was meiner Überzeugung nach nicht getan werden kann.

Die unnachsichtige Unterdrückung jeder Art von Kritik, selbst wenn sie in kleinstem Kreis geäußert wird und selbst wenn sie keineswegs den Sozialismus zum Gegenstand hat, oder wenn sie nur darin besteht, daß eine einigermaßen ungeschminkte Darstellung der gesellschaftlichen Wirklichkeit ohne die gewünschte Schönfärberei und Vertuschung der inneren Widersprüche gegeben, wie etwa in einem Roman, z. B. Stefan Heyms »Collin« oder Rolf Schneiders »November« – diese so sehr beschämenden Umstände haben zwar in erster Linie zur Folge, daß sich Kritik fast nur noch im Kreis ganz eng vertrauter Menschen zu äußern wagt, was ja wohl auch der Zweck der Unterdrückung sein soll. Aber sie haben auch zur Folge, daß immer mehr Menschen eine feindselige, oft haßerfüllte Einstellung zum Staat und zur herrschenden Partei einnehmen, was ja wohl kaum beabsichtigt ist.

Für mich ist hier das tragische Schicksal zweier bedeutender Menschen repräsentativ, die – ursprünglich überzeugte Sozialisten und Kommunisten – zu Feinden und Gegnern des Sozialismus und sogar zu kritiklosen Bewunderern der »freien westlichen Welt« geworden sind: Solschenizyn und Sacharow. Ursprünglich vielleicht noch unabsichtlich, einfach aus der Notlage der Unterdrückung der Meinungsfreiheit heraus, aber inzwischen schon bewußt und mit Absicht, wendet sich ihr Kampf gegen den Sozialismus überhaupt. Daß diese Art des Widerstands der Weiterentwicklung der Revolution nicht hilft, selbst wenn sie mit noch soviel Berechtigung primär für die Verwirklichung der Menschenrechte kämpft – daß sie nur den Gegnern der Revolution noch zusätzlich Munition liefert, ist nicht zu leugnen. Dieses falsche politische Verhalten gibt gerade denen Recht, gegen die sich ihre im einzelnen oft nur zu berechtigte Kritik richtet.

Völlig negativ beurteile ich auch die Flucht in den Westen. Sie ist einfach nur Kapitulation. Der Versuch, vom Ausland aus positiv auf die innere Entwicklung im Heimatland einzuwirken, ist fast immer von vornherein völlig illusionär. Es fällt den Emigranten unendlich schwer, nicht den Boden unter den Füßen zu verlieren und nicht in neue, viel unwürdigere Abhängigkeiten zu geraten, als die, vor denen sie geflohen sind. Wie oft gilt da Wolf Biermanns Vers mit grausamer Genauigkeit: »Leben stand nicht auf dem Spiele – Euer Wohlleben ja nur!« Wenn ich hier meinen Freund Wolf Biermann zitiere, so muß ich, um nicht mißverstanden zu werden, sagen, daß er wie auch Jürgen Fuchs und andere nicht in die Emigration geflohen ist. Sie wurden gegen ihren Widerstand und erklärten Willen, Wolf Biermann sogar mit Hilfe eines schändlichen Tricks, aus der DDR vertrieben. Den Entschluß meines Genossen Rudolf Bahro jedoch, freiwillig die DDR zu verlassen, beurteile ich anders und billige ihn nicht. Natürlich muß man ihm zugute halten, daß er, zwar amnestiert, zu einer langen Freiheitsstrafe verurteilt war und wohl auch, weil Amnestie in diesem Fall nur Entlassung »auf Bewährung« bedeutete, für sich keine Möglichkeit zu irgendeiner Art von politischer Betätigung mehr sah. Aber hier irrte Bahro, kann man nur sagen. Schon sein entschlossenes Hierbleibenwollen wäre ein positives Politikum ersten Ranges gewesen. Doch leider sehe ich keinen Sinn mehr darin, über seinen Verlust zu klagen und über die Möglichkeiten zu reden, die er hier gehabt hätte, die Ratschläge auch selbst zu befolgen, die er uns in seiner »Alternative« gegeben hat.

Die Gründung eines »Bundes der Kommunisten«, die Bahro vorgeschlagen hat, gehört allerdings – wie ich denke – auch nicht zu dem, was jetzt und hier getan werden kann. Eine legale Gründung mit amtlicher Genehmigung ist jedenfalls jetzt ausgeschlossen. Eine illegale Gründung liefe nur darauf hinaus, den Sicherheitsbehörden die Arbeit zu erleichtern und ihnen die innerparteiliche Opposition mit Namen und Adressen ihrer Mitglieder auszuliefern. Aber selbst wenn durch konsequente Anwendung der besten konspirativen Praktiken diese Gefahr ausgeschaltet werden könnte, wäre dieser Weg falsch. Illegale, konspirative Arbeit, in der man Freiheit und Leben aufs Spiel setzt, hat ihren Sinn, wenn der Kampf unversöhnlich gegen einen Feind und Gegner geführt wird, der vernichtet werden muß. Dies waren die Bedingungen des antifaschistischen Widerstands in der Nazizeit.

Aber die Kommunisten in der DDR führen einen solchen Kampf nicht. Die Genossen und Funktionäre der SED einschließlich der Genossen im Politbüro sind nicht Feinde und Gegner, gegen die ein unversöhnlicher Kampf geführt werden muß. Wenn wir dabei von den leider recht zahlreichen Karrieristen und gesinnungslosen Lobhudlern absehen, sind das unsere Genossen. Kommunisten wie wir, zwar ideologisch und praktisch im Netz des Apparats gefesselt, aber doch in ihrer Mehrheit nicht weniger besorgt um das Schicksal der Revolution als wir. Es ist völlig unsinnig und politischer Wahnsinn, zu glauben, man könnte diese Menschen, die schon jetzt unsere potentiellen Verbündeten sind – wie wir ihre –, für eine illegale, konspirative Widerstandsarbeit gegen die Partei gewinnen. Im Gegenteil, alles was diese Genossen politisch leisten können, können sie nur in der Partei, für die Partei, für die Überwindung der sterilen Apparatherrschaft und die Wiederherstellung der innerparteilichen Demokratie tun, niemals gegen sie. Im Grunde läuft alles auf eine sehr lapidare Feststellung hinaus: Eines Bundes der Kommunisten bedarf es nicht, weil es ihn schon gibt: Die Partei.

Ein Bund der Kommunisten nach den Vorstellungen Rudolf Bahros wird darum auch dann keinen Sinn haben, wenn die inneren Verhältnisse in der DDR sich so weit entspannt haben werden, daß eine behördliche Genehmigung dazu erteilt würde. Dieser Bund wäre eine oppositionelle Gegenpartei, und zwar eine rein ideologisch formierte, die keine ökonomische oder soziale Grundlage in der Gesellschaft hat, sondern einfach nur als Besserwisser und dann womöglich mit einem noch weit verschärften Anspruch auftritt, Avantgarde und elitäre Kaderpartei zu sein. Es liefe darauf hinaus, die innerparteiliche Opposition von der Partei abzuspalten und ihr gegenüberzustellen, während doch ihre einzige Aufgabe darin bestehen kann, die Partei aus ihrer Sackgasse herauszuführen und auf die gigantischen Aufgaben vorzubereiten, die sie zu bewältigen haben wird. Die Aufgabe der Opposition heißt eben nicht, der Partei entgegentreten, sondern in ihrem lebendigen Körper aktiv zu werden.

Was man in den Ländern des realen Sozialismus tun kann und tun muß, ergibt sich aus dem gesteckten Ziel: Die Vollendung der Revolution durch freie Entfaltung der sozialistischen Demokratie.

Diesem Ziel kann man sich nur schrittweise nähern. Auch 1968 wurde in der ČSSR dieses Ziel nicht schon mit dem entscheidenden Januar-Plenum erreicht. Aber in dem Maße, wie wir auf dem Weg zu diesem Ziel vorankommen, werden wir anfangen können, an die Lösung der vielen anderen schwierigen Aufgaben zu gehen, die uns die vergangenen dreißig Jahre beschert haben. Die Erfahrungen, die vor und während der stürmischen Entwicklung des Jahres '68 in der ČSSR gemacht wurden, haben gezeigt, daß die Vollendung der sozialistischen Revolution friedlich und ohne Gewaltanwendung möglich ist, wenn die Partei selbst die Führung dabei hat. Diese Revolution von oben ist natürlich auch dann nur möglich, wenn sie von unten, aus den Massen, mit Energie gespeist wird. Indem sie schrittweise die drängendsten Forderungen der Massen erfüllt, erweitert sie zugleich ihre Massenbasis und gewinnt die letzthin entscheidende Kraftquelle für sich: Das Vertrauen des Volkes.

Was sind nun die drängendsten Forderungen der Massen heute und in der nächsten Zukunft?

Ich beginne mit den ökonomischen Forderungen, und zwar zunächst mit den einfachsten. Sie beziehen sich auf die Versorgung mit lebenswichtigen Konsumgütern. Kritisiert wird nicht in erster Linie Qualität, Preis und die Menge des Angebots, sondern die Ungleichmäßigkeit und Unzuverlässigkeit der Warenverteilung, sowohl zeitlich als räumlich. Immer wieder sterben bestimmte Waren, die lange Zeit ohne Unterbrechung in ausreichender Menge überall zu haben waren, aus unerfindlichen Gründen plötzlich aus und sind dann oft monatelang nirgends zu bekommen. Wenn man nach ihnen fragt, erscheint das schon DDR-typische Lächeln auf den Gesichtern der Verkäuferinnen, das den Verdacht zum Ausdruck bringen soll, der Frager lebe wohl auf dem Mond. Dabei handelt es sich um ganz gewöhnliche Dinge, wie etwa Haushaltskerzen oder Bettwäsche oder Büchsenöffner oder Auto-Akkus usw. Ebenso plötzlich, wie sie wie von Zauberhand bewegt aus den Geschäften verschwinden und die wenigen Stellen, wo es sie noch gibt, zum Geheimtip werden, erscheinen sie dann wieder überall, als wäre nichts gewesen. Selbst in Berlin, der offensichtlich sehr bevorzugten Hauptstadt, sind diese Dinge an der Tagesordnung.

Weit schlimmer sieht es natürlich in den peripheren Gebieten aus. Es handelt sich dabei einfach um Schlamperei. Wie aber kommt sie zustande? Welcher Bürokrat an welchem Tisch hat im entscheidenden Augenblick vergessen, einen Auftrag zu bearbeiten oder auch nur weiterzuleiten? Darüber erfährt man nie etwas, jedenfalls nicht offiziell, sondern nur in der Form von Gerüchten und manchmal geradezu lächerlichen Ausreden. Die Leute fragen sich, warum passiert so etwas nur bei uns? Gehört das vielleicht zum Wesen des Sozialismus? Natürlich, hört man dann sofort die Bewunderer der kapitalistischen freien Marktwirtschaft rufen: Es fehlt eben die Privatinitiative, es ist niemand an der schnellen und gleichmäßigen Versorgung des Marktes materiell interessiert. Es stimmt natürlich, daß in der kapitalistischen Wirtschaft jeder noch so kleine Engpaß in der Warenversorgung sofort von geschäftstüchtigen Leuten erspäht und so weidlich wie möglich ausgenutzt wird. Aber warum könnte es nicht auch bei uns Leute geben, die solche Engpässe erspähen? Natürlich gibt es die bei uns auch. Fast jeder kommt ja dauernd mit solchen Engpässen in Konflikt. Nur hat er nicht die Möglichkeit, aus dem Engpaß für sich persönlichen Nutzen zu ziehen, außer vielleicht auf dem schwarzen Markt. Aber er hat auch nicht die Möglichkeit, seine Entdeckung an die breite Öffentlichkeit zu bringen, wo sie unbedingt hingehört.

Weil schon bei diesen harmlosen Dingen das allgemeine Prinzip unserer Masseninformation gilt: daß nicht sein kann, was nicht sein darf, wäre jede öffentliche Bekanntmachung über Mängel in der Warenversorgung bereits eine Staatsverleumdung. Schon hier ganz unten zeigen sich also die Folgen des Mangels an Demokratie. Denn man kann sich wohl kaum ein wirksameres Mittel gegen die Schlamperei im staatlichen Handel vorstellen als eine Zeitung, in der man täglich lesen kann, was es wo gibt und nicht gibt, möglichst nebst den Ergebnissen von Recherchen findiger Journalisten über die jeweilige Ursachenkette. Der Absatz einer Zeitung dieser Art wäre jedenfalls in Millionenauflage gesichert.

Eine weitere drängende Forderung betrifft die Löhne, Gehälter und Renten. Die Arbeiter fragen, warum muß es im Sozialismus Leute geben, die zehn-, zwanzig- und mehr tausend Mark im Monat verdienen, wenn eine Arbeiterfamilie, wo Mann und Frau arbeiten, mit Mühe und Not auf 1500 Mark kommt? Und ganz offensichtlich muß die Zahl der Großverdiener recht erheblich sein und ist ständig im Wachsen. Sonst wäre es nicht möglich, daß jeder patente Handwerker und Industriearbeiter im Handumdrehen Leute findet, die ihm für Arbeit nach Feierabend 15 bis 30 Mark für die Stunde bezahlen, während sein Stundenlohn im Betrieb bei fünf Mark liegt. Da alle Zahlungen in einem sozialistischen Land – außer den auf dem Schwarzmarkt getätigten – durch die Hand staatlicher oder staatlich kontrollierter Stellen gehen, wird eine öffentliche Darlegung der gesamten Verteilung von Löhnen, Gehältern und Renten gefordert, damit jeder sehen kann, wie und zu wessen Gunsten und Ungunsten das gemeinsam erarbeitete Sozialprodukt verteilt wird.

Bei dieser öffentlichen Rechnungslegung wird sich sofort ergeben, um wieviel die Löhne und kleinen Renten erhöht werden können, wenn man die weit überhöhten Gehälter und sonstigen Einnahmen der Privilegierten und Großverdiener entsprechend herabsetzt. Dann könnte man wahrscheinlich auch die Exquisit- und Deli-Läden abschaffen, die ja nur zur Abschöpfung der Kaufkraft der Vielverdiener eingerichtet wurden, wobei man überflüssigerweise auch noch vorwiegend Waren aus dem westlichen Ausland verkauft und nebenbei damit dafür sorgt, daß der schwarze Wechselkurs der westdeutschen D-Mark auf seiner sonst durch nichts begründeten Höhe bleibt. Durch Herstellung einer gerecht ausbalancierten Lohn- und Gehaltsskala würde man auch dem Schwarzmarkt die Umlaufmittel entziehen, die ja alle aus den Taschen der Vielverdiener stammen. Auf die heilsame Wirkung auf das Interesse der Arbeiter an ihrer Arbeit im Betrieb braucht man wohl kaum hinzuweisen. Überhaupt wollen die Arbeiter in der Industrie und auch die in der Landwirtschaft wissen, wo das Geld bleibt, wieviele Leute in den Ministerien und Verwaltungen sitzen und wieviel Geld sie dafür kriegen. Denn diese Leute arbeiten ja alle auf ihre Kosten, es heißt sogar: im Auftrag der Arbeiter und Bauern, und da kann man ja wohl auch fragen, ob diese riesige Menge von Bürokraten auch wirklich gebraucht wird.

Schließlich: Auch in den sozialistischen Staaten fordern die Arbeiter die Mitbestimmung. Eigentlich müßte die Silbe »Mit-« hier sogar ganz überflüssig sein. Und die Genossen von der Betriebsleitung und der staatlichen Plankommission finden das natürlich auch – aber im umgekehrten Sinne; denn sie betrachten sich selbst als die besten Vertreter der Arbeiterinteressen. Wozu also noch »Mit«-Bestimmung? Etwa wie bei den Kapitalisten? Das hieße ja, daß die Arbeiter den leitenden Genossen nicht trauen und sie kontrollieren wollen und sie als eine Art von Unternehmer betrachten, die die Arbeiter ausbeuten. Ja, das heißt es tatsächlich! Warum will man ihnen denn nicht alles offen darlegen, über Einnahmen und Ausgaben reden, über Kosten und Erträge und geplante Umstellungen mit ihnen beraten? Der Mangel an Vertrauen liegt wohl zuerst einmal bei den Genossen. Und es heißt doch: Vertrauen gegen Vertrauen! Das Grundübel der Industriearbeit im Kapitalismus, die Entfremdung ist doch offenbar noch nicht überwunden. Der Arbeiter arbeitet nicht, um ein bestimmtes Produkt zu erzeugen, mit dem er sich als seine eigene Schöpfung identifiziert, so etwa wie wenn er sich zu Hause ein Möbelstück oder Spielzeug für seine Kinder baut und bastelt, sondern seine Arbeit in der Fabrik ist ihm immer noch nur Mittel zu einem einzigen Zweck, nämlich mit einer gefüllten Lohntüte nach Hause zu kommen.

Was soll er denn jetzt, im Sozialismus, für eine neue und andere Beziehung zu seiner Arbeit haben, wenn sich doch im Grunde da gar nichts geändert hat? Nach wie vor ist die Arbeit nur da, um den Lohn zu kassieren, und von der Herkunft und dem Geschick der Produkte seiner Arbeit erfährt er nicht mehr, als daß da am Ende vielleicht ein Kinderwagen oder ein Auto oder gar ein Maschinengewehr herauskommt, mit dem er aber fast gar nichts zu tun hat. Das einzige Mittel, diese Entfremdung aufzuheben, ist die Mitbestimmung. Die Arbeiter müssen über alles, von der Technologie der Produktion bis zum praktischen Gebrauch der Produkte, von den Kosten für Rohstoffe, zugelieferte Produkte, Kapitalkosten, Steuern, Lohnkosten, den Rohertrag, die Rücklagen bis zu den erzielten Marktpreisen und Handelsgewinnen genau, vollständig und jederzeit unterrichtet sein, wobei ihren Gewerkschaftsvertretern das Recht zur Einsicht in alle Akten und Unterlagen des Betriebes gewährt werden muß. Nur auf diese Weise wird die Möglichkeit geschaffen, daß das Mitglied eines großen gesellschaftlichen Arbeitsprozesses, innerhalb dessen es nur ein kleines Rädchen ist, sich doch mit diesem Gesamtprozeß und seinen Produktionsleistungen identifizieren kann. Dabei bedeutet Mitbestimmung selbstredend nicht nur Information, sondern auch Mitwirkung bei allen Entscheidungen, besonders auch was die Verwendung sozialer Fonds und einen außerhalb der Löhne zu zahlenden Gewinnanteil betrifft.

Eine brennende Frage ist das Streikrecht. In der ersten Verfassung der DDR gehörte es noch zu den durch sie garantierten Rechten. In der neuen von 1968 ist es nicht mehr enthalten. Die Partei vertritt den Standpunkt, daß der Streik im Sozialismus seinen Sinn verloren hat, weil die Arbeiter nicht gegen sich selbst streiken können. Was aber bedeutet es dann, wenn die Arbeiter in bestimmten Situationen doch streiken wollen? Machen sie es, weil ihnen plötzlich die Fähigkeit zum logischen Denken abhanden gekommen ist? Nein, ganz einfach: Es stimmt etwas nicht an dem Argument der Partei gegen das Streikrecht. Die Arbeiter denken gar nicht daran, gegen sich selbst zu streiken, sondern sie wollen mit dem Streik eine Entscheidung ändern oder erzwingen, die über ihre Köpfe hinweg, eben *ohne ihre Mitbestimmung* von leitenden Organen gefällt wurde. Solange auf diese Art und Weise regiert und entschieden wird, werden die Arbeiter in bestimmten Situationen streiken, und zwar mit Recht. Wenn aber die volle Mitbestimmung verwirklicht ist, werden sie dieses Recht nicht in Anspruch nehmen, weil sie ja ohne Streik ihre Forderungen jederzeit durchsetzen können.

Schon die Darstellung der wichtigsten ökonomischen Forderungen hat gezeigt, daß viele soziale und politische Forderungen mit ihnen zusammenhängen. Man kann diese drei Kategorien ja auch nur zur schematischen Vereinfachung der Darstellung voneinander trennen! In Wirklichkeit sind sie alle unlösbar miteinander verknüpft. So ist die Forderung nach Erhöhung der Arbeiterlöhne und der niedrigen Renten ebenso eine ökonomische wie eine soziale Forderung. Und wenn sie mit der Kritik an ungerechtfertigt hohen Einkommen einer Schicht von Privilegierten verbunden wird, ist sie auch schon eine politische Forderung.

Eine der wichtigsten sozialen Forderungen betrifft die Freiheit der Wahl des Berufs und des Arbeitsplatzes. Alle Einschränkungen und Reglementierungen auf diesem Gebiet werden vorzugsweise mit wirtschaftlichen, darüber hinaus aber auch mit soziologischen und politischen Argumenten gerechtfertigt. Schon die Zulassung zur EOS (das ist die *E*rweiterte *O*ber-*S*chule) wird an eine Reihe von sozialen und politischen Bedingungen geknüpft. Die Schulleistungen allein entscheiden hierbei nicht. Eine Schülerin, die Tochter eines Pfarrers, die ein ausgezeichnetes Zeugnis hatte und »schulisch« die Klassenbeste war, wurde zurückgewiesen, weil sie die zweite Strophe der Internationale nicht vorsingen wollte, in der es heißt: »Es rettet uns kein höheres Wesen, kein Gott, kein Kaiser noch Tribun.« Man erklärte, daß die Schüler, die zur EOS zugelassen werden, die zukünftigen sozialistischen Kader sein sollen, die den Staat zu repräsentieren und mit zu leiten hätten. Das geht offenbar nur mit der zweiten Strophe der Internationale. Weitere wichtige Bedingungen, von denen die Zulassung abhängt, sind die Teilnahme am Wehrkundeunterricht, an der FDJ-Arbeit, Mai- und Republikfeiern und dann natürlich die politische Haltung der Eltern, auch deren soziale Stellung, ob Arbeiter, Intelligenz oder sonstige. Dieses Sortieren der Menschen beginnt schon früh im Leben der Bürger und begleitet sie bis zur Erreichung des Rentenalters. Der real-sozialistische Staat, der in der Verwaltung von Sachen immer wieder ganz Mangelhaftes leistet, hat es in der Verwaltung von Menschen zu einer Perfektion gebracht, die beängstigend ist. Dabei war es das erklärte Ziel der sozialistischen Revolution, einen Staat zu schaffen, der schon vor seinem endgültigen Absterben nur noch Verwalter von Sachen und nicht mehr Verwalter von Menschen ist.

Die Freiheit der Wahl des Berufs, also des Ausbildungsziels, und des Arbeitsplatzes und Wohnorts gehören zu den wichtigsten Freiheiten des Sozialismus. Diese Freiheiten wurden schon in der bürgerlichen Gesellschaft erkämpft, doch hier weitgehend nur formal verwirklicht. Der hierarchische Aufbau der Gesellschaft und die enormen sozialen Ungleichheiten bewirkten hier, daß wirkliche Freiheit der Berufswahl und der Arbeit nur für die oberen sozialen Schichten bestand. Die These, daß die Planung der Wirtschaft auch eine Planung bei der Ausbildung der Menschen erfordere, daß also von den öffentlichen Lehr- und Erziehungseinrichtungen die verschiedenen Sorten von Menschen, vom einfachen Arbeiter bis zum perfekten Spezialisten, in den jeweils von der Wirtschaft geforderten Mengen »produziert« werden müssen, ist typisch für das staatsmonopolistische System, aber sie steht in krassem Widerspruch zu den Grundsätzen des Sozialismus und ist zutiefst antihuman. Und sie ist außerdem auch noch falsch, weil nämlich die angestrebte perfekte Planung der Produktion der für die Wirtschaft benötigten Menschen unweigerlich zum Scheitern verurteilt ist. Bei noch so rücksichtsloser und konsequenter Verwirklichung gelangt sie niemals an ihr Ziel. Sie hat überhaupt nur eine Wirkung, fast mit tödlicher Sicherheit dafür zu sorgen, daß kaum ein einziger Mensch sich seinen Befähigungen und Interessen gemäß optimal entwickeln kann.

Es gibt keine schlimmere Art von Enttäuschung für einen jungen Menschen, als sich daran gehindert zu sehen, einen Beruf nach eigener freier Entscheidung und den eigenen Interessen entsprechend wählen zu können. Interesse und Neigung sind aber Grundvoraussetzungen für die richtige Berufswahl, ohne die niemals echte Freude am Beruf entstehen kann. Nun wird gewöhnlich mit dem Einwand geantwortet, daß der Verzicht auf Maßnahmen zur Berufslenkung dazu führen müsse, daß bestimmte Berufe völlig überlaufen, andere dafür ganz ungenügend besetzt sein würden. Das ist nur dann richtig, wenn bei der Berufsausbildung der Fehler einer zu einseitig spezialisierten Ausbildung gemacht wird. Man muß bei der Ausbildung danach streben, daß sie eine möglichst breite Skala von verwandten Berufen zuläßt. Man muß nicht Spezialisten erzeugen, sondern die Ausbildung muß zu der Fähigkeit des Ausgebildeten führen, zu wissen, wie und wodurch er sich in eins der vielen Spezialgebiete jederzeit einarbeiten kann, die ihm seine Lehre eröffnet hat. Je fundierter und je allgemeiner also die Ausbildung ist, um so qualifizierter werden die Menschen gerade bei ganz speziellen Berufen arbeiten können. Neigung und Interesse gelten immer einem breiten Feld, sind nie punktuell auf eine ganz bestimmte Tätigkeit gerichtet. Diese wichtige Grundtatsache muß jede Ausbildung berücksichtigen, wenn sie nicht von vornherein scheitern will.

Es gibt noch viele weitere soziale Probleme, von deren Lösung wir noch sehr weit entfernt sind, obwohl oft genug das Gegenteil behauptet wird. So steht die Gleichberechtigung der Frau wohl auf dem Papier. Aber in Wirklichkeit ist die soziale Stellung der Frau immer noch weit unter der des Mannes. Das zeigt sich besonders im überwiegenden Anteil der Frauen bei den niedrigen Lohngruppen und dementsprechenden geringen Anteil von Frauen in den hohen Lohn- und Gehaltsgruppen. Nach wie vor ist der Mann der »Erhalter« der Familie, der Hauptverdiener, die Frau die Zuverdienerin. Sehr selten ist es umgekehrt. Die materielle Abhängigkeit in der Ehe geht weitgehend zu Lasten der Frau. Die uralte Männerherrschaft ist immer noch in Kraft.

Wenn man die drängendsten politischen Forderungen auf einen Nenner bringt, betreffen sie ganz allgemein das Verhältnis des Staates zu seinen Bürgern. Der Staat hat kein Vertrauen zu seinen Bürgern. Er behandelt sie wie unmündige Kinder, die weder richtig denken noch vernünftig handeln und stets Dinge im Kopf haben, die fehlerhaft, schädlich oder sogar bösartig sind. Bei dieser Einstellung des Staates fühlt sich jeder wie ein noch nicht ertappter Sünder, weil er ja auch tagtäglich Dinge tut und gern tut, von denen er weiß, daß sie dem Vater Staat gar nicht gefallen. Zum Beispiel das West-Fernsehen. Alle tun es, und niemand verbirgt es. Aber die Kinder in der Schule dürfen es nicht erzählen, und manche Eltern sehen es heimlich hinter dem Rücken ihrer Kinder, damit sie in der Schule deswegen keinen Ärger haben. Man sieht auch Ost. Aber hauptsächlich, wenn das Ost-Fernsehen einen westlichen Film, einen Western oder Krimi bringt. Die »Aktuelle Kamera« interessiert kaum jemand. Aber die »Tagesschau« sehen sie alle. Die Attraktion, die alles Westliche ausübt, beruht überhaupt zum großen Teil darauf, daß man es nicht haben soll. Indem man es doch hat, und wenn auch nur aus dem Intershop, kommt darin ein versteckter politischer Protest zum Ausdruck, der sagt: Das ist aber doch das Bessere.

Der Übereifer, mit dem der Staat sich bemüht, alles »Westliche« zu verteufeln und seine Bürger vor seinem schädlichen Einfluß zu schützen, steht in einem peinlichen Kontrast zu der Ungeniertheit, mit der er selbst den »Westdrall« seiner Bürger auszunutzen versucht, wenn er ihm das Geld und ganz besonders sein Westgeld aus der Tasche ziehen will durch Verkauf hochwertiger Westwaren in den Exquisitläden und Intershops. Wie kann man den Bürger gegen die Faszination durch den Westen immunisieren, wenn man dieser Krankheit ganz offensichtlich selbst hoffnungslos erlegen ist! Früher fuhr man als Staatskarosse noch die russischen SIS und Tschaikas, phantastische Stilmixturen aus Rolls-Royce-Look und amerikanischen Superstraßenkreuzern. Heute bevorzugt man Wagen der westlichen Luxusklasse, Volvos und Mercedes Benz. Große Hotels und Bürohäuser ließ man sich komplett von westlichen Firmen bauen und einrichten, und selbst der Prunkbau des Palastes der Republik wurde zu wenigstens drei Vierteln mit westlichen Maschinen und Materialien gebaut und eingerichtet.

Man läßt es sich viel sauer erworbene harte Währung kosten, um der Hauptstadt der DDR das so sehr bewunderte Aussehen einer westlichen Metropole zu verleihen und merkt gar nicht, daß man dadurch in erster Linie nicht für sich selbst wirbt, sondern nur dem nachgeahmten Vorbild Bewunderungstribut zollt. Das Höchste, was die Leute sagen, die aus dem Westen kommen: Das ist ja beinahe schon wie bei uns! Und dieses »beinahe« ist nicht nur zu wenig, es ist eigentlich etwas sehr Schlimmes. Denn es zeigt, daß der reale Sozialismus es noch nicht verstanden hat, das Gesicht seiner Städte mit eigener Kraft selbst zu prägen. Was bewundert man eigentlich an den Betonkästen in den Schlafstädten des Kapitalismus, wo Hunderttausende in hunderttausenden von gleichen Wohnkabinen zusammengepfercht sind, wo das Individuum ausgelöscht und die menschliche Gemeinschaft in Atome zersplittert wird? Und das hauptsächlich wegen der astronomischen Grundstückspreise, die ja schon im alten New York der eigentliche ökonomische Grund für das In-den-Himmel-Schießen der Wolkenkratzer waren. Wozu brauchten wir diesen Wahnsinn nun auch noch nachzumachen?

Es sind alles nur Folgen der allgemeinen inneren Unsicherheit, die man durch monumentale Demonstrationen zu kaschieren sucht. Das System des realen Sozialismus, das keine breite demokratische Kontrolle der Regierenden durch das Volk kennt, hat zu einer gründlichen Isolierung der Verantwortlichen geführt. Demokratische Kontrolle ist eben ein Schreckgespenst für Leute, die sich an ein selbstherrliches Regieren gewöhnt haben. Aber sie ist die wichtigste Voraussetzung für innere Stabilität. Sie sorgt dafür, daß eine enge Beziehung des Vertrauens zwischen Volk und Regierung besteht. Ihr Nichtvorhandensein ist der allgemeine Grund der Zerstörung fast jeden Vertrauens. Eine wirkliche Änderung kann nur vom Staat, von der Partei und der Regierung herbeigeführt werden. Statt immer wieder neuer Demonstrationen des staatlichen Mißtrauens warten alle auf sichtbare Beweise des Vertrauens. Die Verfassung der DDR garantiert das Recht auf Freiheit der Meinungsäußerung. Aber anstatt die verfassungswidrigen Paragraphen 106 und 220 des Strafgesetzbuches der DDR, die dieses Recht aufheben, abzuschaffen, verschärft man sie noch und fügt eine ganze Serie neuer Bestimmungen hinzu, die praktisch bedeuten, daß jede noch so geringfügige Kritik an der Regierung und den Regierenden zur strafbaren Handlung wird. Dichter und Schriftsteller werden wegen ihrer Gesellschaftskritik aus dem Schriftstellerverband ausgeschlossen und mit sanfter Gewalt zum Verlassen des Landes »überredet«. Tausende kleiner unbekannter Kritiker wandern für Jahre ins Gefängnis und werden rücksichtslos sozial deklassiert.

Ich brauche die ganze Liste dieser enttäuschenden Ereignisse hier nicht noch einmal hervorzuholen. Daß mit dieser unseligen Praxis endlich Schluß gemacht wird und Kritik nicht mehr gefürchtet, sondern gewünscht wird, daß sich ein breites demokratisches Leben entwickelt, ist die zentrale politische Forderung. Noch trifft uns in voller Härte die prophetische Kritik Rosa Luxemburgs: »Das öffentliche Leben der Staaten mit beschränkter Freiheit ist eben deshalb so dürftig, so armselig, so schematisch, so unfruchtbar, weil es sich durch Ausschließung der Demokratie die lebendigen Quellen allen geistigen Reichtums und Fortschritts absperrt.« Noch liegt die Wiedergeburt vor uns, von der Rosa Luxemburg sagt: »Der einzige Weg zu dieser Wiedergeburt: die Schule des öffentlichen Lebens selbst, uneingeschränkte breiteste Demokratie, *öffentliche Meinung*.«

Das gegenwärtig Wichtigste, das politisch in der DDR und auch den anderen Staaten des realen Sozialismus getan werden kann, ist die massenhafte Ausbreitung der Diskussion über Demokratie und Sozialismus, die sich überall, in privaten Freundeskreisen ebenso wie in den Betrieben, in der Partei und den anderen Massenorganisationen, an den Schulen und den Hoch- und Fachschulen entwickeln läßt. Dabei ist es ganz entscheidend, daß hierbei niemals die Legalität verletzt werden muß. Schritt um Schritt muß die Freiheit der öffentlichen Diskussion, Aussprache und Kritik erkämpft werden. Hierbei werden gute Beziehungen zu Genossen der eurokommunistischen Parteien sehr hilfreich sein. Zahlreiche wichtige politische Schriften führender Genossen dieser Parteien sind in verschiedene Sprachen, darunter auch in die deutsche übersetzt worden. Diese Schriften, die wohl kaum als gegnerisch verdächtigt werden können, zu verbreiten, wird von großem Nutzen sein und dazu beitragen, daß auch in der Partei die brennenden politischen Fragen offen und ernsthaft diskutiert werden.

Kurze Schlußbetrachtung

Trotz der manchmal schier hoffnungslos erscheinenden Erstarrung der politischen Strukturen in den Ländern des realen Sozialismus, die unbedingt überwunden werden muß, wenn wir überleben wollen, dürfen wir die außerordentliche Wirkung nicht übersehen, die schon seit der Oktoberrevolution und bis heute fortdauernd von dieser unvollendeten Revolution auf den Lauf der Weltgeschichte ausgeübt wird. Die Sowjetunion leistete den entscheidenden Beitrag zur Vernichtung des verbrecherischen Hitlerregimes. Seitdem beide Supermächte über die nuklearen Waffen verfügen, haben wir den vorläufigen Frieden des atomaren Patts. Dieser Frieden hat bisher der Menschheit eine Galgenfrist verschafft, die dazu genutzt werden muß, die Gefahr der Selbstvernichtung endgültig aus der Welt zu schaffen. Der Kapitalismus ist hierzu nicht fähig. Darum hängt die Zukunft und das Überleben der Menschheit davon ab, ob die sozialistische Revolution in den industriell und militärisch höchst entwickelten Zentren des Kapitalismus noch rechtzeitig siegen wird. Da die politischen Zustände in den Ländern des realen Sozialismus von den Arbeitern in kapitalistischen Staaten abgelehnt werden, weil der Kapitalismus ihnen bei hohem materiellem Wohlstand sehr viele Rechte und Freiheiten gewährt, die der reale Sozialismus seinen Bürgern vorenthält, ist es für den Fortgang und Erfolg der sozialistischen Revolution in den kapitalistischen Staaten lebenswichtig geworden, daß diese Zustände im realen Sozialismus geändert werden. Das bedeutet, daß der längst fällige zweite Schritt der Revolution getan werden muß, durch den nach der im ersten Schritt erreichten Aufhebung des Privateigentums an den Produktionsmitteln nun der Übergang zur sozialistischen Demokratie vollzogen wird. Dann wird der Sozialismus bei den Arbeitern in aller Welt wieder seine Glaubwürdigkeit zurückgewinnen. Dann und nur dann wird man sagen können, daß es die Oktoberrevolution in Rußland war, die die große Wende in der Geschichte der Menschheit eingeleitet hat.

Politik bei Piper (eine Auswahl)

Klaus von Beyme
Das politische System der Bundesrepublik Deutschland
Eine Einführung. 2. Aufl., 10. Tsd. 1980. 242 Seiten. Serie Piper 186. Kart.

Klaus von Beyme
Die politischen Theorien der Gegenwart
Überarbeitete Neuausgabe. 1980. Etwa 240 Seiten. Serie Piper 211. Kart.

Klaus von Beyme
Interessengruppen in der Demokratie
Überarbeitete Neuausgabe. 1980. 269 Seiten. Serie Piper 202. Kart.

Handbuch des politischen Systems der Bundesrepublik Deutschland
Herausgegeben von Kurt Sontheimer / Hans Helmut Röhring.
2. Aufl., 11. Tsd. 1978. 761 Seiten. Kart.

Ralf Dahrendorf
Der Liberalismus und Europa
Fragen von Vincenzo Ferrari. Aus dem Italienischen von Eva und Helmut Viechtbauer. 1979. 151 Seiten. Kart.

Alexander und Margarete Mitscherlich
Die Unfähigkeit zu trauern
4. Aufl., 24. Tsd. 1980. III, 383 Seiten. Serie Piper 168. Kart.

Elisabeth Noelle-Neumann
Die Schweigespirale
Öffentliche Meinung – unsere soziale Haut. 1980. 296 Seiten. Geb.

Dieter Nohlen
Wahlsysteme der Welt
Daten und Analysen. Ein Handbuch. Unter Mitarbeit von Rainer O. Schultze. 1977. 449 Seiten. Kart.

Politik und Kommunikation
Über die öffentliche Meinungsbildung. Herausgegeben von Wolfgang R. Langenbucher. 1979. 262 Seiten. Kart.

Politik bei Piper (eine Auswahl)

Harry Pross
Politik und Publizistik in Deutschland seit 1945
Zeitbedingte Positionen. 1980. Etwa 200 Seiten. Serie Piper 213. Kart.

Hermann Scheer
Parteien kontra Bürger?
Die Zukunft der Parteiendemokratie. Überarbeitete Neuausgabe. 1980.
220 Seiten. Serie Piper 209. Kart.

Kurt Sontheimer
Grundzüge des politischen Systems der
Bundesrepublik Deutschland
8., völlig überarbeitete Neuausgabe. 42. Tsd. der Gesamtauflage. 1980.
260 Seiten. Kart.

Kurt Sontheimer
Die verunsicherte Republik
Die Bundesrepublik nach 30 Jahren. 1979. 149 Seiten. Serie Piper 189.
Kart.

Alfred Weber
Haben wir Deutschen nach 1945 versagt?
Ein Lesebuch. Herausgegeben von Christa Dericum.
1979. 319 Seiten. Geb.

Wie integriert ist die Bundeswehr?
Zum Verhältnis von Militär und Gesellschaft in der Bundesrepublik.
Herausgegeben von Ralf Zoll. 1979. 255 Seiten. Kart.

Manfred Wilke
Die Funktionäre
Apparat und Demokratie im Deutschen Gewerkschaftsbund. Mit einem
Vorwort von Theo Pirker. 1979. 256 Seiten. Kart.

Ein Marxist in der DDR
Für Robert Havemann

Herausgegeben von Hartmut Jäckel. 1980. 208 Seiten. Kart.
Mit Beiträgen von Wolf Biermann, Heinz Brandt, Marion Gräfin Dönhoff, Iring Fetscher, Jürgen Fuchs, Hartmut Jäckel, Sarah Kirsch, František Kriegel, Arnold Künzli, Wolfgang Leonhard, Richard Löwenthal, Lucio Lombardo Radice, Jiři Pelikán, Hermann Weber.

»Dieses Buch gilt einem Marxisten, der nicht aufgegeben hat, für die Freiheit zu kämpfen. Es könnte eine wertvolle Diskussion über die Freiheit überhaupt anregen, und deshalb kann man seine Lektüre nur empfehlen.«
Norddeutscher Rundfunk

»Ich will das Buch für Robert Havemann nicht rezensieren, nur zum Lesen empfehlen, natürlich auch in die DDR. Das Spektrum der Beteiligten, die Hartmut Jäckel zusammengeführt hat, entspricht genau der Spannweite Havemannschen Engagements für eine bessere Welt, in der Freiheit und Sozialismus, politische und soziale Emanzipation zusammenfallen.
... die Sammlung ihm zu Ehren zeigt seine anregende Rolle auch für die Kräfte des demokratischen Sozialismus und Kommunismus in Westeuropa.«
Rudolf Bahro, Deutschlandfunk